プラスアルファ
基本民法

武川幸嗣 =著　日本評論社

はしがき

　本書は、法学セミナー第723号（2015年4月号）から第747号（2017年4月号）まで（休載1回を含む）、24回にわたって連載された「プラスアルファについて考える基本民法」に補正を加えて単行本化したものである。

　民法の学習をひと通り終えると、さらなるレベルアップを図るために何をすればよいかが問われる。基本から応用へのステップアップが重要であることは言うまでもないが、基本はできるだけ効率よくクリアして早く応用に進みたいと望む者が多い。民法は分量が多いので無理からぬところではある。とはいっても、定義や制度趣旨を諳んじるだけでは意味がないし、判例の判旨を定式化して暗記しても、「それが何を意味しているのか」、「裁判所はなぜそのように判断したのか」についてしっかり理解できていないと、応用事例に対応することはできない。また、応用を意識するがあまり、確かな理解と十分な問題意識に基づかずに諸説の対立に立ち入っても、混乱を来すだけである。さりとて、重要判例または論点に関する便利な言い回しや論証パターンを詰め込んだところで、それを機械的にあてはめるだけでは応用とはいえない。

　問題は、早々に思考を停めて割り切ることにはやる学習姿勢であろう。効果的に学ぶことは必要ではあるが、基本がよく分かっていないのに「分かったつもり」になって先に進んでも、応用力は身につかない。「基本が重要です。」「自分の頭でしっかり考えなさい。」とは教員の定型句であるが、どうすればよいか。大切なのは、「応用のための基本」と「基本からみた応用」に関する思考と理解のコンビネーションである。何となく分かったところで思考を停止せずに、①何が、なぜ問題なのか、②これについて判例・学説はどうしてそのように考えるのか、どこで考え方が分かれるのか、それはなぜかについて理解・納得と思考を積み上げる姿勢が、応用へとつながる確かな理解を導く。その上でさらに、③どのように展開すべきかについて自分で考えることが、基本に立脚した「プラスアルファ」の源泉となる。そのためには、「見落としどころ」「躓きどころ」をクリアした上で、「深めどころ・広げどころ」についてどこまでフォローできるかがポイントとなる。

　本書は、財産法において学習上しばしば接する制度・概念・法理・論点を

取り上げ、各テーマについてプラスアルファのための考える素材を提供することに努めた。その際には、ⅰ．ポイントごとに事例を織り込みながら、基本から問題を説き起こすこと、ⅱ．「中・上級者からみた基本」および「そのような基本からみたさらなる応用」の相関関係を重視すること、ⅲ．横断的かつ多角的に考える視点を示すことを心がけた。テーマの選択にあたってはできるだけ偏らないよう留意したつもりであったが、紙幅の都合上、すべての重要論点を網羅できていない点についてはお詫び申し上げたい。また、関連文献については、なるべく学生が参照しやすいものに絞って掲げるにとどめた。

学習の充実度を高めるには、教員が提示した理解の到達点だけではなく、そこに至るまでの理解と思考のプロセスを共有するのが効果的である。本書では、恥を忍んで筆者自身の理解の筋道と思考の過程の開示を試みた。

なお、2017年民法（債権関係）改正につき、上記の連載時にはすでに改正法案が国会に提出されていたため、連載においても一定程度フォローしてきたが、あくまで現行法として改正前の法状況を中心に解説を行ってきた。その後改正法が成立・公布（平成29年法律第44号）に至ったことから、本書では改正法を踏まえた補正を行った。この改正につき本書においては「2017年改正」と称して紹介するとともに、条文を引用する際には改正法を対象とし、改正前の条文を取り上げるときは旧○○条として表記することとした。

改正法の学習方法については、改正部分だけを切り取ってフォローすれば足りると考えがちであるが、改正前の判例・学説を一切捨象してよいというわけではない。改正法の理解を深め、これにつき適切な解釈を展開するためには、改正法がなぜそうなっているのか、従来の判例・学説はどこまで維持されたのか、変わったとすれば何がどのように問題だったのかについて把握するのが効果的である。そこで本書においても、改正部分を取り上げるにあたっては、改正前の法状況との対比を重視した。

最後に、本書が成るにあたり、日本評論社・法学セミナー編集長の柴田英輔氏には大変御世話になった。柴田氏は、本書の原型である上記の拙い連載を後半から支えかつ、本書の出版を薦めてくださり、刊行に至るまで温かくお力添えくださった。また、同社・法律時報編集部の小野邦明氏には、上記連載の前半をご担当いただいた。さらに、同編集部の上村真勝氏からは、上記連載の機会をご恵与賜るとともに、自由な執筆をお許しいただいた。本書

の完成はこうした方々のご厚意ならびにご支援に基づくものであり、書籍の刊行は編集者と執筆者との共同作業であることを大変有難く実感した。この紙面を借りて深甚なる感謝の意を表する次第である。

〔追記〕私事で誠に恐縮ながら、本書の校正中に、長きにわたり筆者を応援してくれた母を亡くすに至った。本書を母の墓前に捧げることにつき、読者のご容赦を乞う次第である。

2019年2月

武川幸嗣

プラスアルファ基本民法　目　次

[第1章]
権利外観法理の「効用」と「副作用」・その1　001

[1] 権利外観法理は万能薬か？ 001
　[1] 権利外観法理とは？　001
　[2] 権利外観法理の「効用」　002
　[3] 権利外観法理の「副作用」　003

[2] 民法94条2項類推適用法理における「帰責事由要件」の意義 005
　[1] 議論の焦点は何か？　005
　[2] 「意思関与」と「与因」の意義
　　　──94条2項の帰責要素と110条の帰責要素　005
　[3] 「意思関与」から「重過失」へ？
　　　──平成18年判決をどう読み解くか？　006
　[4] さらなる検討課題にチャレンジしよう　009

[3] おわりに 010

[第2章]
権利外観法理の「効用」と「副作用」・その2　011

[1] 民法94条2項における無過失の要否 012
　[1] 判例・学説の動向　012
　[2] 考えるべきポイントは何か？
　　　──「疑念を抱いて然るべき状況」の有無　013

[2] 無権利者処分における信頼保護の特色
　——類型的考察のススメ　017
　　[1] 民法110条における信頼保護　017
　　[2] 自己名義処分型と他人名義処分型の比較　019

[3] おわりに　021

[第3章]
権利外観法理と対抗問題——94条2項類推適用と177条　022

[1] 不動産取引安全のための二つの法理　022

[2] 法律行為の取消しと登記　023
　　[1] 前提の確認　023
　　[2] 二つの法律構成の要点は何か？　024
　　[3] 二つの法律構成の「対立」と「調整」「接近」　025
　　[4] どのように「展開」すべきか？　027

[3] 共同相続・遺産分割と登記　029
　　[1] 見解の対立に関する基本的確認　029
　　[2] 両構成の異同　031

[4] おわりに　033

[第4章]
相対的構成と絶対的構成　034

[1] 94条2項の第三者と転得者の地位　035
　　[1] 前提の確認　035

- [2] 絶対的構成の根拠とその検討　037
- [3] 相対的構成と絶対的構成の実質的相違は何か？　040

2 177条の第三者と転得者の法的地位　042
- [1] 最高裁平成8年判決の意義　042
- [2] 平成8年判決の射程──相対的構成の意味と射程　043

3 おわりに　044

[第5章] 背信的悪意者排除と悪意者排除　045

1 前提の確認　046

2 背信的悪意者排除論の確立と展開　047
- [1] 判例による背信的悪意者排除論の確立　047
- [2] 背信的悪意者排除論の評価
  ──その多面性および「光と影」　047
- [3] 背信的悪意者排除論の新展開　048

3 177条において保護されるべき第三者とは？
──再び「背信的悪意者排除」と「悪意者排除」の比較へ　051
- [1] 事例の検討　052
- [2] 背信的悪意者排除と悪意者排除との間に差異はあるか？　054

4 おわりに　055

[第6章]
担保における取引安全・その1
――抵当権侵害（抵当不動産の付加物の処分）と第三者　057

[1] 前提の確認　058
　　［1］抵当権の効力の及ぶ範囲　058
　　［2］抵当権侵害の有無　059

[2] 付加物の分離・搬出に関する主要な見解　060
　　［1］対抗力制限構成　060
　　［2］即時取得構成　060

[3] 対抗力制限構成と即時取得構成の異同　061
　　［1］対抗力による取引安全と公信力による保護との関係　061
　　［2］抵当不動産の付加物の処分への応用　062
　　［3］対抗力制限構成と即時取得構成の判断枠組　063

[4] 事例へのあてはめ　065
　　［1］小問(1)について　065
　　［2］小問(2)について　066

[5] おわりに　067

[第7章]
担保における取引安全・その2
――譲渡担保における目的物の処分　068

[1] 前提の確認　068

[2] **不動産譲渡担保における弁済期到来後の目的物の処分** 070
  [1] 判例法理の意義および根拠 070
  [2] 判例法理の問題点 072
  [3] 事例へのあてはめ 073

[3] **集合動産譲渡担保における個別動産の処分** 073
  [1] 前提の確認 074
  [2] 個別動産の処分・搬出と集合動産譲渡担保権の追及効 074

[4] **動産売主の保護と集合動産譲渡担保権との優劣** 076
  [1] 前提の確認 076
  [2] 所有権留保と譲渡担保権の優劣 077

[5] **おわりに** 079

[第8章]

「動機」の評価・その1
―― 動機（法律行為の基礎事情）の錯誤と担保責任（契約不適合） 080

[1] **動機の錯誤** 080
  [1] 前提の確認――動機と効果意思の区別 081
  [2] 目的物の性状と動機
      ――性状錯誤は保護されないのか？ 082
  [3] 動機表示構成の意義
      ――契約の「内容」と「前提」 084
  [4] 相手方の態様評価 086

[2] **売主担保責任（契約不適合）における「契約目的」** 087
  [1] 問題の所在 087
  [2] 解除の要件としての「契約目的」不達成 088

[3] 損害賠償の要件としての「契約内容」 089
          [4] 2017年改正における数量不足 090

    [3] **おわりに** 091

[第9章]

「動機」の評価・その2
— 代理権の濫用・動機の不法 092

[1] **代理人の権限濫用** 093
          [1] 前提の確認 093
          [2] 93条ただし書類推適用構成から改正法へ 094

[2] **名義貸与による金銭消費貸借と動機** 096
          [1] 契約の成否と当事者の認定 096
          [2] 動機の評価——最判平成7・7・7の意義 097
          [3] 交付された貸付金の清算をどうすべきか？ 098

[3] **動機の不法** 098
          [1] 問題の所在 099
          [2] どのような考え方があり得るか？ 099
          [3] 事例に即して考えてみよう 100

[4] **おわりに** 101

[第10章]

取引的不法行為 102

[1] 表見代理と使用者責任 103
[1] 前提の確認 103
[2] 民法110条と715条の要件比較 103
[3] 相互関係——効果の比較および715条の「補充的機能」の意義 104

[2] 177条と709条の関係 105
[1] 前提の確認 106
[2] 177条と709条の関係 106
[3] 事例へのあてはめ 108

[3] 無効・取消し・解除の可否と損害賠償の機能 109
[1] 取消し・解除は可能か？ 109
[2] 損害賠償による補充的救済の意義 111

[4] おわりに 112

[第11章]

物上代位・その1
——差押え要件の意義・第三者との関係 113

[1] 物上代位の趣旨と差押え要件の意義 113
[1] 前提の確認 113
[2] 対立軸となる二つの見解 114
[3] 小括——二つの対立軸の意義と考える視点 115
[4] 判例の立場 116

[2] 物上代位と債権譲渡との優劣 117
　　[1] 基本的な筋道　118
　　[2] 事例に応じて考察を深めよう　119

[3] 物上代位と差押債権者との優劣 119
　　[1] 物上代位権に基づく差押えと一般債権者による差押えの競合　120
　　[2] 物上代位権に基づく差押えと差押転付命令との優劣　120

[4] 動産先取特権に基づく物上代位における差押えの意義 122
　　[1] 前提の確認　122
　　[2] 判例の見解およびその意義　123

[5] おわりに 124

[第12章]

物上代位・その2
―― 物上代位と相殺との優劣　125

[1] **差押えと相殺** 125
　　[1] 前提の確認――相殺の担保的機能　126
　　[2] 差押えと相殺との優劣　126

[2] **物上代位と相殺** 129
　　[1] 相殺の担保的機能と物上代位に基づく差押えの意義　129
　　[2] 判例の見解および意義　131
　　[3] 抵当権設定登記時・自働債権成立時基準時の先後説の妥当範囲　132

[3] **物上代位と敷金充当** 133
　　[1] 前提の確認　133
　　[2] 判例の意義と検討課題　133

[4] おわりに 135

[第13章]

抵当権と時効・その1
――抵当権時効の特色と第三取得者の地位 136

[1] 問題の所在 137
    ［1］抵当権と消滅時効 137
    ［2］第三者の占有継続による抵当権の消滅 138

[2] 抵当権設定登記前からの占有者 139

[3] 抵当権設定登記後の第三取得者 141
    ［1］第三取得者保護をめぐる見解の対立 141
    ［2］考え方の分岐点はどこか？ 143

[4] おわりに
    ――事例へのあてはめを兼ねて 145

[第14章]

抵当権と時効・その2
――もう一歩先の類型的考察 147

[1] 抵当権設定登記後の無権原占有者 147

[2] 取得時効の援用と抵当権に関する時効の援用 149
    ［1］取得時効の再度援用の可否 149
    ［2］時効援用の重複か？ 新たな時効完成か？ 149
    ［3］事例へのあてはめ 150

[3] 時効完成後の譲受人と抵当権者との異同 151
[1] 問題の所在 151
[2] 平成24年判決の論理 153
[3] どのように考えるべきか？ 154

[4] 賃借人による長期占有と抵当権の消滅 155
[1] 前提の確認 155
[2] 平成23年判決の論理 156
[3] 問題の所在と考え方 156

[5] おわりに 157

[第15章]

契約不適合・その1
—— 基本編（担保責任から契約不適合へ） 159

[1] 問題の所在 159

[2] 法定責任説の意義および問題点 160
[1] 法定責任説の要点 160
[2] 法定責任説の課題 161

[3] 契約責任説の台頭 163

[4] 担保責任の「特則」性と債務不履行責任との調和 164

[5] 2017年改正の概要—— 契約不適合への一元化 165
[1] 前提の修正 165
[2] 買主の権利 166
[3] 事例へのあてはめ 168

[6] **おわりに** 168

[第16章]

契約不適合・その2
――応用編（売買における契約不適合各論・請負における契約不適合） 169

[1] **契約不適合の意味と契約解釈** 170
　［1］瑕疵の意義と契約内容の類型化 170
　［2］瑕疵の存否と契約解釈 171

[2] **買主の受領および権利行使期間の意義** 172
　［1］問題提起――2017年改正前の議論状況 172
　［2］2017年改正の概要 174

[3] **請負における契約不適合** 174
　［1］問題の所在と分析――2017年改正前の議論を通して 175
　［2］2017年改正の概要 178

[4] **おわりに** 180

[第17章]

契約責任と第三者・その1
――履行補助者をめぐる総合的検討 181

[1] **履行補助者の故意・過失と債務者の帰責事由** 182
　［1］伝統的学説および判例の見解 182
　［2］問題提起 183
　［3］使用者責任との比較 184
　［4］近時の傾向 185

[5] 事例へのあてはめ　186

[2] **履行補助者自身の責任**
　　──債権者・履行補助者間の関係　187

　　[1] 問題の所在　187
　　[2] 債務者－履行補助者間の責任制限条項と債権者に対する効力　187
　　[3] 債権者－債務者間の責任制限条項と履行補助者に対する効力　190

[3] **おわりに**　191

[第18章]

契約責任と第三者・その2
── 債務不履行の被害者としての当事者・第三者　193

[1] **保護義務の対第三者効**　193
　　[1] 前提の確認──契約上の保護義務とは？　194
　　[2] 不法行為構成と保護義務の拡張構成　194
　　[3] 保護義務違反の間接被害者　196

[2] **契約連鎖における不法行為責任の意義**　197
　　[1] 問題の所在　197
　　[2] 第三者の生命・身体・財産の侵害に対する請負人の責任　198
　　[3] 第三者による修補費用の賠償請求の可否と不法行為構成の意義　199

[3] **おわりに**　202

[第19章]

賃貸借における法律関係・その1
――当事者の交代 204

[1] 賃借権の無断譲渡 204
[1] 賃借権の無断譲渡と信頼関係破壊の法理 204

[2] 賃貸借の解除と転借人の地位 206
[1] 合意解除と転借人の地位 206
[2] 債務不履行解除と転借人の地位 207

[3] 賃貸人の地位の移転 208
[1] 賃貸不動産の譲渡と賃貸人の地位の移転 208
[2] 賃貸人の地位の移転と敷金関係 210
[3] 賃貸人の地位の留保 212

[4] おわりに 215

[第20章]

賃貸借における法律関係・その2
――賃貸借の終了 216

[1] 期間満了による終了と更新の有無 216
[1] 問題の所在 217
[2] 定期建物賃貸借の成否 217
[3] 一時使用目的の建物賃貸借の成否 218
[4] 普通建物賃貸借における更新拒絶の可否 219
[5] 債務不履行解除の可否 221

[2] 賃貸不動産の使用収益と賃料債務の関係 222
　[1] 問題の所在 222
　[2] 本件賃貸借の終了 222
　[3] 賃料債権の消滅or不発生 223

[3] 賃借人の権利義務と敷金による負担の関係 224
　[1] 問題の所在 224
　[2] 賃借人の義務と敷金の機能 224

[4] おわりに 226

[第21章]
留置権の行使と人的範囲 228

[1] 問題の所在 228

[2] 留置権成立後の譲受人 229

[3] 対抗関係において優先する譲受人 230
　[1] 不動産の二重譲渡と留置権 231
　[2] 小括 232

[4] 債務不履行における目的物の譲受人 232
　[1] 判例の見解 233
　[2] 検討 233

[5] 譲渡担保権者からの譲受人 234
　[1] 判例の見解 235
　[2] 検討 235

[6] 債務者≠所有者異別型──「他人の物」の意義 236

[7] 抵当権と留置権の優劣 238

[8] おわりに 239

[第22章]
転用物訴権 240

[1] 問題の所在──当事者の主張を通して 241
[1] 前提の確認 241
[2] Xの主張 242
[3] Yの反論 243

[2] 分析および展開 244
[1] 第1類型 244
[2] 第2類型 245
[3] 第3類型 246
[4] 留置権との関係 249

[3] おわりに 251

[第23章]
債権譲渡における取引安全 252

[1] 二重譲渡における譲受人の主観的態様 252
[1] 問題の所在 253
[2] 譲受人の主観的態様とその法的評価 253

[2] 債務者の抗弁事由と対抗の可否・その1 255
[1] 問題の所在 255
[2] 無効・取消しの場合 256
[3] 解除の場合 256

[3] 債務者の態様と譲受人の取引安全 257
[1] 問題の所在 258
[2] 無過失要件の意義と機能 259
[3] 2017年改正における債権譲受人の取引安全 260

[4] おわりに 262

[第24章]

契約目的の意義と機能 263

[1] 契約の解消と契約目的 264
[1] 錯誤と契約目的 264
[2] 解除と契約目的 265

[2] 損害賠償と契約目的 270
[1] 問題の所在 270
[2] 民法416条における「予見」 271

[3] 性質決定と契約目的 272

事項索引 274
判例索引 276

凡例

[法令]

＊法令の略称は、以下のとおりとする。

民	民法
商	商法
会社	会社法
国際海運	国際海上物品運送法
民執	民事執行法
借借	借地借家法
自動車抵当	自動車抵当法

[判例・裁判例]

＊日本の判例については、学習者の便宜を考えて元号表記にしたほか、一般の例にならい以下のように略記した。

例：最判平成28・1・12民集70巻1号1頁

※裁判所名、掲載判例集は、以下のように略記した。

大判	大審院判決
最判	最高裁判所判決
最決	最高裁判所決定
高判	高等裁判所判決
地判	地方裁判所判決
民録	大審院民事判決録
刑録	大審院刑事判決録
民集	大審院民事判例集または最高裁判所民事判例集
集民	最高裁判所裁判集民事
下民集	下級裁判所民事裁判例集
家月	家庭裁判月報
金判	金融・商事判例
金法	金融法務事情
新聞	法律新聞
判時	判例時報
判タ	判例タイムズ

[文献]

＊主要な文献の略称は、以下のとおりとする。

淡路・総論	淡路剛久『債権総論』（有斐閣、2002年）
生熊・担物	生熊長幸『担保物権法〔第2版〕』（三省堂、2018年）
幾代・総則	幾代通『民法総則〔第2版〕』（青林書院、1984年）
幾代・ノート	幾代通『民法研究ノート』（有斐閣、1986年）
石田喜久夫・総則	石田喜久夫編『民法総則』（法律文化社、1985年）
石田・総則	石田穣『民法総則』（悠々社、1992年）
石田・担物	石田穣『担保物権法』（信山社、2010年）
内田Ⅰ	内田貴『民法Ⅰ 総則・物権総論〔第4版〕』（東京大学出版会、2008年）

内田Ⅱ	内田貴『民法Ⅱ 債権各論〔第3版〕』（東京大学出版会、2011年）
内田Ⅲ	内田貴『民法Ⅲ 債権総論・担保物権〔第3版〕』（東京大学出版会、2005年）
内田Ⅳ	内田貴『民法Ⅴ 親族・相続〔補訂版〕』（東京大学出版会、2004年）
近江Ⅰ	近江幸治『民法講義Ⅰ 民法総則〔第7版〕』（成文堂、2018年）
近江Ⅱ	近江幸治『民法講義Ⅱ 物権法〔第3版〕』（成文堂、2006年）
近江Ⅲ	近江幸治『民法講義Ⅲ 担保物権〔第2版補訂〕』（成文堂、2007年）
近江Ⅳ	近江幸治『民法講義Ⅳ 債権総論〔第3版補訂〕』（成文堂、2009年）
近江Ⅴ	近江幸治『民法講義Ⅴ 契約法〔第3版〕』（成文堂、2006年）
大村・総則	大村敦志『新基本民法1 総則編』（有斐閣、2018年）
大村・物権	大村敦志『新基本民法2 物権編』（有斐閣、2015年）
大村・債権	大村敦志『新基本民法4 債権編』（有斐閣、2016年）
大村・契約	大村敦志『新基本民法5 契約編』（有斐閣、2016年）
大村・不法行為	大村敦志『新基本民法6 不法行為編』（有斐閣、2015年）
奥田・総論	奥田昌道『債権総論〔増補版〕』（悠々社、1992年）
角・総論	角紀代恵『債権総論』（新世社、2008年）
加藤・民法	加藤一郎『民法ノート[上]』（有斐閣、1984年）
加藤Ⅰ	加藤雅信『新民法体系Ⅰ 民法総則〔第2版〕』（有斐閣、2005年）
加藤Ⅱ	加藤雅信『新民法体系Ⅱ 物権法〔第2版〕』（有斐閣、2005年）
加藤Ⅲ	加藤雅信『新民法体系Ⅲ 債権総論』（有斐閣、2005年）
加藤Ⅳ	加藤雅信『新民法体系Ⅳ 契約法』（有斐閣、2007年）
加藤Ⅴ	加藤雅信『新民法体系Ⅴ 事務管理・不当利得・不法行為〔第2版〕』（有斐閣、2005年）
鎌田・物権	鎌田薫『民法ノート 物権法①〔第3版〕』（日本評論社、2007年）
川井①	川井健『民法概論① 民法総則〔第4版〕』（有斐閣、2008年）
川井②	川井健『民法概論② 物権〔第2版〕』（有斐閣、2005年）
川井③	川井健『民法概論③ 債権総論〔第2版補訂版〕』（有斐閣、2009年）
川井・担物	川井健『担保物権法』（青林書院、1975年）
河上・総則	河上正二『民法総則講義』（日本評論社、2007年）
河上・物権	河上正二『物権法講義』（日本評論社、2012年）
河上・担物	河上正二『担保物権法講義』（日本評論社、2015年）
川島・総則	川島武宜『民法総則』（有斐閣、1965年）
北居・民法	北居功ほか『コンビネーションで考える民法』（商事法務、2008年）
北川・各論	北川善太郎『債権各論〔第2版〕』（有斐閣、1995年）
来栖・契約	来栖三郎『契約法』（有斐閣、1974年）
佐久間・総則	佐久間毅『民法の基礎1 総則〔第4版〕』（有斐閣、2018年）
佐久間・物権	佐久間毅『民法の基礎2 物権』（有斐閣、2006年）
澤井・テキスト	澤井裕『テキストブック 事務管理・不当利得・不法行為〔第3版〕』（有斐閣、2001年）
潮見・契約	潮見佳男『契約各論Ⅰ』（信山社、2002年）
潮見Ⅰ	潮見佳男『新債権総論Ⅰ』（信山社、2017年）
潮見Ⅱ	潮見佳男『債権総論Ⅱ〔第3版〕』（信山社、2005年）
潮見・総則	潮見佳男『民法総則講義』（有斐閣、2005年）
下森・債権	下森定『債権法論点ノート』（日本評論社、1990年）
四宮・総則	四宮和夫『民法総則〔第4版〕』（弘文堂、1986年）
四宮＝能見	四宮和夫＝能見善久『民法総則〔第9版〕』（弘文堂、2018年）
清水・担物	清水元『担保物権法〔第2版〕』（成文堂、2013年）
鈴木・債権	鈴木禄弥『債権法講義〔4訂版〕』（創文社、2001年）
鈴木・物権	鈴木禄弥『物権法講義〔5訂版〕』（創文社、2007年）
須永・総則	須永醇『新訂 民法総則要論〔第2版〕』（勁草書房、2005年）
高木・担物	高木多喜男『担保物権法〔第4版〕』（有斐閣、2005年）
滝沢・総則	滝沢昌彦『民法がわかる民法総則〔第4版〕』（弘文堂、2018年）
高橋・担物	高橋眞『担保物権法〔第2版〕』（成文堂、2010年）
田高・物権	田髙寛貴『クロススタディ物権法』（日本評論社、2008年）
田山・物権	田山輝明『物権法〔第3版〕』（弘文堂、2008年）

千葉=潮見=片山Ⅰ	千葉恵美子=潮見佳男=片山直也編『Law Practice 民法Ⅰ 総則・物権編〔第4版〕』（商事法務、2018年）
円谷・総論	円谷峻『債権総論』（成文堂、2010年）
道垣内・担物	道垣内弘人『担保物権法〔第4版〕』（有斐閣、2017年）
中田・総論	中田裕康『債権総論〔第3版〕』（有斐閣、2013年）
中舎・総則	中舎寛樹『民法総則〔第2版〕』（日本評論社、2018年）
中舎・債権	中舎寛樹『債権法 債権総論・契約』（日本評論社、2018年）
野澤Ⅰ	野澤正充『契約法 セカンドステージ債権法Ⅰ〔第2版〕』（日本評論社、2017年）
野澤Ⅱ	野澤正充『債権総論 セカンドステージ債権法Ⅱ〔第2版〕』（日本評論社、2017年）
林=石田=高木・総論	林良平（安永正昭補訂）=石田喜久夫=高木多喜男『債権総論〔第3版〕』（青林書院、1996年）
平井・総論	平井宜雄『債権総論〔第2版〕』（弘文堂、1994年）
平野・総則	平野裕之『民法総則』（日本評論社、2017年）
平野・物権	平野裕之『物権法』（日本評論社、2016年）
平野・担物	平野裕之『担保物権法』（日本評論社、2017年）
平野・債権	平野裕之『債権総論』（日本評論社、2017年）
平野・契約	平野裕之『民法総合5 契約法』（信山社、2007年）
平野・プラクティス	平野裕之『プラクティスシリーズ 債権総論』（信山社、2005年）
広中・各論	広中俊雄『債権各論講義〔第6版〕』（有斐閣、1994年）
広中・物権	広中俊雄『物権法〔第2版増補〕』（青林書院、1987年）
舟橋・物権	舟橋諄一『物権法』（有斐閣、1960年）
星野Ⅰ	星野英一『民法概論Ⅰ（序論・総則）』（良書普及会、1971年）
星野Ⅱ	星野英一『民法概論Ⅱ（物権・担保物権）』（良書普及会、1976年）
星野Ⅲ	星野英一『民法概論Ⅲ（債権総論）』（良書普及会、1978年）
星野Ⅳ	星野英一『民法概論Ⅳ（契約）』（良書普及会、1986年）
松岡・物権	松岡久和『物権法』（成文堂、2017年）
松岡・担物	松岡久和『担保物権法』（日本評論社、2017年）
松尾=古積・物権	松尾弘=古積健三郎『物権法〔第2版〕』（弘文堂、2008年）
水野=古積=石田・民法	水野謙=古積健三郎=石田剛『〈判旨〉から読み解く民法』（有斐閣、2017年）
三宅(上)	三宅正男『契約法（各論）上巻』（青林書院、1983年）
三宅(下)	三宅正男『契約法（各論）下巻』（青林書院、1988年）
森田・債権法	森田宏樹『債権法改正を深める』（有斐閣、2013年）
安永・物権	安永正昭『講義 物権・担保物権法〔第2版〕』（有斐閣、2014年）
山野目・初歩	山野目章夫『初歩からはじめる物権法〔第5版〕』（日本評論社、2007年）
山野目・総則	山野目章夫『民法概論1 民法総則』（有斐閣、2017年）
山野目・物権	山野目章夫『物権法〔第5版〕』（日本評論社、2012年）
山本・総則	山本敬三『民法講義Ⅰ 総則〔第3版〕』（有斐閣、2011年）
山本・契約	山本敬三『民法講義Ⅳ-1 契約』（有斐閣、2005年）
柚木・担物	柚木馨『担保物権法』（有斐閣、1958年）
柚木=高木・担物	柚木馨=高木多喜男『担保物権法〔第3版〕』（有斐閣、1982年）
我妻Ⅰ	我妻栄『新訂 民法総則（民法講義Ⅰ）』（岩波書店、1965年）
我妻Ⅱ	我妻栄『新訂 物権法（民法講義Ⅱ）』（岩波書店、1983年）
我妻Ⅲ	我妻栄『新訂 担保物権法（民法講義Ⅲ）』（岩波書店、1968年）
我妻Ⅳ	我妻栄『新訂 債権総論（民法講義Ⅳ）』（岩波書店、1964年）
我妻Ⅴ-(1)	我妻栄『債権各論 上巻（民法講義Ⅴ-1）』（岩波書店、1954年）
我妻Ⅴ-(2)	我妻栄『債権各論 中巻1（民法講義Ⅴ-2）』（岩波書店、1957年）
我妻Ⅴ-(3)	我妻栄『債権各論 中巻2（民法講義Ⅴ-3）』（岩波書店、1962年）
我妻Ⅴ-(4)	我妻栄『債権各論 下巻1（民法講義Ⅴ-4）』（岩波書店、1972年）
民法百選Ⅰ〔第8版〕	潮見佳男=道垣内弘人編『民法判例百選Ⅰ 総則・物権〔第8版〕』（有斐閣、2018年）
民法百選Ⅱ〔第8版〕	窪田充見=森田宏樹編『民法判例百選Ⅱ 債権〔第8版〕』（有斐閣、2018年）

民法百選 I 〔第 7 版〕	潮見佳男 = 道垣内弘人編『民法判例百選 I 総則・物権〔第 7 版〕』(有斐閣、2015 年)
民法百選 I 〔第 6 版〕	中田裕康 = 潮見佳男 = 道垣内弘人編『民法判例百選 I 総則・物権〔第 6 版〕』(有斐閣、2009 年)
民法百選 II 〔第 3 版〕	星野英一 = 平井宜雄編『民法判例百選 II 債権〔第 3 版〕』(有斐閣、1989 年)
不動産取引百選〔第 2 版〕	加藤一郎 = 森島昭夫編『不動産取引判例百選〔第 2 版〕』(有斐閣、1991 年)
海事百選〔増補〕	鴻常夫編『海事判例百選〔増補〕』(有斐閣、1973 年)
民法の争点	内田貴 = 大村敦志編『民法の争点』(有斐閣、2007 年)

[第1章]

権利外観法理の「効用」と「副作用」・その1

> **本章のテーマ**
>
> 　民法には取引安全ないし信頼保護に関する制度が多く存在する。そして、これらの諸制度に共通する趣旨を基礎づける概念として、「権利外観法理」あるいは「表見法理」がよく用いられる。このような法理は、随所に散在する信頼保護制度に関する統一的で効果的な理解に資するとともに、その柔軟な適用のための有効な手がかりを与える。しかしながら、その便宜性のゆえに、ともすれば説明のための道具として頼りすぎてしまい、「権利外観法理を持ち出せば勝負あり」とばかりに安直な解釈と思考の停止をもたらす危険も孕んでいる。権利外観法理は学習のための特効薬であるが、その副作用にも気をつけなければならない。それは、同法理が各制度を理解するための簡明な出発点であっても、必ずしも着地点を示すものではないからである。それでは、いかなる点に注意してどのように学習を進め、どこにプラスアルファを見出すべきか。これがこのテーマのねらいである。
>
> 　本章は、その1として、本人側の「帰責事由」要件の意義に焦点を当てる。

1　権利外観法理は万能薬か？

[1] 権利外観法理とは？

　権利外観法理とは、誤った権利の表象・外観を信頼して取引関係に入った者を、真正権利者本人を犠牲にして保護することを正当化するための理論で

あり、取引安全のための基本法理として提唱されたものである。そこで、民法上の信頼保護のための諸制度につき、これらを権利外観法理ないし表見法理を体現する規定として捉える理解が確立されている。具体的には、①失踪宣告の取消し（32条1項ただし書）、②虚偽表示無効（94条2項）、③詐欺取消し（96条3項）、④表見代理制度（109条・110条・112条）、⑤即時取得制度（192条）、⑥債権準占有者に対する弁済（478条）、などが挙げられる。当初は外観信頼の側面に重点が置かれていたが、現在では、第三者の側の信頼保護だけでなく真正権利者本人の責任という観点を取り込み、動的安全と静的安全のバランスに配慮した法理として理解する傾向が定着しているようである[1]。

[2] 権利外観法理の「効用」

　権利外観法理は、①権利外観・表象の存在、②本人の帰責性、③第三者の正当な信頼を中核的要素として構成されており、これを基礎として上記の諸制度の趣旨および要件に関する理解を整理することが、次のような学習上の利点ないし便宜性をもたらす。

　第一に、明快でわかりやすい。民法上の信頼保護に関する上記の諸制度は多岐に亘っており、条文の位置および具体的内容もバラバラであるように見えるが、これらの趣旨および要件をこのようなシンプルな原理に還元して統一的かつ体系的に理解することができるのであれば、学習効果は格段に向上する。

　第二に、衡平で説得的である。信頼保護ないし取引安全は、真正権利者本人を犠牲にして第三者保護を図ることを意味する。したがって、信頼に値する権利外観・表象の存在を基軸として、一方で第三者の側に保護するに相応しい信頼を求め、他方において本人についても権利を失っても仕方がないと評しうる事情の有無を考慮することにより、どちらを保護すべきかにつき相関的に衡量する、という基本構造は一般の衡平感覚に合致する。

　第三に、条文の文言に拘泥することなく柔軟な解釈・適用が可能となり、問題の実相に即した妥当な紛争解決を導きやすい。たとえば、94条2項類

---

1) 四宮・総則253頁、内田Ⅰ53頁、加藤Ⅰ248頁、河上・総則335頁、佐久間・総則121頁、中舎・総則352頁、など。

推適用法理は、登記の公信力の不備を補充する不動産取引安全のための判例法理として、177条と並んで重要な機能を果たすに至っているが、その成功を支えているのは、94条2項を「権利外観法理の典型規定[2]」ととらえる理解であろう。

あるいは、「条文に書かれていない要件」として、① 109条に相手方の善意無過失を読み込む、② 94条2項や96条3項の第三者につき無過失を要求する、③ 110条における「正当理由」を善意無過失に読み換える、あるいは本人の帰責事由を読み込む、④ 478条の要件につき、弁済者の無過失と債権者の帰責事由を加える、などの解釈[3]が挙げられるが、これらは権利外観法理に基づく制度理解から導かれたものと目される。

さらに、判例によって確立された94条2項と110条の法意ないし趣旨の併用（最判昭和43・10・17民集22巻10号2188頁、最判昭和45・11・19民集24巻12号1916頁）、109条または112条と110条との重畳適用[4]などの法律構成は、権利外観法理による統一的解釈に親和的である。

このような権利外観法理の成果が大変重要であることは言うまでもない。しかしながら、その学習上の効能が非常に優れているがために、その活用方法を誤ると「副作用」が待ち受けていることに気をつけなければならない。

[3] 権利外観法理の「副作用」

民法の学習を始めて間もない学生ばかりか、時として相当程度進んでいる者からも、信頼保護制度の解釈・適用に関する議論において、「権利外観法理だからこうなる」という発言をよく耳にする。それ自体はよいとしても、そこから先は何を尋ねても「権利外観法理だから」の一点張りで検討が進まない、という状況に陥ることがある。

---

2) 四宮＝能見233頁、近江Ⅰ201頁、内田Ⅰ53頁、河上・総則335頁、平野・総則162頁、など。

3) 民法制定当初においては、109条は相手方の善意無過失を要求しておらず、478条は弁済者の善意のみを要件としていたが、判例・学説の展開をうけて、民法の現代化に関する平成16年改正により、明文化されるに至った（平成16法147本条改正）。権利外観法理に基づく解釈の影響が大きかったといえよう。96条3項と109条についても、2017年改正により善意無過失が要件とされた。

4) 109条と110条の重畳適用につき、最判昭和45・7・28民集24巻7号1203頁。110条と112条の重畳適用につき、大連判昭和19・12・22民集23巻626頁。

たとえば、94条2項類推適用の要件として「本人の帰責事由の存在」を挙げた後に、さらにその内容を問うても十分な解答が得られないことがままある。

　帰責事由が存在すればその内容は何でもよいというわけではなく、条文によって異なる。とくに94条2項類推適用については、本人側の帰責事由要件の意義について議論が重ねられてきた。それはなぜなのか。具体的にどのように理解すればよいのか。もう一歩踏み込んでそこまで思考していれば、応用事例に対する適切な対応が可能となろう。

　また、上記の「94条2項・96条3項における第三者につき無過失を要求すべきである」という見解についてその理由を聞くと、しばしば「権利外観法理の現れだから」という解答が待ちうけている。それだけでなく、無過失とはどのような態様を指すのか、なぜそれが求められるのか。もう少し進んでその要否を考えれば、本人と第三者のどちらを保護すべきかに関する要件構造と判断基準が明瞭となろう。

　さらには、判例法理として確立している94条2項・110条併用型は、本来は非常に応用度が高く、解釈論としては「究極の法律構成」であるのだが、どちらも同じ権利外観法理の規定だからという「刷り込み」のもと、両制度の異同・特色についてあまり問題意識を持たずに学習を進めているように映る場合が少なくない。

　制度趣旨や基本的な考え方は共通していても、要件・効果の具体的内容は条文ごとにそれぞれ特色を有している。94条2項と110条の共通点だけに目を向けるのではなく、どの点がなぜ異なるのか、その適用につきどのような点に注意すべきなのか、等についてまで掘り下げることが肝要である。要するに、権利外観法理を持ち出して定式化したところで思考を停めてはいけないのであって、条文ごとに異なる権利外観法理の「現れ方」に注意しながら、各制度の要件・効果および機能について具体的に考えながら理解を深めていくことが、「プラスアルファの学習効果」を上げるための分岐点である。

　冒頭で示したように本章は、権利外観法理の典型とされる94条2項類推適用に関する最大の論点である「帰責事由要件」をクローズアップする。

2　民法94条2項類推適用法理における「帰責事由要件」の意義

[1] 議論の焦点は何か？

　94条2項類推適用については、昭和40年代に確立された判例法理がその中心的役割を担ってきたが、近年になってさらに重要判例が現れるに至り、議論がより深化している。その焦点は拡大適用の限界のあり方であり、主として本人側の帰責事由要件のコントロールが問われてきた。要件面におけるこのような問題関心は、不実登記に対する信頼保護を図るにあたり、登記に公信力が認められていない日本では、第三者の信頼のみから直ちにその保護を導くことはできず、本人の側に責任を負わせるべき関与があった場合にのみこれを認めるべきである、という不動産取引安全に関する衡平感覚が、本人の帰責事由を重視する94条2項の要件構造に合致したことに起因しよう。

[2]「意思関与」と「与因」の意義
──94条2項の帰責要素と110条の帰責要素

　それでは、今日確立に至っている判例法理について整理しておこう。

　判例は第一に、94条2項類推適用における本人の帰責事由につき、「虚偽表示に類する非難が認められるか？」という観点から、「虚偽の権利外観の『作出または存続』が本人の意思に基づく場合（意思関与）」がこれにあたるとして、いわゆる外形自己作出型（積極的作出）および外形他人作出・意思外形対応型（事後的承認・放置）への類推適用を認めた（最判昭和45・9・22民集24巻10号1424頁）。

　第二に、それでは、「不実登記の『原因の作出』（与因）が本人の意思に基づくにとどまる場合」はどうか（外形他人作出・意思外形非対応型または意思外形与因型）。たとえば、次のような場合である。

事例で考えよう Part. 1

　甲土地を所有するAは、知人のBから、取引上の信用を得るために甲の所有名義を一時貸してほしいと懇請され、甲につきAからBへの売買予約を仮装してB名義の所有権移転の仮登記手続を行ったところ、BがAに無断で、右仮登記に基づき売買を原因とする所有権移転の本登記手続を了してしまい、Cに転売して所有権移転登記がなされた。後にこの事実を知っ

たＡは、Ｃに対して甲に関する所有権移転登記の抹消登記手続を求めることができるか。

　ＡはＢ所有名義の本登記がされた事実を知らなかったのだから、不実登記（本登記）の作出・存続が本人の意思に基づくとはいえず、94条2項類推適用に必要な帰責事由は存在しない。それではＡの請求は認められるか。上記のような事例においては、①不実登記の原因（仮登記）の作出が本人の意思に基づくこと、②それが他人に濫用されて不動産が処分されてしまったこと、という「意思外形与因型」の帰責事由についてどのように評価すべきかがさらに問われる。

　ここでは、94条2項の帰責要素と110条の帰責要素を汲み取ることが重要である[5]。上記の①からは94条2項に共通する帰責要素がうかがえるが、同項を適用するには不十分である。

　そこで、これを補うべく②に着目すると、このような態様は、他人を信用して財産処分の原因となった一定の外観を与えたところ、逸脱処分が行われたという点において、110条の帰責要素に類似している。もっとも、ＡはＢに対して対外的取引を予定した代理権を何ら与えてはおらず、かつ、ＢはＡの代理人として売却したわけではないため、110条をそのまま適用することはできない。

　このように個別にみれば各制度の要件を充足しないものの、判例は、①要素＋②要素＝「外形作出の原因への意思関与」（意思外形与因型）という帰責事由が認められる場合には、善意無過失のＣを保護するのがむしろ両条の趣旨に適う、という法的評価に基づいて、94条2項・110条の「法意」の併用構成を示したのである[6]。

[3]「意思関与」から「重過失」へ？
——平成18年判決をどう読み解くか？

　近年の最高裁判決（最判平成18・2・23民集60巻2号546頁）は、94条2項・110条における帰責事由要件の意義についてさらに応用的思考を促した。そ

---

5) 山本・総則176頁、佐久間・総則138頁、など参照。
6) 前掲・最判昭和43・10・17。

の事案を簡略化すると次のようになる。

> **事例で考えよう Part. 2**
> 　乙土地を所有するDは、かつて不動産の購入に際して世話になったEを信用して、乙の賃貸につき一切を任せたところ、Eから甲の賃貸に必要であると説明されて、請われるままに乙に関する登記済証・実印・印鑑登録証明書を数度にわたって交付し、さらに、Eの指示にしたがい、その内容を確認せずに乙をEに売却する旨の売買契約書に署名押印した上、Eが自己への所有権移転登記手続のための申請書にDの実印を押印するのを傍観していた。このような経緯を経て、乙につき売買を原因とするE名義の所有権移転登記が経由され、やがてFに転売されて所有権移転登記手続がされてしまった。この事実に気づいたDは、Fに対して乙に関する所有権移転登記の抹消登記手続を求めることができるか。

(a)　平成 18 年判決の判断枠組

　事例 Part. 2 においてDは、乙につきE所有名義の本登記がされたことを知らず、その原因を作出する意思すら有していなかったため、94条2項の帰責要素を見出すことができないように見える。

　これに対して、Eに乙の賃貸に関する代理権を授与した上、同人を信用して不動産処分に必要な重要書類を交付することによって処分原因を与えた点に着目すれば、そこには110条の帰責要素がうかがえる[7]。現に平成18年判決の原審は110条のみの類推適用を認めた。もっとも、Eは自己の名において乙を処分したため、Fを保護するための条文上の根拠を110条のみに求めてよいかが問われる。無権利者処分は、自己名義処分型と代理人による他人名義処分型とに分かれるが、その異同に関する留意点については、94条2項類推適用法理と110条との比較とあわせて次の項目において詳説する。

　最高裁は、帰責性の程度が意思関与と「同視し得る程度に重いもの」と評価しうるとして、善意無過失のFのために94条2項と110条の類推適用を認めた。この判決の意味については、①判例はこれまで帰責事由要件において意思的要素を重視・維持してきたが、「不実登記の作出または存続につき『重

7）佐久間毅「判批」民法百選Ⅰ〔第8版〕47頁。

過失』ある場合」という新たな類型（与因・外形作出重過失型）が承認されたのか、②94条2項・110条併用構成に拠る意義はどこに求められるか、が問題となる。

(b) 帰責事由（意思関与）要件の客観化？

　①につき、判旨からは「意思関与から重過失へ」さらなる緩和・拡張が認められたようにもみえる。もっとも、事実評価としては、処分に必要な重要書類の交付・放置から、虚偽の売買契約締結さらには不実の登記申請に至るまで、無権利者処分の全過程に亘るDの継続的かつ決定的な関与が認められることから、意思関与に準じる非難が肯定されたものといえよう。ここにいう非難の意味は「故意・悪意に準じる重過失」と同様であろう。すなわち、「意思関与」要件の判断には、主観的・心理的な態様の有無だけでなく、客観的状況に照らしてDにおいて意思関与がなかったと主張することが許されない、という規範的評価が含まれることを意味する。これを「帰責事由（意思関与）要件の客観化」として理解することもできよう。

(c)「準」意思関与の判断要素と94条2項・110条併用構成の意義

　上述の②については、判旨が外形自己作出型および外形他人作出・意思外形対応型に準じる帰責事由の存在を根拠としていることから、94条2項のみの類推適用で足り、110条を併用する意義が不明である、との指摘がある[8]。もっとも、不実登記の存在という「点」だけでなくその作出「過程」にも着目して帰責事由を評価するなら、他人を信用して処分の原因を与えたこと（外形与因）は110条に親和的な帰責要素であり、与因＋外形作出への関与という94条2項と110条の帰責要素を総合評価しながら「意思関与と同視し得る重過失」が認定されたとみることもできよう[9]。また、94条2項においてあくまで意思的要素を重視するなら、帰責事由要件の客観化のために110条を加味した、という分析もできようか。

---

8) 磯村保「判批」ジュリ増刊平成18年度重判解67頁、佐久間・前掲注7）47頁。なお、同・総則139頁も参照。
9) 四宮＝能見241頁。

[4] さらなる検討課題にチャレンジしよう

　かなり応用的な考察に踏み込んだが、いずれにしても、本人に「意思関与と同視し得る重過失」が認められる場合には善意無過失の第三者を保護する、という結論が衡平かつ妥当であるとすれば、その法律構成についてどのように考えるべきか。平成18年判決を手がかりにして、さらに考察すべき課題を指摘しておこう。どれも大変な難問であるが、チャレンジしてみよう。

　第一に、登記の公信力の不備に対する補充につき、その法的根拠を94条2項に求める構成が選択された点にかんがみれば、虚偽表示制度との整合性を確認すべきであろう[10]。この点につき、本人の責任という観点から「重過失は故意・悪意と同視し得る」という一般論をあてはめれば[11]、少なくとも第三者に対する関係において「虚偽表示に準じる重過失」を認めることもありえよう。もっとも、虚偽表示の意義をこのような非難態様に置き換えると錯誤との区別が不透明となるが、結論的には重過失ある表意者を保護しない95条3項（旧95条ただし書）との均衡は一応保たれている。

　第二に、他方において、不実登記に対する信頼保護のための一般法理としての94条2項類推適用法理の機能に着目するなら、虚偽表示の意義に拘泥することなく、不動産における本人の責任と第三者の取引安全のバランスのあり方という「開かれた」視点に立って、その要件構造を考えるべきことになろう[12]。

　第三に、帰責事由要件に特化していえば、不実登記への関与を点だけでなくプロセスにおいて評価することにより、事前の原因への関与（与因）から事後の放置・認容（存続関与）までを含めて帰責事由の有無が判断されるべきであろう。「他人を信用して自己の財産を処分され得る状況を作り出したこと」を考慮する意思外形与因型および与因・外形作出重過失型は、前者に重点が置かれている。94条2項・110条併用構成の意義は、このような帰責事由要件の「プロセス」化に求められよう。

---

10) 中舎・総則202頁。
11) 山本・総則177頁。
12) 佐久間・総則143頁、内田Ⅰ201頁。

3 おわりに

　本章は、権利外観法理について学習するに際して必要な問題意識を喚起した上で、94条2項類推適用法理の中心課題である帰責事由要件の意義について、深く掘り下げて検討した。ところで、このように94条2項類推適用法理において帰責事由要件に重点が置かれる理由として、①登記に公信力がないことから、不実登記に対する信頼保護については本人側の非難を要求する法律構成が望ましいこと、②虚偽表示制度が本人の帰責事由に重点を置く信頼保護を目的としていることを先に挙げた。しかしながら、その意義については、さらに第三者側の信頼要件を視野に入れながら、要件構造全体のバランスにおいて考えなければならない。そうした作業の必要性は、110条との比較すなわち、無権利者処分における自己名義処分型と他人名義処分型との対比を通してより一層明らかとなる。

　そこで次章では、94条2項およびその類推適用における「無過失」の要否とその意義について分析した上で、その特色を110条における要件判断と比較しながら明らかにしつつ、無権利者処分における取引安全に関する学習上の留意点について整理する。

[第2章]

権利外観法理の「効用」と「副作用」・その2

> **本章のテーマ**
>
> 　取引安全に関する制度において第三者側の信頼が重要であることはいうまでもないが、その要件については現行法上、表見代理制度（110条は「正当理由」）や192条、478条などについては善意無過失が要求されている一方、94条2項や96条3項などは条文上善意のみとされている（2017年改正により96条3項に無過失要件が追加された）。これについては、「権利外観法理では第三者に善意無過失が要求される」として、条文の文言にとらわれずに一律に善意無過失と読み込む理解がある一方で、無過失の要否を本人側の帰責性の大小に応じて決するのが衡平に適う、という指摘も多く見受けられる。
>
> 　無過失の要否を考えるに際しては、「とりあえず必要 or 何となく不要」ではなく、それが本人を犠牲にして第三者を保護すべきか否かに関する評価に関わる以上、無過失であるというためにはいかなる場合において何が要求されるのか、という規範的評価を念頭に置く必要がある。本章では、無過失要件の意義と機能を取り上げ、94条2項と110条を対象にプラスアルファについて「考えるための材料」を提供し、本人の帰責事由要件を踏まえながら、無権利者処分における信頼保護全体に関する思考のポイントを整理する。

1　民法94条2項における無過失の要否

[1] 判例・学説の動向
まずは、無過失の要否に関する判例・学説の見解について概観しておこう。

(a)　無過失不要説

判例は古くから第三者の過失の有無を問わない旨を示しており[1]、学説上も無過失不要説が通説といってよい[2]。その理由は、自ら作出した外形につき本人が責任を負うのは当然であるという価値判断に求められており、その前提にあるのが、本人と第三者の利益衡量にあたり、帰責性の大小に応じて無過失の要否を決するのが衡平である、という基本理解である。そこで、本人の帰責性が比較的小さい外形他人作出型の94条2項類推適用においては無過失必要説を採る類型論も勢力を増している[3]。なお判例は、94条2項・110条併用型につき善意無過失を要件としている（最判昭和43・10・17民集22巻10号2188頁、最判平成18・2・23民集60巻2号546頁）。

(b)　無過失必要説

これに対しては次のような無過失必要説も有力である[4]。ⅰ．取引上要求される最低限の注意を欠いた者を保護する必要はなく、信頼に値する外観を信頼した者のみを救済すべきである。ⅱ．虚偽表示の状況・事情は多様であり、第三者の態様もさまざまであるから、その保護の可否を決する際には、主観的な心理状態としての「知不知」のみならず過失の有無を考慮することにより、客観的・具体的状況に応じきめ細かな判断を行うことが求められる。

(c)　無重過失必要説

本人の帰責性の大きさにかんがみれば第三者に高度な注意義務を課すべきではないが、虚偽表示につき善意であっても、ごくわずかな注意を払えば知

---

1) 大判昭和12・8・10新聞4181号9頁。
2) 我妻Ⅰ292頁、近江Ⅰ199頁、川井①202頁、須永・総則198頁、山本・総則160頁、河上・総則332頁、佐久間・総則125頁、中舎・総則184頁、など。
3) 近江Ⅰ199頁、川井①209頁、加藤Ⅰ250頁、中舎・総則199頁、河上・総則343頁、など。平野・総則160頁も、虚偽表示の帰責性の大小に応じて無過失の要否を区別する。
4) 四宮・総則166頁、幾代・総則257頁、石田喜久夫・総則134頁〔磯村保〕、内田Ⅰ55頁、など。

り得たような場合には、このような重過失ある第三者まで保護する必要はないとする折衷説もある[5]。

[2] 考えるべきポイントは何か？
——「疑念を抱いて然るべき状況」の有無

(a) 無過失要件の意義はどこにあるのか？

上記の各説はどれも説得的であり、一見したところ甲乙つけがたいが、どのような場合を念頭に置いて考えるべきか。事例を通して分析しよう。

事例で考えよう Part.1

(1) 甲土地を所有するAは、Bから取引上の信用を得るために甲の所有名義を貸してほしいと懇請されたため、AB間の売買を仮装した上で所有権移転登記手続を行った。ところがBはこれを奇貨として甲をCに売却してしまい、所有権移転登記が経由された。後にこれを知ったAは、Cに対してその抹消登記手続を求めることができるか。Cは売買を原因とするB名義の登記を確認の上、上記の事情を知らずに甲を買い受けたものとする。

(2) 上記(1)のケースが、Aの不知の間にBが甲につき勝手に自己所有名義の移転登記手続を行った後、これを知ったAがBから懇請されてしばらくそのままにしておいたところ、BがCに売却したというものであったとしたらどうか。

Cは善意であるから、無過失不要説によれば当然に保護されよう。それでは、過失ありといえるであろうか。無過失要件の内容が第三者に虚偽表示の有無に関する調査確認義務を課すものであるとするなら、CはAB間の売買が仮装であるか否かにつきAに確認すべきであり、これを怠れば過失ありということになる。しかしながら、Cがそのような事情を容易に知り得る立場にあるかまたは、Bが甲を所有することにつき不自然な点が認められるなど、疑念を抱いて然るべき特段の事情がないかぎり、このような内部事情についてCに調査確認義務があるとはいえまい。その意味では不要説に分がありそ

---

5) 米倉明「虚偽表示㈧」法教90号（1988年）37頁、石田・総則320頁、川井①202頁、河上・総則332頁も、悪意に準じる重過失ある場合を排除すべき旨を示唆される。

うだが、仮に必要説に立ったとしても、B所有名義の登記を信じて譲り受けたCは、登記の推定力[6]によりその信頼が適法なものと推定されると考えれば、無過失と認定されるのが通常であろう[7]。

したがって、登記のような「信頼に値する外観」が存在する場合には特別な調査確認義務はないとすれば、どちらの説に立ってもCは保護されるべきことになる。そうであるとすれば、(2)におけるような外形他人作出型について無過失必要説を採るとしても、前主の所有権取得につきとくに疑念を抱くべき状況がないかぎり、第三者が予見し得ない内部事情に関する調査確認義務を加重すべきではなかろう[8]。

そのため、何ら疑念を抱くべき状況が認められないときは、無過失の要否が結論を左右することはないため、本人の帰責性の大小に応じて無過失を要求するといっても、実質的にみれば、調整弁としての無過失要件の機能に多くを期待することはできないのではないか。

なお、詐欺取消しに関する96条3項につき、2017年改正は、詐欺の被害者である表意者の帰責性が小さいことにかんがみて第三者側の無過失要件を明文化したが、それが必ずしも詐欺の有無につき第三者に調査確認義務を課す趣旨ではないとすれば、あらためてその意義が問われることになる。

(b) 分岐点はどこか？

それでは、どこが分岐点になりうるのか。事例をアレンジして分析を深めよう。

事例で考えよう Part. 2

(1) 上記の事例 Part. 1 において、AはBから甲の所有名義を貸してほしいと懇請されたが、同地を手放すつもりはないため登記手続を拒絶し、AB間の本件売買契約書を仮装するにとどめた。その翌年Bは、Cに本件売買契約書を示しながらこれを自己所有と称して同人に売却した。CはAに対して甲の所有権移転登記手続を求めることができるか。

(2) 上記(1)において、AはBの求めに応じて所有権移転登記手続を行い、

---

6) 最判昭和34・1・8民集13巻1号1頁。
7) 四宮・総則168頁、四宮＝能見241頁。
8) 佐久間・総則126頁。

> その後Bは同地をCに売却して移転登記手続が経由されたが、Aは同地に代々住み続けながら老舗の店舗を経営しており、その後も居住と営業を継続している旨をCが知っていたとしたらどうか。

　必要説の多くは、無過失要件の内容につき、当事者間の内部事情に関する調査確認をつねに義務化することを説くのではなく、「信頼に値する外観」が存在しない場合などを念頭に置いている[9]。
　事例 Part. 2(1)では、たとえ虚偽表示の事実を知らなかったとしても、登記がないBから土地を譲り受けたCをただちに保護してよいか、という疑問が生じうる。売買から1年経過しても未登記のままであれば、Bの所有権取得の有無について疑念を抱くべきであり、B・Aに事情を確かめるのが普通ではないか、と考えられるからである。さらに(2)においては、B名義の登記はあるものの、甲につきBによる支配の実態がなく、かつAが処分するのは不自然であると認められる状況をCが認識していたのであれば、売買の成否ないし真偽あるいは売却の経緯などにつき通常であればAに確認するはずである、という評価が成り立ちうる。
　このような「疑念を抱いて然るべき状況」が認められるにもかかわらず、漫然と取引した第三者は保護に値しないのではないか。不要説が、こうした場合であってもCはAB間の虚偽表示を知らなかった以上保護されてよい、という趣旨を含む見解であるとすれば、この点に関する評価が分岐点となる。
(c)　どのように考えればよいか？
　ここにいう「疑念を抱いて然るべき状況」＋「調査確認義務」の対象は、虚偽表示の事実というより、広く前主Bの所有権取得の有無一般に関するものであるといえよう。すなわち、虚偽表示の不知に対する保護の目的が前主の所有権に対する信頼保護にあるとすれば、①前主の所有権取得につき「疑念を抱いて然るべき状況」＋②所有権取得原因に関する「調査確認義務」に対する評価がポイントとなろう。そこで、さらに次の3点を指摘しておこう。
　第一に、上の①②の内容はどうあるべきか。①が存しなければ②は導かれず、第三者はつねに無過失と認定されるであろうから、どの説でも結論は変わらない。問題は、①が認められるときに②をどの程度求めるべきである

9）四宮・総則166頁、内田I 55頁。

が、本人の帰責性の大小に応じた調整はこの局面において行うべきであろう[10]。

　虚偽表示は本人の帰責性が大きい当事者間の内部事情であることにかんがみれば、前主の所有権取得につき「疑念を抱いて然るべき状況」が明白であり、その取得原因に関する確認が容易であったにもかかわらず敢えてこれを行わず漫然と取引に臨んだ場合には、第三者の保護を否定すべきではなかろうか。

　第二に、このような態様を「過失」と評価すべきか、「重過失」とみるべきかについては、論者によって異なるであろうが、無過失不要説が重過失ある第三者の保護を意味するものでないかぎり、いかなる場合に第三者を保護すべきかに関する利益判断において各説の間に大きな差異はないことになる。このことは、無過失の要否に関する見解の相違が、過失のみならず「善意」の意義にまで遡ることを示唆している。すなわち、善意は「虚偽表示の不知」という主観的な心理状態を指すにとどまると解すれば、保護すべきか否かに関する客観的事情の評価はすべて無過失要件の判断を通して行われる。これに対して、善意には「『知らなかった』と主張することが信義に反するか」に関する規範的評価が含まれる、という理解[11]に立てば、悪意に準じる重過失がないことも善意に包含され、上記のような態様評価は善意要件においてなされうることになる。

　第三に、立証責任の側面からどのように整理すべきか。判例には善意の立証責任が第三者にある旨を示唆するものがあるが[12]、虚偽表示の有無はすぐれて当事者間の特殊な内部事情であるから、その不知については推定され、本人の側において、疑念を抱いて然るべき状況の存在と調査確認義務に関する証明責任を負うと解すべきであろう。

10) 疑念を抱くべき状況の存在を前提とする調査確認義務の程度については、本人の犠牲において保護すべきであるというためにはどこまで必要か、あるいは、本人において第三者の不注意を指摘することが許されるか、という観点から考えれば、帰責性の大小に応じて異なり、本人との関係において事後的・相対的に評価せざるをえないのではないか。そして、本人の帰責事由の意味については、①要件（充足しなければ第三者の信頼が正当であったとしても保護されない）と②考慮要素（独立の要件ではないが、第三者の調査確認義務の程度を決するに際して考慮される）の2段階に分かれよう。
11) このような観点における善意・悪意の意義につき、鎌田・物権95頁、山野目・初歩31頁。
12) 最判昭和41・12・22民集20巻10号2168頁。

2 無権利者処分における信頼保護の特色
——類型的考察のススメ

[1] 民法110条における信頼保護

　それでは、応用編として、無権利者処分に関する信頼保護の特色につき、94条2項（類推適用を含む）型と110条型を対比しながら明らかにしていこう。94条2項・110条併用型に関する判例法理に象徴されるように、権利外観法理の典型として両条を一元的に捉えがちであるが、その理解につきプラスアルファを求めるなら、その異同についてさらに分析を深める必要がある。まずは110条の要件に関する特色を整理しておこう。

> **事例で考えよう Part. 3**
>
> 　乙土地を所有するDは、その子であるEに乙の管理を委ねていたが、Eは自己の事業資金を調達するためにF銀行から3000万円の融資を受けるに際し、当該貸金債権の担保として、Dに無断で同人の代理人と称して乙につきFのために本件抵当権を設定し、設定登記が経由された。Eは、乙の管理のためにDから預かっていた乙の登記済証および、勝手に持ち出した実印、印鑑登録証明書ならびに偽造したDの委任状をFに提示したところ、FはEと取引するのはこれが初めてであったが、Fの担当者Gはこれらを信じて取引に及んでいた。後にこの事実を知ったDはFに対して本件抵当権設定登記の抹消登記手続を求めることができるか。

(a)　本人の「帰責事由」要件

　本人側の帰責事由は「基本代理権の授与」要件を通して顕れる。判例は「法律行為に関する代理権」に限定するが[13]、学説の多くは、「対外的な関係を予定した基本権限」で足りると解している[14]。その理由は、ⅰ．法律行為・事実行為という形式的区別に拘泥することなく、権限の実態に照らして履行責任の負担を正当化し得る本人の帰責事由を実質的に評価すべきこと、ⅱ．「正

---

13) 最判昭和35・2・19民集14巻2号250頁。
14) 幾代・総則381頁、四宮＝能見391頁、内田Ⅰ190頁、近江Ⅰ287頁、山本・総則419頁、河上・総則482頁、など。

当理由」要件判断に重きを置いて最終的に調整すればよいこと、に求められている。

法定代理については、ａ．制限行為能力者型とｂ．法人代表型に分けて理解すべきであろう[15]。ａ．においては、本人に帰責要素がないことを根拠とする表見代理否定説が主張されている[16]。これに対しｂ．では、取引ごとに個別に代理権が授与されるのではなく、代理人（代表者）の地位に応じて定型化された包括的権限が法律上付与される。本人の帰責事由は「選任・監督上の過失」に求めざるをえないが、実質的・具体的にその有無が評価されるわけではなく、代表の選任および越権行為の事実に内在するとすれば、帰責事由は形式化されているといえる。

Part. 3の事例は任意代理であり、ＤはＥに乙の管理を委ねていることから「基本代理権」が認められよう。

(b)　相手方の「正当理由」要件

「正当理由」要件の成否は、代理権の存在について①「推認させる事情」と②「疑念を抱いて然るべき事情」との相関判断によって評価される。

まず相手方は、①として、正当理由を基礎づける「信頼に値する外観」の存在を示さなければならない。本人の実印・印鑑登録証明書・委任状の所持は、本人の意思確認のための手段として重要な役割を果たすことからその典型とされており[17]、Part. 3においてはこれらが認められるため、Ｆの正当理由が推認されよう。なお、Ｄ自身が交付していない点については後に補足する。

次に、上記の②は①の推認をくつがえす事情となりうる。その場合相手方には、本人への意思確認など、代理権の存否に関するさらなる調査確認義務が加重され、これを尽くしていなければ正当理由が否定される。

その主要な考慮要因は、ａ．代理行為の内容・性質、ｂ．相手方の地位、ｃ．本人と代理人の関係・代理人の地位である。ａ．については、重要財産処分のような本人の重大な利益に関わる行為とくに代理人の利益のためにする担保設定などは、行為の性質上本人の意思と利益に反して無権代理が行われる

---

15) 佐久間・総則281頁、河上・総則483頁。
16) 四宮・総則263頁、内田Ⅰ190頁、など。
17) 最判昭和35・10・18民集14巻12号2764頁、最判昭和51・6・25民集30巻6号665頁、など。

危険性が高く、代理権の存否に関する調査確認義務の加重要因となる。

上記のb．に関しては、相手方が当該取引を専門的に行う事業者であるなど、豊富な取引経験から無権代理のリスクにつき精通すべき地位にあるときは、上述のa．と相まって高度な調査確認義務が求められる。本人確認が厳格に求められる金融機関であればなおさらである。

これと反対に、商事代理においては、代理権の範囲に関する個別具体的な調査確認義務が軽減ないし免除される場合がある。第一に、包括的権限として定型化されており、信頼に値する外観が強度である場合が挙げられる（商21条、会社11条、349条、599条）。これに該当しない場合は110条の問題となるが、代理人の地位に照らして外形上「通常有すべき権限」に属する行為であれば、調査確認義務を軽減すべきであろう。これらは上記の①を強化する要素といえる。第二に、同一の代理人との間で過去にも同種の取引経験がある場合、そのような反復継続性は後の取引における調査確認義務を軽減・免除しよう。

c．につき、Part．3のような親族関係に対しては二通りの評価がありうる。一つは、親族を信用して財産処分を委ねるのは自然なことであるから、正当理由を基礎づけるという見方であり、もう一つは、親族だからこそ代理権の外観を容易に作出しうる立場にあることが多く、無権代理のリスクが高いため、疑念を抱くべきである、という評価である。どちらとみるべきは、a．b．その他の諸事情によって決せられよう。

Part．3では、ア．代理行為がもっぱらEの利益のための不動産担保設定であること、イ．Fは金融機関であること、ウ．FはEとは過去に取引経験がなく、ＤＥ間の関係について未知であることにかんがみれば、Fに正当理由ありというためには、Eによる乙の登記済証・実印・印鑑登録証明書および委任状の所持の確認では足りず、Dに対する意思確認を行うべきであったといえよう。

[2] 自己名義処分型と他人名義処分型の比較

以上の整理を踏まえて、不動産の無権利者処分における信頼保護につき、自己名義処分型と無権代理人による他人名義処分型の特色を比較してみよう。

(a) 帰責事由要件の比較

94条2項（類推適用を含む）が虚偽の外観作出・存続への意思関与を求め

るのに対して、110条では他人を信用して自己の事務処理を委ねたことで足りる。帰責性の大小について比較すると110条の方が非難の程度が小さい。もっとも、それは相手方を容易に保護してよいことを意味するものではない（後述）。また、財産の管理を委任したにすぎない場合と、実印その他の重要書類あるいは白紙委任状の交付など、処分への直接の与因あるいは処分権限の外観作出が認められる場合とでは帰責性に差異があるが、こうした無権代理行為に対する寄与の程度は基本代理権の存否だけでは評価しきれない。そこで、このような要素を「正当理由」要件において考慮すべき旨が説かれている[18]。

(b) 信頼要件の比較

信頼要件については、「信頼に値する外観」の存否・「疑念を抱いて然るべき状況」の有無＋「調査確認義務」に関する評価が問われるが、無過失要件の実質的意義は異なる。94条2項ではその要否が問われている上、信頼の対象が登記である場合が多く定型化されているため、無過失要件が実際に機能する局面は限定される。これに対して110条においては、信頼の対象および疑念を抱くべき事情が多様であるため、その成否に関しては「正当理由」要件が重要な機能を果たすことになる。94条2項に比して帰責事由要件が緩やかであることとの均衡はこうして維持される。

自己名義処分型と他人名義処分型との間におけるこのような相違は、信頼の対象となる処分権限の性質（所有権or代理権）に起因しよう。登記名義人が自己の物として処分する場合、所有権の外観に対する信頼は特段の事情がないかぎり正当と評価されやすいのに対して、代理権は他人に属する物（他人の所有名義の不動産）であることを前提とする処分権限であり、しかもその表象が多様であるため、包括的権限が定型化されている法定代理は別として、相手方はその存否につき調査確認義務を負うのが原則であるといえよう。

---

18) 安永正昭「越権代理と帰責性」林良平先生還暦記念『現代私法学の課題と展望・中』（有斐閣、1982年）55頁以下、内田Ⅰ196頁、近江Ⅰ286頁、平野・総則337頁、428頁、河上・総則481頁、など。

3 おわりに

　無権利者処分において、a．所有権に対する信頼（自己名義処分型）と、b．代理権に対する信頼（他人名義処分型）とでは、信頼保護の構造が異なる。以下に要約しておこう。

　a．の特色は、ⅰ．登記の公信力不備に対する補充に際しては、本人の帰責事由要件を重視する構成によって静的安全との調和を図るのが望ましい、ⅱ．登記は信頼に値する外観としての確度が高いため、第三者に対してつねに高度な調査確認義務を課すには適さず、無過失判断の意義が限定される、に求められよう。

　これに対してb．においては、ⅰ．代理権の外観・表象は多様であるため、無過失判断に重要な機能を担わせることによって調整を図る構成が適合的である、ⅱ．本人の帰責事由も代理権の性質に応じて多様でありうるため、柔軟に解すべきである、といった特色が認められる。越権の程度が大きい任意代理においては本人の帰責事由と相手方の正当理由に関する実質的評価が求められ[19]、法定代理ないしは商事代理では定型的な信頼保護が要求されるなど、類型的整理が必要であろう。

　事例ごとにさまざまなバリエーションがありうるが、思考のための一つのモデルとなれば幸いである。

---

[19] 本人の帰責性が小さい場合においては相手方の信頼要件を厳しくすればよいのか？　その場合はたとえ相手方が万全を期していたとしても保護されないのか？　学説が指摘するように、越権の程度が大きい場合などは、相手方の調査確認義務を加重するだけでなく、本人の無権代理行為への直接・間接の与因の有無・程度など、基本代理権の授与以外の要素が考慮されてよいであろう。

[第3章]
権利外観法理と対抗問題
―― 94条2項類推適用と177条

本章のテーマ

不動産取引安全のための法理として、権利外観法理と同じく重要なのが対抗問題における第三者保護である。これについては177条が重要な役割を果たしているが、94条2項類推適用法理が確立されると、両者が取引安全を支える「両輪」として機能するに至るとともに、その適用区分をめぐって議論が対立するところとなった。両者については、①登記の「対抗力」or「公信力」、②相容れない権利取得における優劣決定 or 無権利者処分における第三者保護、③客観的基準による画一的解決 or 善意者保護、などの対比に各々の独自性を見出して区別するのが一般的な理解である。しかしながら、その区別は問題類型に応じて流動的であるため、妥当な問題解決に向けて両者がどのような調整・工夫を凝らしてきたか、それが何を意味するのかにつき、踏み込んで考察しているであろうか。これらを探ることが本章の「プラスアルファ」である。本章のテーマには第三者保護に関する重要課題が集約されているが、前章までの分析を踏まえた展開編として考えてみよう。

1 不動産取引安全のための二つの法理

登記に公信力がないため、不動産取引安全につき伝統的に判例・学説は、もっぱら登記の対抗力すなわち「対抗問題」の範疇において、177条の柔軟な運用によりこれを図ってきた。すなわち判例は、「登記を要する物権変動

の範囲」を広く捉える一方（大連判明治41・12・15民録14輯1301頁）、「第三者の範囲」につき「登記の欠缺を主張する正当な利益」を要求する制限説（大連判明治41・12・15民録14輯1276頁）を採用しながら、状況に応じて保護すべき第三者を絞り込む構成を通して妥当な解決を導いてきた。

　ところが、94条2項類推適用に関する判例法理が確立されると、これまで対抗問題とされてきた問題類型について同法理を活用すべき旨が説かれるようになった。その典型が「取消しと登記」、「相続と登記」である。

　さらに判例は、94条2項類推適用法理とほぼ時期を同じくして、177条において「背信的悪意者排除」論[1]を形成し、登記の有無による画一的解決に個別具体的な利益衡量による調整を取り込みながら、登記の目的・公示制度の要請と衡平な紛争解決との調和に努めてきた。そのため、177条の役割が94条2項類推適用法理によって決して色褪せたわけではなく、両者の機能配分は益々微妙となっている。

　本章では、この二つの法律構成の特色につき、「対立」そして「接近・調和」の順にクローズアップしていくことにする。

2　法律行為の取消しと登記

[1] 前提の確認

　事例の分析に先立ち、出発点を確認しよう。取消しには遡及効が認められ（121条）、民法は詐欺以外に固有の第三者保護規定を置いていないが、それは原則として表意者保護の要請が第三者の取引安全に優先することを意味している。しかしながら、取消権を行使して権利を回復したにもかかわらず、その旨の登記を懈怠・放置している場合にまで表意者をいつまでも保護すべき合理的理由はなく、取引安全のための法的手当があって然るべきである。そこで、96条3項の適用がない場面において、どのような法律構成により、いかなる要件の下で第三者を保護すべきかにつき、見解が分かれるところとなったのである[2]。

1）最判昭和43・8・2民集22巻8号1571頁、最判昭和43・11・21民集22巻12号2765頁、最判昭和44・4・25民集23巻4号904頁、など。

> **事例で考えよう Part.1**
> 　甲土地を所有するAは、Bからその売却を強く迫られ、これに応じないと家族に害悪が及ぶ旨を示唆されたため、手放すつもりはなかったがやむなくこれを売却し（以下、「本件売買契約」という）、所有権移転登記が経由された。その後Aは勇を鼓して甲を取り戻すこととして、強迫を理由として本件売買契約を取り消す旨をBに通知したが、その後Bは同地をCに転売してしまい、所有権移転登記手続が行われた。Cは甲を買い受けるにあたり、AがBに強要されてやむなく甲を手放した事実およびこれを取り戻そうと欲している旨について知っていた場合、AはCに対して甲につき所有権移転登記手続を求めることができるか。

[2] 二つの法律構成の要点は何か？

(a) 対抗問題構成

　判例は取消し後の第三者につき対抗問題構成に立つ（大判昭和17・9・30民集21巻911頁、最判昭和32・6・7民集11巻6号999頁）。いずれも94条2項類推適用法理の確立前のものであるが、伝統的にはこれが通説的見解である[3]。

　その内容および根拠を要約すれば、次のようにまとめられよう。ⅰ．取消しの遡及効の趣旨は原状回復の実現確保にあり、物権変動自体が当初からなかったものと解する必要はない。ⅱ．取消しによる権利回復も177条における「登記を要する物権変動」に含まれ、これと第三者への譲渡とは、同一不動産上の相容れない物権変動として対立する。ⅲ．表意者の未登記に対する非難と新たに権利関係を築いた第三者の要保護性との比較にあたり、両者の優劣を登記の有無によって決するのが公示制度の要請に適う。ⅳ．必要に応じて背信的悪意者排除論を柔軟に活用しながら利益調整すれば、実質的にも衡平な解決が得られる。

---

2) この問題の解説については、下森定「法律行為の取消と登記」ジュリ増刊『不動産物権変動の法理』（有斐閣、1983年）60頁以下、鎌田・物権116頁以下、松岡・物権154頁以下、など参照。

3) 我妻Ⅱ97頁、舟橋・物権162頁、広中・物権128頁以下、鈴木・物権145頁、須永・総則222頁、田山・物権75頁、79頁、近江Ⅱ98頁、佐久間・物権88頁以下、など。

(b) 94条2項類推適用構成

これに対して、学説上は以下のような94条2項類推適用構成が近時の多数説である[4]。ⅰ．121条により第三者は無権利者からの譲受人となるが、このような者は177条の第三者にあたらず、対抗問題構成からその保護を導くことはできない。ⅱ．第三者の取引安全については、不実登記に対する信頼保護として登記の公信力ないし権利外観法理によって図るのが理論的に正当であり、94条2項類推適用法理が確立されている今日において、もはや対抗問題にはめ込む必要はない。ⅲ．表意者の帰責事由と第三者の信頼の正当性を要素とする法律構成が具体的妥当性の確保に資する。ⅳ．善意者保護で一貫すれば、無効・取消しにおける第三者保護規定（94条2項、95条4項、96条3項）との均衡が保たれる。

[3] 二つの法律構成の「対立」と「調整」「接近」

(a) 対立点はどこにあるか？

両構成の間には、ⅰ．取消しの遡及効の肯否、ⅱ．相容れない権利関係の優劣決定or無権利者処分における取引安全（登記の対抗力or公信力）、ⅲ．客観的基準による画一的解決or個別具体的・主観的態様の衡量、といった基本的相違が認められる。こうした対立点は二つの法理の独自性を示すものである。

(b) 「調整」そして「接近」

ところが、さらに分析を進めると、両構成ともに妥当な解決を目指して調整・修正を重ねており、表意者と第三者のどちらを保護すべきかに関する具体的な価値判断において近似していることに気づく。

(ⅰ) 表意者の帰責事由

対抗問題構成に対しては、表意者と第三者がつねに対抗関係に立つとすると、取消し前であっても第三者が登記すれば表意者は権利を失うことになり、表意者の利益が過度に害されるという批判がある。さりとて、取消しの前後で遡及効の有無を異ならせると論理一貫性を欠く。対抗問題構成はこれに応

---

4) 幾代通『不動産物権変動と登記』（一粒社、1986年）39頁以下、四宮＝能見239頁、下森・前掲注2) 65頁以下、川島武宜＝平井宜雄編『新版注釈民法(3)』（有斐閣、2003年）494頁〔下森定〕、石田喜久夫・総則171頁〔磯村保〕、川井②44頁、内田Ⅰ83頁、加藤Ⅱ130頁、河上・総則384頁、同・物権98頁、山野目・物権57頁、など。

えて、表意者の側に未登記に対する非難が認められない場合は177条の基礎を欠いており、取消し後または取消権行使を合理的に期待し得る時点から対抗関係が生じるのであって、それ以前であれば表意者は登記なくして取消しの効果を対抗しうる、と反論する[5]。

なお、94条2項類推適用構成は、適用基準時をめぐり、ア．取消権を行使するか否かは表意者の自由であるから、取消し前に帰責事由は認められないとする「取消し時」説[6]と、イ．取消し前であっても、取り消し得る状況にありながら合理的理由なく取消権を行使せずに登記を存続させる態様は、第三者に対する関係において取消し後の登記の認容・放置に準じるとする「取消し可能時」説[7]とに分かれる。

そうすると、表意者の態様につき、取消し後または取消し可能時以後における未登記に対する非難に根拠を求める点において、両構成が実質的に近似していることが看取できる。

(ⅱ) 第三者の主観的要件

対抗問題構成に対してはさらに、登記さえすれば悪意者でも保護されるのかという問題提起がされている。この点につき対抗問題構成は背信的悪意者排除による調整を図っている。**事例 Part. 1**につき具体的に分析してみよう。

94条2項類推適用構成によればCは悪意者として保護されないであろうが、背信的悪意者とまでいえるか。背信的悪意につき判例は、物権変動の事実に関する悪意＋未登記の主張に関する信義則違反と定義している（前掲・最判昭和43・8・2、など）。その内容については、自由競争原理を逸脱する特別な悪質性が強調されてきた[8]。そのため、Cは単純悪意者だから保護されると速断しがちであるが、一口に悪意といっても、いかなる事実をどの程度認識していたのかによっては、悪意＝信義則違反として非難すべき場合も多々あろう。「二重譲渡に類する状況」といっても、それは相容れない物権変動の存在を観念できるという意味にとどまり、そのすべてが自由競争になじむ

---

5) 広中・物権130頁、鈴木・物権146頁、須永・総則222頁。
6) 四宮・総則173頁。
7) 幾代・前掲書436頁、下森・前掲注2）67頁、石田喜久夫・総則171頁〔磯村〕、加藤Ⅱ146頁、など。
8) 舟橋・物権183頁、広中・物権101頁、鈴木・物権155頁、近江Ⅱ84頁、安永・物権69頁、など。

わけではない。したがって、取消しによる権利回復の保護と第三者の取引安全との調和は、Bの自由意思による二重売買とは利益状況を異にする点につき留意を要する[9]。Cにおいて、甲はBがAから違法に侵奪した不動産であり、Aがその回復を欲している旨を知りつつ敢えて取引したのであれば、そのようなCがAの未登記を主張するのは信義に反して許されない、という評価も成り立ちえよう。このように、取消しの事実または取消原因および取消権行使が確実である旨に関する認識をもって、背信的悪意にあたると評価すべきであるとすれば[10]、結論的に94条2項類推適用構成に近似する。

(iii) 第三者の登記の要否

94条2項類推適用構成に対して、善意であれば登記しなくても保護されるのかという指摘がある。判例には94条2項類推適用につき登記不要説に立つものがあるが[11]、学説上は、「権利保護資格要件」として第三者に登記を要求することが可能かつ妥当である、と解する登記必要説が示唆されている[12]。表意者側の登記の放置を非難するのなら、第三者の未登記も許さないのが衡平である、という考慮を基礎とする[13]。

こうして94条2項類推適用構成に公示制度の要請を織り込めば、対抗問題構成との実質的差異はさらに小さくなる。

[4] どのように「展開」すべきか?

以上の分析を踏まえると、その先の展開として二つの方向性が考えられる。

(a) 統一化する方向

対抗問題構成と94条2項類推適用構成の接近化をさらに進めて、177条に94条2項類推適用構成の機能を吸収して統合を試みる法律構成が現れた[14]。その代表がいわゆる「公信力説」である[15]。詳説は避けるが、その骨

---

9) 佐久間・物権90頁。
10) 広中・物権129頁、須永・総則224頁、田山・物権80頁、佐久間・物権90頁、など。
11) 最判昭和44・5・27民集23巻6号998頁。
12) 川井①165頁、大村・物権60頁、河上・総則384頁、同・物権98頁、など。
13) 山野目・初歩40頁。
14) 94条2項類推適用論については、真正所有者であっても登記がないことにつき帰責事由がある場合は、無権利者からの譲受人に対しても自己の権利をもって対抗できない旨を示したことにその眼目があるとして、177条との共通性を指摘する見解が提唱されていた(川井健『不動産物権変動の公示と公信』〔日本評論社、1990年〕95頁)。

子は概ね次の通りである。ⅰ．二重譲渡の法律構成については無権利者からの取得構成が妥当であり、177条の第三者には無権利者からの譲受人が含まれる。ⅱ．177条の趣旨は登記に対する信頼保護にあり、その要件は、権利者の未登記に関する帰責事由と第三者の正当な信頼に集約される。ⅲ．第三者には公示の要請にしたがって登記が要求される。

この見解によれば、登記の対抗力と公信力、対抗問題構成と無権利者処分における第三者保護、登記の有無による優劣決定と善意者保護の区別は不要であり、すべて177条に還元・統合される。

(b) 独自性を維持する方向

これに対しては、両者の接近化を肯定しつつも、表意者保護の要請と第三者の取引安全の調和のあり方につきなお差異があることを認め、それぞれの独自性を維持した上で、取消しの場合はいずれが適合的かについて考える、というアプローチもありうる。

第一に、一口に表意者の帰責事由といっても、①自己の権利の保全に関する懈怠と②他人名義の登記への意思関与との間には、非難の程度に差がある。取消し時または取消し可能時からただちに①のみならず②までを認めるのは困難であるが[16]、この点をどう評価すべきか。

これにつき、取消しまたは取消し可能となった以上、表意者は速やかに公示の要請にしたがって自己の権利を保全すべきであり、これを怠れば第三者の取引安全を優先させるべきである点においては二重譲渡と共通しており、94条2項類推適用構成では第三者の取引安全を十分に図ることができない、と考えるのが対抗問題構成である。

他方、取消しにおける表意者保護の要請をより重視して二重譲渡と区別し[17]、迅速な登記の懈怠以上の帰責事由を求めるべきであると考えれば、94条2項類推適用構成に親和的である。ただし、詐欺の場合もこのように解すると取消し前の第三者（96条3項）との均衡が問われよう[18]。

第二に、第三者の保護要件についても、背信的悪意が立証されないかぎり、登記を備えた第三者が優先すると解するのと、疑念を抱くべき状況があれば

---

15) 鎌田・物権69頁以下、86頁以下、108頁以下、七戸克彦「判批」民法百選Ⅰ〔第6版〕103頁、など。
16) 須永・総則222頁、佐久間・物権89頁、千葉＝潮見＝片山Ⅰ211頁〔石田剛〕、など。
17) 山野目・初歩39頁、など。

取消しの事実または取消原因の有無について一定の調査確認を求めるのとでは、なお差異があろう。

3 共同相続・遺産分割と登記
[1] 見解の対立に関する基本的確認

> **事例で考えよう Part. 2**
> (1) 乙土地を所有するＤが死亡し、その子ＥとＦがこれを相続した（法定相続分は均等とする）。ところが、遺産分割の前にＥは遺産分割協議書を偽造した上で、乙につきＥの単独所有名義で相続登記手続を行い、これをＧに売却して所有権移転登記が経由された。ＦはＧに対してどのような請求をすることができるか。
> (2) 上記(1)において、遺産分割協議の結果乙はＦが単独で相続することとされたが、その旨につきＦが相続登記手続をする前に、Ｅが遺産分割協議書を偽造した上で、乙につきＥの単独所有名義で相続登記手続を行い、これをＧに売却して所有権移転登記が経由された場合、ＦはＧに対してその抹消登記手続を求めることができるか。なお、Ｇが上記の遺産分割協議の存在および内容を知りながら乙を買い受けていたとしたらどうか。

18) 96条3項については取消し前の第三者に限定するのが通説である。確かに、①取消しに先立って行われた有効な権利取得をその後の取消しによってくつがえしてよいかと、②取消しにより無効状態となった後に取引した者をいかにして保護すべきかとは、取引安全の図り方を異にするようにもみえる。しかしながら、96条3項の趣旨につき、取消原因の性質に照らして詐欺の被害者である表意者よりも第三者を保護する点にあると考えれば、詐欺の事実を知らない第三者の要保護性が取消しの前後で変わることはなく、保護の対象を取消し前の第三者に限定すべき理由はないであろう。表意者側の非難の有無に着目する「取消しと登記」に関する議論の傾向にかんがみれば、詐欺の場合は取消し前でさえ善意の第三者は表意者に優先するのであるから、取消し後も同じように保護されてよいのであって、取消し前後を問わず表意者は第三者に対して詐欺による取消しの効果を対抗することができない、と解する統一的構成も可能ではないか。取消し前後で第三者保護のための法律構成を異ならせた上で相互の均衡に配慮するというのは迂遠であろう。登記の要否についてもこのような観点から検討すべきであるし、善意の対象が異なるといっても、「取消しまたはその危険性」に関する認識の有無を問うという意味では実質的に共通する。なお、平野・物権103頁、四宮＝能見274頁も参照。

(a) 対抗問題構成

　判例・通説は、このような相続と登記に関する問題につき対抗問題構成に立つ。すなわち、(1)では、FはGに対して、乙に関する法定相続分に基づく持分2分の1につき、登記なくしてGに対抗することができる（最判昭和38・2・22民集17巻1号235頁）。その理由は、ⅰ．Fの法定相続分に基づく持分権につきEは相続開始当初から無権利者であるから、Gは177条の第三者にあたらず、FとGは対抗関係に立たない、ⅱ．登記に公信力はなく、GはFの持分権まで取得しうる地位にない、ⅲ．遺産分割前は相続財産の帰属が最終的に確定していないため、Fが自己の法定相続分に基づく持分権につき未登記であっても非難に値しない、に求められている。もっとも、GはEの法定相続分に基づく持分権については適法に承継取得しうるから、FはGに対して自己の持分2分の1につき更正登記手続請求しうるにとどまる。

　(2)においては、F自身の法定相続分に基づく持分権については(1)と同様であるが、問題は、遺産分割により取得した持分権（Eの法定相続分）である。これにつき判例・通説は分割後の第三者に対して登記なくして対抗することはできないと解する（最判昭和46・1・26民集25巻1号90頁）。その理由は以下の通りである。ⅰ．Eの持分譲渡が遺産分割前であればGが保護されること（909条ただし書）との均衡上、遺産分割後においても取引安全を図るべきである。ⅱ．遺産分割による持分権取得は、Eの法定相続分に基づく権利関係に対する新たな変更にあたり、Eの持分権につき、遺産分割によるFへの移転とその後の売買によるGへの譲渡とは二重譲渡に類する関係に立つ。ⅲ．遺産分割後であればFは速やかに相続登記すべきであり、未登記は非難に値する。

　なお、Gが遺産分割協議の存在・内容につき悪意であった場合、「単純悪意であるから自由競争原理を逸脱する背信的悪意とはいえない」と論断してよいか。そもそも親族間における遺産の分配が他者との競争になじむものかどうかが疑問であり、二重売買におけると同一の利益判断が妥当するとはいえないのではないか。そうすると、遺産の分配に関する内実を知りながら割り込んできた第三者が相続人の未登記を主張することが信義に反するということも可能であろう。

(b) 94条2項類推適用構成

　学説上は、次のような94条2項類推適用構成が有力化している[19]。ⅰ．

FのみならずEの法定相続分に基づく持分権についても、遺産分割の遡及効（909条本文）によりGは無権利者からの譲受人となるため、(1)(2)を区別すべきではない。ⅱ．Gは177条の第三者にあたらず、その取引安全は不実登記に対する信頼保護の問題として図るのが妥当である。したがって、(1)においては、E名義の不実登記の存続がFの意思に基づくと評価し得る状況があればGは乙を取得することができ、(2)では悪意のGは保護されない。

[2] 両構成の異同

対抗問題構成は、自己の法定相続分に基づく固有の持分権と遺産分割によって新たに取得した持分権とを区別するが、Fは前者につきつねに登記なくしてGに対抗しうるわけではなく、Eの相続登記につきFの意思関与が認められるときは、この構成に立っても94条2項類推適用が認められよう。

これに対して、遺産分割後におけるEの法定相続分に基づく持分権については結果が異なり得る。94条2項類推適用構成に立てば、Fの帰責事由は自己の持分権に関する未登記では足りず、E名義の相続登記に対する意思関与が求められるため、E名義の登記につきFが不知であれば持分権を失わない。逆に、Gが遺産分割協議を知っていた場合あるいは、Eが乙を単独相続した旨につき疑念を抱くべき状況であっても、登記をすれば保護されるのかについても、両構成の間で結論が異なる余地がある。

その意味では、対抗問題構成の方が第三者の取引安全に資する。遺産分割前の第三者（909条ただし書）との差異にも注意を要しよう。

さらには、遺贈、相続分の指定、遺産分割方法の指定とくに「相続させる」旨の遺言に関しても、遺言およびこれに基づく相続財産取得の尊重と第三者の取引安全との調和が同様に問われる[20]。いずれにせよ、相続における取引安全について対抗問題構成が多数を占めるのは、相続を原因とする未登記の権利取得に対して第三者の要保護性を重視するからであろう。

---

19) 高木多喜男「判批」不動産取引百選〔第2版〕67頁、同「相続と登記」前掲『不動産物権変動の法理』105頁以下、など。

20）判例は、遺贈については対抗問題構成（最判昭和39・3・6民集18巻3号437頁）、指定相続分（最判平成5・7・19判時1525号61頁）および「相続させる」旨の遺言（最判平成14・6・10家月55巻1号77頁）については無権利構成に立つが、対抗問題構成で統一すべき旨を説く見解も有力に唱えられていた（内田Ⅴ 402頁、502頁、など）。

この問題については、2018年の相続法改正（平成30年法律第72号）により899条の2が新設され、立法的に手当てされるに至った。同条1項によれば、遺産分割によるものか否かを問わず、法定相続分を超える部分に関する権利取得については、対抗要件を備えなければ第三者に対抗することができない。その趣旨は、法定相続分については相続の事実および被相続人と相続人間の身分関係から客観的に明らかとなるが、共同相続人の一人または数人が遺言あるいは遺産分割によって法定相続分を超える権利を取得した場合については、第三者はその存否および内容を当然に知り得るものではないことから、取引安全に配慮した点にある（法制審議会民法(相続関係)部会「部会資料17」5頁以下、第17回会議議事録26頁以下）。

改正後において、遺贈、相続分の指定、遺産分割方法の指定とりわけ相続させる旨の遺言、遺産分割、相続放棄に関する登記の要否については、以下のように規律されよう。

まず遺贈は、被相続人による譲渡として改正後も177条の適用対象とされる。

次いで、譲渡ではないが法定承継に対する被相続人の意思表示による変更に基づく権利取得類型として、相続分の指定、遺産分割方法の指定については上記の判例法理が変更され、改正法899条の2①により登記必要説が適用されることになる。

また、遺産分割（協議・審判）は被相続人の意思表示による処分ではないが、法定相続分を超える権利取得について登記必要説に立つ判例法理による解決を維持しつつも、177条と遡及効（909条ただし書）との理論的整合性に対する批判を回避するために、今後は改正法899条の2①の適用対象となろう（法制審議会民法(相続関係)部会「部会資料17」5頁以下、「部会資料21」26頁以下）。

最後に相続放棄については、その効果として放棄者以外の共同相続人が法定相続分を超えて権利取得することになるため、文理解釈上は同条の適用対象となり得る。しかしながら、遡及効（939条）を貫徹して放棄者が初めから相続人でなかったことになる点を重視し、その権利については当初より他の共同相続人の法定相続分に属するものと構成するとともに、被相続人の意思表示による処分性が認められない点を強調すれば、適用外となり、従来の判例法理である登記不要説（最判昭和42・1・20民集21巻1号16頁）が維持されることになろう。

なお、改正法899条の2①は法定相続分に応じた権利取得を適用対象としておらず、これについては登記不要であることを前提としている。理論的には、法定相続分については他の共同相続人は初めから無権利者であり、その譲受人などの利害関係人は第三者にあたらないという、無権利の法理を第三者の範囲と結びつける177条における解釈論が維持されているといえよう。

以上をまとめると、改正法899条の2①と177条との関係については、登記を要する物権変動には相続も含まれるが、法定相続分については無権利の法理を前提とする第三者の

4 おわりに

　対抗問題構成と 94 条 2 項類推適用構成は「対立」から「接近」傾向にあるが、それでもなお、両者の独自性を維持しながら問題の特色に応じて適用配分するとすれば、どのような点に留意すべきか。権利者と第三者の利益衡量に関する基本モデルとしては、ａ．原則・権利者優先―例外・第三者保護型と、ｂ．権利者・第三者対等型が考えられるが、ａ．類型を基点とする要件構成（原則をくつがえすに足りる帰責事由と正当な信頼）が 94 条 2 項類推適用構成であるのに対し、対抗問題構成はｂ．類型に親和的であるといえよう（第三者が登記を備えると「原則・第三者優先－例外・権利者保護型」に転換し、原則をくつがえすに足りる背信的悪意の立証が求められる）。そこで、主な分岐点をまとめておこう。①表意者・相続人ともに、権利者は登記可能である限り公示の要請にしたがうべきであるとして、自己の権利に関する未登記を厳しく非難する構成によって第三者の取引安全を図るべきか。それとも、権利者の静的安全重視の見地から、自己の未登記以上の帰責事由として他人名義の登記に対する意思関与まで要求すべきか。②背信的悪意者排除と悪意者排除あるいは善意無過失者の保護との間には、どの程度の差異があるのか。なお、①については第 1 章、②については前章も参照されたい。背信的悪意者排除は章をあらためて取り上げる。

　　範囲論において登記不要とする旨の 177 条の解釈論を維持しつつ、相続による包括承継のうち法定相続分を超える権利取得（法定承継に対する被相続人の意思表示による変更）につき、改正法 899 条の 2 が対抗要件主義を採用する共同相続に固有の規定として位置づけられることになろう。

[第4章]
相対的構成と絶対的構成

> **本章のテーマ**
>
> 　第三者保護に関する応用問題として「転得者保護の法律構成」が挙げられる。これについて「相対的構成」と「絶対的構成」とが対立していることは周知の通りである。判例・通説は絶対的構成であり、そのためか、学生の中にもこの構成を支持する者が多い。ところが、その根拠を問うと、権利関係の早期確定あるいは法的安定性の確保といった「マジックワード」を駆使して説明するものの、その耳触りの良さに安心してしまい、その意味を十分に理解していないような印象をしばしば受ける。転得者保護のあり方については、直接の第三者と同じように考えればよいのか、新たな考慮を要するのか、その場合どのような配慮がなぜ必要となるのか等につき入念な検討が必要である。本章のプラスアルファは、①この問題については多角的で高度な考察が重ねられているが、真の「落としどころ」は意外とシンプルなのではないか、②「相対的」「絶対的」という名称から180度異なる構成のように映るが、実質的差異はどこにあるか、を解明することにある。94条2項と177条における転得者の地位を取り上げながら、解説しよう。

1　94条2項の第三者と転得者の地位

事例で考えよう Part.1

　甲土地を所有するAは、税金対策として資産を隠匿するために甲の名義だけをBに移すことにして、Bとの間で売買契約を仮装した上で、売買を原因とするB名義の所有権移転登記手続を了した。ところが、Bはこれを奇貨として甲をCに売却してしまい、同地はその後さらにDに転売され、所有権移転登記が経由されるに至った。AがDに対して抹消登記手続請求を行った場合、これは認められるか。次の(1)(2)に分けてそれぞれ検討しなさい。
(1)　CはAB間の事情を知っていたが、Dはこれを全く知らずに甲を買い受けていた場合。
(2)　Dは、売買に先立って甲に関する権利関係を調査確認してみたところ、AB間には上記のような事情があったが、Cはこれを全く知らずに甲を買い受けていたことを知るに至った場合

[1] 前提の確認

(a)　転得者は第三者か？

　相対的構成・絶対的構成の対立に先立って、今回も問題の所在を基本から説き起こしていこう。
　まず、94条2項の第三者に転得者も含まれるか？　上記の事例(1)のようにC－悪意・D－善意の場合にDも94条2項の第三者として保護されるかが問われる。「第三者に転得者は含まれない」または、「DはCの地位を承継する」と考えれば、Dは善意であっても保護されないが、判例[1]・通説は転得者も94条2項の第三者に含まれると解している。その理由は以下の通りである。ⅰ．直接・間接を問わず、虚偽表示によって作出された外形に基づいて新たに権利関係を築いた者を広く保護するのが94条2項の趣旨に適う。ⅱ．転得者自身が94条2項の要件を充たしている以上、前主の悪意は承継されず、別個に保護すべきである。ⅲ．虚偽表示を行った本人に対する非難は転得者

1）最判昭和45・7・24民集24巻7号1116頁、最判昭和50・4・25判時781号67頁。

との関係においても変わらない。

要するに、転得者も94条2項の第三者に含まれ、その保護の要否については転得者自身が要件を充たしているかどうかによって評価される。そこで、**事例**(2)のようにC‐善意・D‐悪意の場合についても同じ論理があてはまるとすれば、Dは悪意である以上94条2項の第三者にあたらず、保護されないことになる。相対的構成と絶対的構成の対立はここで現れる。

(b) 相対的構成・絶対的構成とは？

「相対的」「絶対的」という対義語はしばしば用いられる用語法であるが、ここではどのような意味で用いられているのであろうか？

相対的構成とは、94条2項の第三者に転得者も含まれることを前提として、その保護の要否については第三者ごとに個別具体的に決しようという考え方である[2]。したがって、Aとの関係においてDが保護されるか否かは、Cとは別個にその善意・悪意に応じて決定される。上記**事例**(1)(2)において一貫性が認められ、94条2項の要件に忠実であるため、素直に考えればこの構成に行き着く。

これに対して絶対的構成とは、善意のCが保護された段階で権利関係が確定し、以後の利害関係人はすべてCの確定的な権利取得を前提として善意・悪意を問わず保護される、という考え方をいう。判例[3]および多数説[4]がこれを支持する。

それでは、C‐悪意・D‐善意の場合と異なり、C‐善意・D‐悪意の場合はDがCに準じて扱われるのはなぜか？　ここでその論拠を何となく覚えて収めてしまうのでなく、その意味についてさらに思考してみることがプラスアルファにつながる。そこで、絶対的構成の主な論拠を挙げた上で、その当否についてさらに検討してみよう。相対的構成への批判とこれに対する反論に注目されたい。

---

2) 川島・総則281頁、加藤・民法240頁、近江Ⅰ197頁、加藤Ⅰ247頁、など。
3) 大判大正3・7・9刑録20輯1475頁。
4) 我妻Ⅰ292頁、四宮・総則72頁、幾代・ノート1頁以下、石田喜久夫・総則136頁〔磯村保〕、須永・総則199頁、内田Ⅰ57頁、河上・総則332頁、中舎・総則185頁、潮見・総則157頁、佐久間・総則130頁、平野・総則161頁、など。

[2] 絶対的構成の根拠とその検討

(a) 善意のCを保護する必要性とは？

　Dを保護しないと善意のCの利益が害され、結果的に94条2項の趣旨に反する。すなわち、Dを保護する目的は実はCの保護を貫徹することにあるというのが、はじめに挙げられる絶対的構成の論拠である。次の二つの意味がある。

　第一に、Dの権利が保障されなければ、CはDに対して追奪担保責任（561条）を負わなければならない（2017年改正後は「移転した権利に関する契約不適合」に対する責任にあたる〔565条〕）。

　第二に、Dの権利が保障されなければ、少なくとも悪意のDはCとの取引を控えざるをえず、結果として善意のCの取引機会が制限される。

　第一の論拠に対しては、すでに多くの学説が指摘するところであるが、次のような反論が可能である[5]。担保責任ないし契約不適合に基づく責任は、売主の権利調達・移転義務の不履行を根拠とする責任であるところ、善意のC自身は有効に所有権を取得しているため他人物売買にあたらず、買主Dの悪意を理由とする追奪については適用されない。要するに、担保責任ないし契約不適合に基づく責任は買主が権利取得できなかった原因が売主の側にあることを根拠とするものであって、買主の非難すべき態様が原因である場合には妥当しない。なおその場合、Aから追奪されたDの損失は、最終的に責を負うべきBとの関係において不当利得法理によって清算されるべきであろう。

　次に、第二の論拠には合理性が認められるように思われるが、別の見方もありえよう。すなわち、94条2項の目的は善意のCに所有権取得を認めるにとどまり、その後の運用・転売利益までを保証する制度ではないのではないか。Cの利用・処分に対する制限は事実上ないし間接的なものにすぎず、取得した権利それ自体の瑕疵ではない。また、実際には転得者が悪意である場合は限られるであろうから、取引機会の制限は深刻なものとはいえず、悪意の転得者を利することを正当化するには不十分ではないか。

(b) 権利関係の早期確定・法的安定性の確保とは？

　絶対的構成に関するこの論拠は、この問題に限らず、法的正当化のための

---

5) とくに、奥田・総論314-315頁の説明を参照されたい。

用語法としてよく活用されるが、そのフレーズに酔いしれて思考を停止することなく、さらにその意味を分析して考える姿勢が大切である。

これには主に、相対的構成に対する批判に由来する次の二つの意味がある。第一に、善意の第三者の出現後もなお転得者の善意悪意に応じて権利関係が変容するとなると、目的物が転々流通する限り権利関係がいつまでも安定せず、取引安全を害するおそれがある。第二に、賃借人あるいは抵当権者などが現れた場合、各人につきその善意悪意に応じて権利の有無を決するというのは、法律関係を過度に複雑化させる[6]。

しかしながら、異なる考え方も成り立ち得るのではないか。そもそも法的安定性とは、同じ局面に対する同一の法規の適用結果ないし法的解決に関する予見可能性の確保を指すところ、相対的構成によって、「悪意者は保護されず善意者は責任を負わない」という規範が確立されていれば、取引社会の安定が害されるおそれはない[7]。また、相対的構成に立ったからといって、権利関係が永久に確定しないわけではない。まず時効制度が挙げられる。目的物の転々譲渡によって占有が承継されている間に取得時効に必要な期間が経過すれば、時効により権利関係が確定するため、Aはもはや財産を回復することはできない。またそれ以前であっても、悪意者からAが登記名義を回復すればその後に第三者が出現するおそれはなくなり、これをもって権利関係が確定する。とすれば、悪意者を積極的に保護してまで、それ以上に早く権利関係を決着させる必要があるだろうか？

権利関係の複雑化防止とは、善意のCから設定をうけた悪意の賃借人あるいは抵当権者をAが排除することにより、Cの所有権が負担から解放されるという不合理を回避することを指すようであるが、Cが善意であればAは所有権を回復できない地位にあるから、賃借権あるいは抵当権の排除を主張する正当な利益がない。これは相対的構成であっても異ならないであろう。逆に悪意のDから設定をうけた善意の賃借人・抵当権者については、それらの権利をAとの関係において維持すべきであろうが、それをもって過度の錯綜化とはいえまい。

---

6) 幾代・ノート11頁。
7) 近江Ⅰ198頁。

(c) 真正権利者Ａに要保護性はあるか？

絶対的構成は、真正権利者の犠牲を次のように正当化する。すなわち、Ａは善意のＣの出現によりひとたび権利を喪失した以上、その回復を断念すべき立場にあり、その後に悪意者が現れたからといって再び保護すべき必要性に乏しく、そのような静的安全よりも上記(b)における権利関係の安定化の要請が優先する。

この根拠は説得的である。ただし、これに対しても次のような反論がありえようか。Ａが権利喪失を甘受すべきであるのはあくまで善意者に対する関係であって、悪意者を保護してまで権利回復の機会を奪うべき理由はないのではないか。不動産のような重要財産であればなおのことである。

(d) 転得者の悪意に対する非難可能性？

(i) 問題提起

そもそもこの問題のテーマは、「転得者は悪意であっても保護されるべきか？」である。この点につき、相対的構成・絶対的構成ともに、「悪意の転得者自身は保護に値しない」という理解を前提としているように見受けられる。すなわち、悪意者は本来であれば保護に値しないのであるが、総合的考慮により「必要悪」として保護せざるをえない、と考えるべきか否かに関する評価の違いが、両説の分かれ目となっているようである。しかしながら、果たして転得者の悪意は非難されるべきなのであろうか。

(ii) 調査確認に対する評価

事例 Part. 1 の(2)においては、Ｄは何も知らずに漫然と取引していれば善意者として保護されるのに対し、調査確認を尽くした者が悪意になったから取引してはならないというのでは、かえって不公平である、という指摘がある[8]。もっとも、そうだとすれば、直接の第三者ＣがＡＢ間の事情を調査確認して悪意になることも（Ｄ以上に）ありうるため、善意者保護の意義そのものが問い直されなければならなくなるであろう。

調査確認に対する積極的評価は、「調査確認を尽くしたがなお善意で取引を行った」場合において無過失の認定を導くものであって、「調査確認により悪意になったにもかかわらず敢えて取引を行った」場合には妥当しないのではないか。権利関係に関する調査確認を行う目的は、取引の円満な実現を

---

8) 幾代・ノート14頁。

妨げる要因・リスクの有無を確認し、権利の帰属をめぐる他者との予期せぬ紛争を回避することにあろう。そのため、「調査確認→悪意→取引からの脱退」を選択するメリットは十分にあり、調査確認によって不当に損失を蒙るわけではない。

(ⅲ) 転得者の「悪意」の意義

それでは、悪意で取引に入った転得者は非難されるべきなのか？　悪意に対する非難の対象は取引に先立つ調査確認それ自体ではなく、その後の行為態様ないし選択における不誠実である。基本から説き起こせば、悪意とは一般に、「虚偽表示の事実を知っていたこと」を指す。直接の第三者Ｃがこの意味において悪意であった場合それは、甲土地は実はＡの所有物であってＢは無権利者であり、Ｂから権利取得できないことを知りながら取引したＣを保護する必要はない、あるいは、自己の取引によってＡが権利を奪われる旨を認識しつつ取引したＣは非難される、という評価を導く。

ところで、転得者Ｄの悪意についても同じ評価が成り立つであろうか。Ｄが、「たとえＡＢ間において虚偽表示があったとしても、その後有効に所有権を取得したＣとの取引によって支障なく権利取得しうる」と認識していたとすれば、虚偽表示の存在はＤの権利取得の妨げとならない「過去の事実」にすぎず、かつすでに権利を失っているＡはＤの取引によって害されるわけではない。このような状況においてＤがＡＢ間の虚偽表示の事実を知っていたとしても、それだけではただちに非難に値せず、直接の第三者Ｃの悪意とは異なるといえよう。

絶対的構成を支える実質的根拠は、このような転得者自身の態様評価に求めるべきではなかろうか[9]。上記の(c)におけるＡの要保護性はこのようなＤの非難の有無と関連づけるべきであり、(a)および(b)はあくまで補足的理由として機能しよう。

[3] 相対的構成と絶対的構成の実質的相違は何か？

絶対的構成は、その名称の通り転得者の態様を全く問わずに画一的に保護することを説いているわけではなく、ＤがＡＢ間の虚偽表示を知りながら、善意の中間者を利用して権利取得しようと意図していたような場合において

9）滝沢・総則120頁、佐久間・総則131頁なども参照。

は、例外的にＤを排除すべきことを是認する。理論構成としては、このようなＤはＣの存在を主張することが信義則違反または権利濫用として許されず、Ｂと直接取引した悪意者と同視されるため94条2項の第三者にあたらない、という説明になろう。

　ところで、「虚偽表示の事実を知っていただけでは非難に値しない」という評価をもって、「だから転得者は悪意でもよい」のではなく、「それだけでは悪意とはいえない」と考えることはできないであろうか？　94条2項の趣旨に即して悪意の意義を具体的に再考すると、悪意者が保護されないのは、前主が無権利者にすぎず、自己の取引によって真正権利者が権利を失うおそれがある旨を認識しながら取引に及んだことに対する非難が認められるからであろう。このように善意・悪意の要件の規範的意義を制度目的に照らして解するなら[10]、相対的構成に立って転得者を94条2項の第三者に含めた上で、虚偽表示に関する形式的な知不知だけでなく、直接の第三者におけると同等の「非難に値する悪意」の有無を評価することもできよう。その場合、転得者の「悪意」とは、Ｄにおいて、ＡＢ間における虚偽表示の事実を認識しつつ、当初から善意中間者を利用して権利取得する意図を有して取引に臨んだ場合を指すと解されよう。相対的構成の眼目が、悪意者として非難に値するか否かに関する態様評価を第三者ごとに個別具体的に行うことにあるとすれば、直接の第三者と転得者とは非難の有無・程度が異なることにかんがみて、これを善意悪意要件の評価に反映させ、第三者ごとに実質的に判断する構成も可能であろう。

　そうだとすれば、相対的構成と絶対的構成いずれにおいても、理論構成においては大きく対立するものの、最終的に転得者に対する非難の有無を考慮する点において共通しており、両者の相違は、相対的構成 − 悪意者排除（個別具体的に善意・悪意を評価）、絶対的構成 − 背信的悪意者排除（善意者の出現により権利関係を確定しつつ、例外的に背信的悪意者を排除）ということになろうが、相対的構成において悪意の意義を合目的的に再構成しうるなら、結論において差異はないであろう。その意味においてこの対立は、177条における背信的悪意者排除説と悪意者排除説のそれに共通する要素を含んでいるといえよう。なお、この問題については次章に取り上げる。

10）鎌田・物権95頁、山野目・初歩31頁。

2　177条の第三者と転得者の法的地位

　転得者の法的地位については177条の第三者についても議論されているが、近年判例が出たこともあり、その他の第三者保護制度との関係が問われるため、上記の説明に関連させて言及しておこう。

> **事例で考えよう Part. 2**
>
> 　乙土地を所有するZは、同地をXに売却したが、登記未了の間に売却してしまい、さらにY_1からY_2に転売され、所有権移転登記が経由された。次の(1)(2)において、XのY_2に対する所有権移転登記請求の可否につき、それぞれ別個の設問として検討しなさい。
> (1)　Y_1はXZ間の売買を斡旋・仲介していたが、Xが未登記であることから、自己が乙を取得して転売することを考え、事情を知らないY_2に転売していた場合。
> (2)　Y_2はXZ間の売買を斡旋・仲介していたが、Xが未登記であることから、自己が乙を取得しようと企図し、XZ間の売買の事実を知らないY_1に乙を購入させた上で、Y_1から買い受けていた場合。

[1]　最高裁平成8年判決の意義

　事例Part. 2(1)において、Y_1はXZ間の売買を知っているばかりか、Xの所有権移転登記手続に協力すべき立場にあったため、その未登記を主張して自己が権利取得する態様は明らかに信義に反しており、背信的悪意者といえようが、Y_2は177条の第三者にあたらないのか？　背信的悪意者からの転得者の地位に関する判例（最判平成8・10・29民集50巻9号2506頁）を分析しよう。

　ここでは、ⅰ. 背信的悪意者Y_1は177条の第三者にあたらず無権利者であるから、その転得者は無権利者からの譲受人となるのか、あるいは、ⅱ. Y_2は、Xに対して所有権の取得を対抗することができない地位を承継するにすぎないのか、が問題となる。

　この問いに対して最高裁は、ア. 背信的悪意者は所有権の取得を対抗することができないにとどまり、無権利者ではない、イ. 背信的悪意者がXに対して所有権の取得を対抗することができないことの意味は、Xの未登記に関

する主張が信義則違反にあたることを指しているため、その可否については第三者の態様をＸとの関係において相対的に判断すべきである、として、自身がＸに対する関係において背信的悪意者であると認められる事情が主張立証されないかぎり、177条の第三者として保護される、という判断を示した。

すなわち、177条の第三者に転得者も含まれることを前提として、背信的悪意者は所有権自体が否定または制限されるわけではなく、未登記権利者Ｘに対する権利主張が信義則上制限されるにすぎないところ、信義則違反の有無はすぐれて属人的事情であって承継になじまないため、Ｘに対する対抗の可否については、各第三者とＸとの関係に応じて相対的に判断される、という論理である。

そうすると、(1)においてY_2自身はＸとの関係において背信的悪意者とはいえないから、Ｘの請求は認められないことになる。

[2] 平成8年判決の射程——相対的構成の意味と射程

それでは、平成8年判決をもって、177条における転得者の地位につき判例は相対的構成を採用したと解してよいか？ 事例 Part. 2(2)のように、第二譲受人－善意・転得者－背信的悪意者のケースにも同じように相対的構成が妥当し、(1)と反対に乙の所有権取得をもってＸに対抗することができない、と解すべきかどうかが問われる[11]。

本判決の射程はとりあえず(1)に限定され、(2)については絶対的構成が望ましいと解する見解も少なくないが[12]、対抗の可否についてはＸとの関係において転得者自身が背信的悪意者にあたるか否かに応じて決する旨の論理は、(1)(2)を問わず妥当するのではないか。もっとも、Ｘからの距離が離れるほどに背信的悪意である可能性が低くなるのが通常であるにもかかわらず、Ｘとの関係においてもっぱら転得者だけが背信的悪意にあたるのは、(2)のように善意の中間者を利用する反倫理性・背信性が認められる特殊な場合であろう[13]。そうだとすると、少なくとも177条の第三者について背信的悪意者排

---

11) 東京高判昭和57・8・31判時1055号47頁は、善意譲受人からの転得者につき背信的悪意者排除論を適用した。

12) 鎌田薫「背信的悪意者からの転得者と民法177条」民法の基本判例〔第2版〕(1999年) 48頁、瀬川信久「判批」民法百選Ⅰ〔第6版〕117頁、大村・物権55頁、安永・物権77頁、河上・物権93頁、松岡・物権139頁、など。

除構成を採用するかぎり、相対的構成に立ってもこのような背信的悪意者のみが除外されるにすぎないのであり、他方において絶対的構成も背信的悪意者を例外として扱うのであれば、両者の間に実質的な差異はないように思われる。

3 おわりに

　転得者保護の法律構成については、単に直接の第三者保護の延長として捉えるのではなく、前主への波及効果、関係当事者間における権利関係の整理、本人の要保護性そして何よりも、直接の第三者と転得者との利益状況の相違までを視野に入れた多角的な検討が求められる。それらを踏まえて今回は、「転得者に対する非難の有無と悪意の意義」に焦点を当てて、「虚偽表示に関する知不知」を形式的・機械的にあてはめるだけでなく、94条2項の趣旨に照らして「非難に値する悪意」の実質的・規範的意義について考えるという視点から、相対的構成・絶対的構成いずれによっても、結果的に同様の結論が導けるのではないか、という「落としどころ」を提示した。そして、「善意中間者を利用する不誠実に対する非難の有無」という観点は、177条における転得者の地位に対する評価においても妥当することを示唆した。転得者保護に関する総合的理解に資すれば幸いである。

---

13) 松岡久和・判例セレクト '97（法教210号別冊）15頁、鎌田・物権89頁。

[第5章]

背信的悪意者排除と悪意者排除

本章のテーマ

　177条に関する重要論点である「第三者の範囲」のうち、とくに議論が多いのが主観的要件である。これにつき判例・通説は背信的悪意者排除説に立つところ、学生にその意義を問うと、復しゅう目的などの特別な害意を挙げた上で、これに該当しなければ背信的悪意とはいえない、と簡単に論断する者が少なくないが、それはあくまで典型例であって必ずしも要件ではなく、断片的な理解にすぎない。背信的悪意は一般的・包括的概念であり、その内容はますます多様化する一方、悪意者排除説もかねてから台頭しており、問題状況はきわめて混とんとしている。第三者保護制度全体においても、主観的要件について最も豊富に論じられているのが177条であろう。それは、登記の目的・公示の要請に関する理解の対立にとどまらず、不動産取引安全のために177条が果たす役割の重要性が増しており、その適用場面が広範かつ多様であるほどに、登記の有無だけでなく、未登記権利者を犠牲にして登記を備えた第三者を保護することについて具体的妥当性を確保する必要性が高まっていることを意味している。

　大切なのは、このような議論がなぜ展開されているのかについて十分に把握した上で、第三者の保護の要否を分析・思考することである。本章ではこの点に焦点を当てつつ、最後に第三者保護制度全体における主観的要件論に通じる示唆を提示したい。

1　前提の確認

　背信的悪意者排除説と悪意者排除説との違いは、177条の第三者における主観的要件の要否に関する基本的対立に起因する。まずは出発点を確認しよう。

　背信的悪意者排除説は、次のような根拠に基づく善意・悪意不問構成を前提とする。ⅰ．登記の有無による画一的解決が登記手続を促進し、権利関係と公示の合致という登記制度の理想に適う。ⅱ．権利関係の優劣を登記以外の要因（善意悪意）によって決することは、登記の重要性を低下させるとともに、第三者の主観に対する評価をめぐって訴訟が頻発し、法律関係が紛糾する。ⅲ．登記の懈怠は非難されるべきであり、たとえ悪意であっても先に登記を備えた者を優先させることは、公示の要請および取引における自由競争原理に照らして合理的である。

　これに対して、悪意者排除説の論拠は以下の通りである。ⅰ．公示の目的は物権変動の存在を第三者に認識させることにあり、登記はその手段であるから、悪意者についてはすでに公示の目的が達成されており、登記の欠缺を主張するにつき正当な利益を有しない。ⅱ．登記の懈怠という未登記権利者の過失より第三者の悪意の方が非難に値する。ⅲ．自由競争原理は、適法に成立した契約の実現を他人が悪意で侵害することまでを許容するものではない。

　このように、議論の対象は登記の目的・公示の要請に関する理解のしかたにとどまらず、自由競争原理および第三者による契約侵害の意義にまで及ぶが、このことは問題の幅広さと奥行きの深さを物語っている。

　ところで、善意悪意不問構成は、客観的かつ明快な優劣決定基準による紛争解決の予見可能性の確保を重視するのに対し、悪意者排除説は、未登記権利者を犠牲にして第三者を保護することに関する実質的衡平に着目する構成であり、一見すると対照的である。ところが、善意悪意不問説構成はやがて、登記の有無による形式的・画一的決定の行き過ぎた運用（目的・手段を問わない「早いもの勝ち」）を回避すべく、背信的悪意者排除による調整を取り入れ、未登記権利者と登記を備えた第三者のいずれを保護すべきかに関する具体的妥当性の確保に努める構成へと昇華した。そして、背信的悪意者排除による調整が重要な機能を果たすほどに、悪意者排除説との区別の流動化・相対化

を招き、177条の第三者に関する主観的要件をめぐり議論が混沌とするところとなったのである。

2 背信的悪意者排除論の確立と展開[1]

[1] 判例による背信的悪意者排除論の確立

背信的悪意者の排除が登記による画一的解決に対する例外的調整である点を重視すれば、背信的悪意の内容は自由競争原理を逸脱する著しい反倫理性に限定され、単純悪意とは明確に区別されるべきこととなる[2]。

ところが、背信的悪意の意義につき判例は、物権変動についての悪意＋登記欠缺の主張に関する信義則違反として構成し（最判昭和43・8・2民集22巻8号1571頁）、一般的かつ柔軟な判断枠組を採用している。そこで、第三者の「悪意＋α」がどのような態様を指すかに関する考慮要素の明確化が問われるところとなり、裁判例の蓄積を経て具体化されていった。主要な類型として、a．実質的にみて当事者に準じる地位にある場合、b．未登記の主張が矛盾態様にあたる場合、c．取引の目的・手段が不当である場合、d．未登記権利者の犠牲（代金完済・占有開始）に比して第二譲受人の要保護性が低い場合（不相当な対価）などが挙げられている[3]。ここにいう「悪意＋α」とは、必ずしも「特に悪質な悪意」のみを指すわけではなく、善意悪意以外の諸事情を包括的に評価するという趣旨である旨を看取することができる。

[2] 背信的悪意者排除論の評価
——その多面性および「光と影」

背信的悪意は信義則を要素とする一般的・多義的な概念として確立された

---

1) この問題に関する解説として、舟橋諄一＝徳本鎮編『新版注釈民法(6)〔補訂版〕』（有斐閣、2009年）673頁以下〔吉原節夫〕、鎌田・物権76頁以下、松岡久和「背信的悪意者排除説と判例（その1）（その2）」法教324号（2007年）71頁、325号（2007年）137頁、七戸克彦「民法177条の『第三者』——背信的悪意者」民法の争点101頁、石田剛「判批」民法百選Ⅰ〔第8版〕122頁、など。
2) 舟橋・物権183頁、鈴木・物権155頁、近江Ⅱ84頁、など。
3) 舟橋＝徳本・前掲注1）686頁以下〔吉原〕、鎌田・物権79頁、松岡・物権134頁、佐久間・物権84頁、など。

が、その評価は二分されている。一つは、裁判所が衡平かつ具体的妥当性の確保のために背信的悪意者排除論を柔軟に運用するほどにその認定が相対化・緩和化され、悪意者排除との区別がますます流動的かつ不明確となって、悪意＋αを求める意義が希薄化している、という消極的評価である[4]。このような評価は、背信的悪意者排除論の柔軟な運用→両説の接近化→悪意者排除の再構成、という思考展開を促す。

そしてもう一つは、背信的悪意は、取引時における善意悪意にとどまらず、未登記権利者の要保護性と第三者の行為態様の非難可能性を相関的・総合的に評価するための一般概念であると捉えて、その有用性を説く積極的評価である[5]。こうした見方は、背信的悪意者排除論の確立→善意 or 悪意から信義則へ、という問題理解へと連なる。

[3] 背信的悪意者排除論の新展開

背信的悪意概念の包括性と信義則要素に着目する学説の中からは、重過失または有過失者も排除され得る旨を指摘する見解が現れ[6]、背信的悪意の意義はますます多様化してきた。こうした傾向は、「第一譲渡を知っていたというだけで非難に値するか否か」に加えて、「第一譲渡について知らなかったからといってつねに保護されてよいか」という問題提起を含むものである。この点につき近年、「悪意」要件の意義を緩和した二つの注目すべき判例が現れた。一つが、未登記通行地役権の承役地の譲受人につき、『通路としての継続的使用に関する客観的事実→認識可能性』が認められる場合は、登記欠缺の主張が信義に反する旨を示したもの（最判平成10・2・13民集52巻1号65頁〈以下、①判決として引用〉）、もう一つが、時効完成後の譲受人の背信的悪意について、占有者の取得時効の成立ではなく『多年に亘る占有継続の事実』についての悪意＋信義則違反とする構成を示したもの（最判平成18・1・17民集60巻1号27頁〈以下、②判決として引用〉）である。

①判決は「認識可能性＝信義則違反」、②判決は「長期占有に関する認識

---

4) 松岡・物権86頁、鎌田・物権84頁、など。
5) 舟橋＝徳本・前掲注1) 686頁以下〔吉原〕、山野目・物権52頁、加藤Ⅱ121頁、松尾＝古積・物権93頁〔松尾弘〕、佐久間・物権83-84頁、など。
6) 広中・物権101頁以下、川井健『不動産物権変動の公示と公信』（日本評論社、1990年）23頁、内田Ⅰ459頁、松岡・物権136頁、など。

＋信義則違反」が 177 条の第三者からの排除を導く旨を示した点において、それぞれ特色が見出される。その意義につきどう理解すべきなのか。事例を通して分析してみよう。

> **事例で考えよう Part.1**
>
> 　甲土地を購入した A は、同地上に建物を建築して住居兼業務用事務所として利用開始したが、隣接する B 所有の乙土地との境界線を誤認して乙の一部（以下、「本件土地部分」という）が甲に含まれると信じて、本件土地部分をコンクリート舗装して、甲土地から公道に出るための通路（以下、「本件通路」という）として使用し始めた。それから 20 年以上が経過した後、C が B から乙土地を購入して所有権移転登記手続を了した。C は乙を購入するにあたり現況確認を行い、本件通路の存在および A による利用の事実を確認していた。C が A に対して、本件土地部分の所有権に基づいて、本件通路のコンクリート撤去および明渡しを求めた場合、B はこれを拒むことができるか。

(a)　時効完成後の譲受人の背信的悪意とは？

　本件土地部分につき A の所有権の取得時効が完成したとして、A はこれをもって C に対して対抗することができるか？　判例は時効完成後の譲受人に対して登記必要説に立つが（大連判大正 14・7・8 民集 4 巻 412 頁、など）、この構成については次の問題点が指摘された。ⅰ．時効完成後に未登記占有者がいかに長期間占有を継続しても保護されないのでは、時効制度の趣旨に反するのではないか。ⅱ．事例のような境界誤認型における善意占有者は登記手続に対する期待可能性に欠けており、その未登記は非難に値しないのではないか。その対応として判例は第一に、譲受人の登記後さらに占有を継続して再度時効が完成したときは、登記不要と解する（最判昭和 36・7・20 民集 15 巻 7 号 1903 頁）。もっとも、そのためにはあらためて長期占有を重ねなければならず、必ずしも十分な法的手当とはいえない。そこで第二に、背信的悪意排除論による調整が大きな意味を持つ。譲受人が現況確認により占有状況を認識しながら取引に及ぶことが大いにあり得るからである。しかしながら、取得時効の成立（ex. 占有者がいかなる権原に基づき、どのような態様においていつから何年間占有してきたか）に関する譲受人の悪意となると、その

立証・認定は困難である。そのため、②判決はこの調整を実効性あるものとすべく、背信的悪意の意義をさらに柔軟化することによって、長期間占有を継続する時効取得者の要保護性と、譲受人がその未登記を理由に占有者から支配を奪うことの適否について、実質的に判断する方向性を示唆した。

事例においては、Cが乙を買い受けるに際して、Aが本件通路部分を長らく利用している旨を認識していたのであればさしあたり悪意が認定されよう。もっとも、Aが時効取得をもってCに対抗しうるということは、単に通行使用が許されるにとどまらず、登記を備えたCの所有権を否定してAの所有に属することを指すため、そこまで認めるには、さらにCの信義則違反に値する態様が必要となろう。たとえば、本件土地部分の利用がAの生活・事業にとって必要不可欠である旨を認識しながらこれを認容し、かつその支配の継続を前提として取引しながら、後になって未登記を理由としてその排除を求めた場合などが挙げられようか。

(b) 未登記通行地役権の要保護性とは？

Aは、所有権時効の主張が認められない場合に備えて、予備的に283条に基づく通行地役権の時効取得を主張することも考えられる。①判決の射程が通行地役権の取得原因を問わずに及ぶなら、時効取得の場合にも妥当する。したがって、Cが乙を買い受ける時点において、Aによる本件通路としての使用の事実は客観的に明らかであるから、Aは登記なくして通行地役権の取得を主張することができる。

(a)との相違は、未登記通行地役権の対抗の可否においては、本件土地部分はCの所有に属することを前提として、Aによる通行使用を受忍させるべきかが問われるにすぎない点にある。ⅰ．通行地役権は登記の具備に対する期待可能性に乏しいこと、ⅱ．Aの使用に対する要保護性が認められること、ⅲ．通行地役権を認めてもCの所有権が排除されるわけではなく、重大な負担を課すものでないこと、ⅳ．通行使用による「事実上の公示」を通して容易に認識しうること、に照らして、未登記通行地役権の保護を広く認めるのが①判決の趣旨であろう。

(c) 背信的悪意者排除論への影響は？

(a)は物権変動原因（時効）、(b)は対象（通行地役権）の特殊性が考慮された問題類型であるが、背信的悪意者排除一般における判断枠組への影響も示唆されている[7]。なぜなら、未登記権利者による占有の要保護性および、これ

に対する第三者の認識の有無・程度を考慮することの必要性と合理性は、(a)(b)以外の問題類型においても広く認められ得るからである。背信的悪意者排除論の実質的意義を、未登記権利者による支配に対する要保護性と第三者の行為態様の非難可能性との相関的判断に求めるなら、(a)(b)の意義は決して小さくはない。未登記権利者の要保護性と第三者の行為態様を総合的に評価するための信義則判断を重視する先述の見解は、このような観点に立つものである[8]。

3 177条において保護されるべき第三者とは？
──再び「背信的悪意者排除」と「悪意者排除」の比較へ

それでは、ここまでの分析を踏まえて、177条の典型的な問題類型である二重売買を素材として、背信的悪意者排除と悪意者排除との異同について再検討してみよう。

> **事例で考えよう Part. 2**
>
> 　Dが所有する丙土地につき、DからEに売却されたが（以下、「本件売買契約」という）、Eが所有権移転登記手続未了のままでいたところ、FがDから丙を買い受けて所有権移転登記手続を了した。この事実を前提として以下の(1)〜(5)につきそれぞれ検討しなさい。
> (1)　FはEに丙土地の購入を斡旋して本件売買契約に際してDとの仲介役を務めていたが、Eが未登記であるのに乗じて自己が丙を取得して転売利益を得ようと企てた場合、EはFに対して丙につき自己への所有権移転登記手続を請求することができるか。
> (2)　Eは売買代金を支払って丙の引渡しを受けた上で、同地上に丁建物を建築して住居兼業務用事務所として利用を開始した。Fは現況確認の際にこの事実を知りながら、登記手続が未了であったことから、丙土地を買い受けた上で、Eに対して丁の収去および丙の明渡しを求めた場合、Eはこ

---

7) 松岡・物権137頁、佐久間・物権84頁、安永・物権213-214頁、河上・物権143頁、石田・前掲注1) 123頁、など。
8) 加藤Ⅱ121頁、山野目・物権52頁、など。

れに応じなければならないか。
(3) 本件売買契約が成立した後に、Ｆがその事実を知りながら、Ｅより高値で購入する旨をＤにはたらきかけてこれを買い受けていた場合、ＥはＦに対して丙につき自己への所有権移転登記手続を請求することができるか。
(4) 本件売買契約が成立した後にＦはその事実を知るに至ったが、Ｄからｅの代金不払を理由に本件売買契約を解除した旨を聞き、Ｅにも事情を確かめようとしたが回答を得られなかったため、丙を買い受けることとした場合、ＥはＦに対して丙につき自己への所有権移転登記手続を請求することができるか。
(5) Ｅは売買代金を支払って丙の引渡しを受けた上で、同地上に丁建物を建築して住居兼業務用事務所として利用を開始した。Ｆは本件売買契約の存在を知らず、かつ丙につき現況確認をせずにこれを買い受けるに及んでいた場合、ＥはＦに対して丙につき自己への所有権移転登記手続を請求することができるか。

[1] 事例の検討

上記の事例(1)のＦは背信的悪意者の典型例である。Ｆは悪意であるのに加えて、Ｅへの所有権移転登記手続に協力すべき立場にありながら故意にこれを妨げているため、Ｅの未登記を主張することは矛盾態様にあたり、不動産登記法5条の趣旨に照らして信義に反する。

(2)におけるＦは、本件売買契約の成立に加えてその履行が完了し、Ｅが利用を開始している旨につき悪意であることが認められる。この点につき、未登記権利者が契約の締結段階を超えて履行完了・利用段階にまで至った場合における悪意の第三者を、背信的悪意者として排除すべき旨を説く見解がある[9]。当該不動産につき自己の生活・事業にとって必要な利用の開始にまで至れば、未登記であっても要保護性が高まる一方、第三者についても、そこまで認識しながらこれをくつがえすことを厭わずに取引に臨み、その未登記を主張することは信義に反する、という評価も十分成り立ち得よう。先述の①②判決の意義が二重売買ケースにも少なからず影響を及ぼすとすれば、さらに説得力が増してこよう。

9) 広中・物権103頁、川井・前掲注6）23頁、など。

こうした評価は、第三者が「いかなる事実をどこまで認識して取引したのか」に応じて、悪意＝信義則違反として認定すべき場合がある旨を示している。第２章において、「取消しと登記」における第三者につき、取消しの事実または、取消原因および取消しが確実である旨につき悪意の第三者は、悪意＝信義則違反と評し得る旨を指摘したが、これと共通する。悪意の意義につき、「ある事実を知りながら取引に及んだことに対する非難可能性」を含めて柔軟に捉えるなら、悪意者排除の範疇において上記の結論を導くことも可能となろう[10]。

見解が分かれるのが(3)である。背信的悪意者排除説によれば、先行する契約締結の事実を知っていただけでは信義則違反にあたらないという評価になろうが、その基礎にあるのは、自由競争原理に加えて、Ｅは未登記段階においては完全に所有権を取得ないし確保し得るに至っておらず、第三者の取引機会が未だ残されている、という認識であろう[11]。

これに対しては、先に触れたように、自由競争原理は契約成立前の交渉段階において妥当するものであり、すでに成立した契約の実現を他人が悪意で侵害することを正当化する原理ではない、という指摘がある[12]。そこで、先行する物権変動原因がすでに成立しており、その実現につきとくに障害がない旨を認識しながら取引することによってこれを妨げる態様は信義に反するとして、この場合にも悪意＝信義則違反を導くのが悪意者排除説であるといえよう。

(4)において、Ｆは背信的悪意にあたらないとしても、悪意でないとまでといえるか。Ｆは物権変動原因の成立を知っていたものの、障害事由のために実現の見込みがないと信じるにつき合理的理由が認められるため、その態様は非難に値しないと評し得る[13]。この評価をもって、悪意 but 信義則違反にあたらないと構成することがまず考えられるが、悪意者排除説によっても、上述したように悪意の意義につき、Ｅへの所有権移転または移転原因の成立を知りながら取引したことに対する非難すなわち、自己の取引がＥの所有権取得を妨げる旨の認識を指すと解するなら、そもそも悪意でないともいえよ

10) 鎌田・物権96頁、内田Ⅰ459頁、など。
11) 石田剛「権利変動論」北居・民法54頁、など。
12) 鎌田・物権91頁、内田Ⅰ458頁、山野目・物権47頁、など。
13) 鎌田・物権94頁、内田Ⅰ459頁、山野目・初歩29頁。

う。

　(5)におけるFは、現況確認によってEへの所有権移転につき容易に知り得たとすれば、このような善意有過失につきどのように評価すべきか？　これについては、他人への所有権移転を容易に知ることができたにもかかわらず、合理的理由なく現況確認を怠っていた場合には、未登記権利者の要保護性にかんがみて、このような過失または重過失ある第三者を背信的悪意者に含め[14]、あるいは177条の第三者から悪意有過失者を排除すべき旨が説かれている[15]。

[2] 背信的悪意者排除と悪意者排除との間に差異はあるか？

　177条における第三者の主観的要件の特色として、次の3点を指摘しておこう。

　第一に、第一譲渡を知っていたことは非難に値するか？　上述した通り、悪意の意義を物権変動原因事実の単純な知不知にとどまらず、認識の対象・程度とそれに対する非難の有無に関する状況に応じた評価を含むものとして再構成しうるなら、未登記権利者の要保護性との相関的判断が可能となり、背信的悪意排除と悪意者排除の実質的差異はますます相対的となろう。

　第二に、このような両者の接近化・相対化に照らして**事例 Part. 2**(3)のような、第二譲受人の第一契約の存在に関する悪意の許否が挙げられよう。そもそも背信的悪意者排除説と悪意者排除説の分岐点となったのがこの場合における評価の対立であったのだが、他人の契約がすでに確定的に成立しており、その実現につきとくに障害がない旨を知りながら、これを妨げることを厭わずに取引に及んだ態様は原則として非難に値するのではないか。なお、そのような契約侵害の効果として、177条の第三者から排除して所有権の取得それ自体を否定すべきか、第二譲受人に所有権を認めつつ709条に基づく損害賠償＋過失相殺による調整にとどめるか、非難のレベルに応じて段階的に評価されてよいであろう。

　第三に、第一譲渡について知らなかったからといって、つねに保護されてよいか？　**事例 Part. 2**(5)における有過失者の排除の当否についても、評価

---

14) 広中・物権108頁。
15) 内田 I 459頁。

が分かれよう。現況確認の懈怠が非難に値するとしても、この方向を推し進めると、登記よりも占有支配による「事実上の公示」を重視する優劣決定となり、登記の意義と信用が問われかねない、という見方もできるからである。悪意者排除説に拠ったとしても、未公示の物権変動の有無に関するきめ細かな調査確認義務をつねに課すべきではなく、現況確認が容易であり、未登記物権変動について知らなかったと主張してこれを否定することが信義に反して許されない場合に限って排除すべきことになろうか。

4　おわりに

　第三者の主観的要件は、未登記権利者を犠牲にして登記を備えた譲受人を保護すべきかに関する具体的妥当性の確保に向けて重要な役割を果たしているが、177条に関する議論が他の第三者保護制度に比して豊富であるのは、悪意の対象の多様性および、未登記物権変動ないしは登記を要する物権変動の広範性の故であろう。そのため、「二重売買における第二買主の特別な害意」という典型例だけを念頭に置いて機械的に自由競争原理を用いて説明する理解が、必ずしもすべての場合にそのまま適合するわけではない点に留意すべきである（ex. 法律行為の取消し、相続、取得時効、通行地役権）。

　そこで本章の最後に、以上のような議論を通して、第三者保護制度全体における主観的要件への示唆を試みることとしたい。

　背信的悪意者排除論の意義を善意・悪意を超える総合的な態様評価に求めるなら、その射程が広く不動産取引安全一般に及ぶことを考慮すれば、その観点は他の第三者保護制度における主観的要件にも通底しよう。たとえば、110条の正当理由要件においては総合判断説が説かれており、94条2項における無過失必要説は諸状況に応じたきめ細かな判断を眼目としている[16]。このように、第三者保護の要否について善意・悪意「プラスα」の態様評価を求める傾向は決して177条に固有のものではない。もっとも、この傾向は、たびたび指摘しているように、善意・悪意の意義が形式的かつ限定的であることを前提としている。これらにつき、「いかなる事実をどのように認識していたか、それが非難に値するか？」、あるいは、「知らなかったと主張する

---

16) 第2章をあわせて参照されたい。

ことが許されるか？」という非難可能性・要保護性に関する規範的評価を含む概念であり、各制度の趣旨および状況に応じて判断されるべきものとして善意・悪意要件を再構成した上で、さらにその「プラス α」としての背信的悪意および無過失を加重することの独自の意義を検討すべきであろう。そしてその際には、①無権利の法理－本人優先をくつがえすに足りる本人の帰責事由と第三者の信頼の正当性の存否、②登記を備えた第三者優先を翻すほどの未登記権利者の要保護性と第三者の非難可能性の存否、という要件判断に関する基本的視点の相違を念頭に置くべきであろう。

[第6章]

担保における取引安全・その1
―― 抵当権侵害（抵当不動産の付加物の処分）と第三者

本章のテーマ

　抵当不動産の付加物（付合物・従物）が分離・搬出された場合における抵当権の対第三者効につき、今日の大勢は対抗力制限構成と即時取得構成とにほぼ二分されるに至っている。そのため、学生の支持もこの両説に絞られているようであるが、その異同および関係性についてあまり気に留めることなく、もっぱら第三者は悪意でもよいか等の結論の相違に着目してその優劣を断じようとする傾向が見受けられる。しかしながら、それぞれの根拠およびその基礎にある思考、そしてこれらに基づく判断枠組について十分に理解しないままでは、事例に対する応用と論証も覚束ないであろう。一口に抵当権者の保護と第三者の取引安全との調和といっても、両者の利益衡量およびそのための法律構成は必ずしも一様ではない。そしてこの問題の特色は、対抗力による取引安全と公信力による保護との関係という第三者保護に関する重要課題が、抵当権侵害を通して不動産物権変動と動産物権変動が交錯する応用型となって現れている点にある。前章までの分析と展開を活用しながら、さらにもう一段高みを目指してみよう。

事例で考えよう

　甲土地を所有するＡは、同地を自己が経営する乙料亭の敷地およびその庭園として利用していたが、乙の運営資金調達のためにＢから5000万円の融資を受けるに際して、同人に対する貸金債務の担保として、甲につきＢのために抵当権を設定し、設定登記が経由された。なお、甲土地上には

石灯籠丙（時価500万円相当）が設置されている。この事実を前提として、以下の設問(1)(2)につき検討しなさい。各設問は別個の問いである。
(1) Aは乙の経営状況が厳しくなってきたため、さらに運営資金を調達するために丙を売却することとして、これを甲から取り外して隣地内の倉庫に運び、売却先を探した。やがてAと同業者であるCがAから乙の経営事情を聞いて丙を買い受け、Cが経営する料亭の庭園に設置した。後にこの事実を知ったBはCに対してどのような請求をすることができるか。
(2) 乙に客として訪れたDは、庭園に設置されている丙が目に留まり、これを大変気に入ったため、Aに対していくらでも構わないから丙を譲ってくれるよう懇請した。そこでAは、丙が甲に設置されたままの状態でこれを600万円でDに売却し、その後DがA立ち会いの下でこれを取り外して持ち帰った。後にこの事実を知ったBはDに対してどのような請求をすることができるか。

1　前提の確認

Bは抵当権に基づく妨害排除請求として、丙の甲への原状回復を求めるとともに、かかる権利を保全するために丙の搬出禁止・差止請求（処分禁止の仮処分・占有移転禁止の仮処分等の保全）を行いたいであろう。

そこで丙に対する甲の抵当権の追及効の有無が問われるが、これに先立って確認すべきことがいくつかある。

[1] 抵当権の効力の及ぶ範囲

まず、甲の抵当権の目的に丙が含まれることが前提となる。その範囲につき判例・学説ともに、抵当不動産のほかその構成部分（付合物）と従物に及ぶと解することで一致している[1]。構成部分（付合物）か否かは、甲との物理的一体性の有無によって決せられる。例えば、甲に生成する樹木は原則として甲の一部であり、独立の権利客体たり得ないのであるから、抵当権の対

---

1) 抵当権設定時の従物につき、大連判大正8・3・15民録25輯473頁（87条2項を根拠とする）、最判昭和44・3・28民集23巻3号699頁（370条を根拠とする）、最判平成2・4・19判時1354号80頁（根拠条文不明）、など。

象に含まれるのは当然である。これに対して従物とは、物理的には甲から独立した権利客体でありながら、甲の効用にとって有用または必要不可欠であり、機能的・経済的一体性が認められる物をいい、主物の処分における従属性を導く。抵当権は換価価値の支配を目的とする権利であるから、その効力が従物にも及ぶと解するのがかかる目的に適う。そして、抵当権設定登記による対抗要件の効力は上記の付加物にも及ぶと解されている[2]。

　また、抵当権の目的がその設定時における価値支配にあると解すると、設定後の付加物に対する効力の有無が問われるも、ⅰ．通常の使用収益の範囲に属する目的物の変容は設定時における合理的予定の範囲内であり、これを含めて価値支配を認めることが、抵当権の性質と当事者の合理的意思に適うこと、ⅱ．抵当権の価値支配は設定時から実行手続までの過程に及び、その実行をもって処分とみることもできること、ⅲ．後順位抵当権者・一般債権者によって対象が異なると配当時に混乱が生じ得ることなどに照らして、抵当権の効力範囲に含まれるとされている[3]。

　上記の事例における丙は、土地からの取り外しが容易であれば甲の構成部分として付合しているとまではいえないが、料亭の庭園としての甲の経済的効用に照らし、従物として抵当権の効力が及ぶといえよう。

[2] 抵当権侵害の有無

　さらにBの請求は、Aによる丙の処分が抵当権侵害にあたることを前提とする。抵当権の不可分性によりBは被担保債権額を問わず甲全体の価値を把握しているから、丙の分離・搬出により甲の価値が減少すれば、抵当権侵害となり得る。もっとも、設定者には目的物の使用収益権能があるため、丙の譲渡が通常の使用収益の範囲に属すると認められるときは抵当権侵害にあたらない。

　事例において、経営困難な状況において丙のような高価な従物の譲渡によって資金調達することが乙の通常の営業活動の範囲に属さず、その後に新たな石灯籠を搬入するなど担保価値の補充が予定されていないとすれば、使用収益権能を逸脱しており、抵当権侵害にあたるといえよう。

2）最判昭和44・3・28民集23巻3号699頁。
3）大判昭和5・12・18民集9巻1147頁、など。

2 付加物の分離・搬出に関する主要な見解

　ここから本題に入ろう。かつて学説には、抵当不動産から分離・搬出されると付加一体物とはいえず独立した動産となるため、当然に抵当権の効力が及ばないと解する見解（場所的一体性説）あるいはこのような理解を前提として、抵当権者の保護は売却代金に対する物上代位（304条）の類推適用によって図られるにすぎないとする説などがあった。しかしながら、分離・搬出の状況を問わずにつねにこう解すると抵当権の実効性が損なわれる一方、搬出物の占有者が保護に値しない場合もあり得るため、今日では、付加物の分離・搬出後においても抵当権の追及効を認めつつ、抵当権者の保護と第三者の取引安全との調和をいかにして図るかという観点から、以下の2説が主流となっている。

[1] 対抗力制限構成

　付加物が抵当不動産から分離・搬出されると抵当権設定登記による公示の範囲から外れるため、抵当権の効力が及ぶ旨につき第三者に対抗することができなくなる、という見解である[4]。学生の中にもこの立場を支持する者が多いようであるが、注意しなければならないのは、分離・搬出の事実のみから当然に追及効が消滅するのではなく、第三者対抗力が制限されるにすぎない点である。したがって、抵当権者の原状回復請求の可否は、搬出物の占有者が177条の第三者にあたるか否かによって決せられ、「登記がなければ対抗できない第三者の範囲」に関する議論がここにも妥当する。つまり、事例におけるAの請求の可否はC・Dの地位・態様によって決定される。

[2] 即時取得構成

　丙につき第三者のために即時取得（192条）が成立すれば抵当権の追及効が否定される、という見解である[5]。この考え方は、対抗要件がひとたび有

---

4) 我妻Ⅲ 268 頁、近江Ⅲ 139 頁、道垣内・担物 185 頁、高橋・担物 170 頁、安永・物権 267 頁、平野・担物 53 頁、など。

5) 星野Ⅱ 252 頁、高木・担物 132 頁、内田Ⅲ 444 頁、川井② 342 頁、松岡・担物 52 頁、石田剛「抵当不動産から分離搬出された動産への抵当権の追及効」水野＝古積＝石田・民法 177 頁、など。

効に具備された以上、権利者の帰責事由によらずしてその対抗力が失われることはない、という理解を前提としている。したがって、抵当権設定登記後に付加物が分離・搬出されたとしても抵当権の追及効が維持され、原則として譲受人は抵当権によって制限された所有権を取得しうるにすぎない。すなわち、抵当権設定登記後における抵当不動産の第三取得者に準じる。そこで、同人の取引安全については、抵当権登記の対抗力ではなく、搬出物に関する即時取得（抵当権の負担なき完全な動産所有権の取得）の問題として考慮すべきことになる。

判例[6]には、工場抵当法に基づく抵当権の目的となっている工場機械の処分につき、即時取得構成を採用したものがある。もっとも、工場抵当においては、抵当権設定登記手続において抵当権の目的に含まれる抵当不動産の付加物件・供用物件（工場抵当2条）を記載した目録が登記事項となる（同3条）とともに、これをうけて第三者による即時取得を妨げない旨の明文規定が設けられている（同5条2項）ため、その射程が抵当権一般に及ぶか否かについては見解が分かれている。

3 対抗力制限構成と即時取得構成の異同

[1] 対抗力による取引安全と公信力による保護との関係

両説の分析および事例へのあてはめに先立って、基本的な関係性を確認しておこう。両者は最終的に二者択一の関係に立つが、その前提には段階的・補充的関係が認められる。すなわち、対抗力による取引安全につき、a．権利者が、対抗要件を備えていなくても保護される局面あるいは、b．権利者がすでに対抗要件を備えていて優先する局面において、これらをくつがえして第三者を保護するために公信力による補充が行われる、という関係性である。

a．については、本書で取り上げた177条と94条2項類推適用法理との関係を想起されたい（第3章参照）。後者の法理は、177条の第三者に無権利者からの譲受人は含まれず、同人は対抗力によっては保護されないことを前提としている。94条2項類推適用法理は、ア．真正権利者は無権利者から

6）最判昭和57・3・12民集36巻3号349頁。

の譲受人に対して自己の権利を登記なくして対抗することができる、イ．登記に公信力を認める明文規定がない、という二つの命題を前提として、第三者の取引安全を図るために補充的役割を果たすものである。もっとも、こうした関係性が問題類型に応じて流動的であるのは、対抗力の射程について見解の一致をみないことに起因する[7]。このような状況は今回のテーマにおける構成の対立においても基本的に共通している。

動産取引において178条と192条の段階的・補充的関係が明確に現れるのは上記b．においてである。例えば、動産の二重譲渡において第一譲受人が占有改定の方法による引渡しを受けた後に第二譲受人が現れた場合、同人は対抗関係においては劣後するが、譲渡人に留保された現実の占有を正当に信頼して当該動産を譲り受け、かつ第一譲受人に先んじて現実の引渡しを受ければ、即時取得によって保護される。178条に基づく優劣関係が192条によってくつがえされるのであるが、このような解決（178条－過渡的な優劣決定→192条－最終的確定）は、178条の対抗要件に観念的引渡しが含まれることに起因する占有の公示不十分が占有の公信力によって補充され、かつ192条については占有改定否定が判例・通説であることから、対抗問題では決着がつかず、192条によって最終的確定がもたらされる、という関係性を示している。

[2] 抵当不動産の付加物の処分への応用

上記のような対抗力と公信力による保護との関係性を抵当不動産の付加物の処分をめぐる議論にあてはめてみよう。さらなる応用的思考が問われる[8]。

上記のような公信力の補充的機能に親和的であるのが、即時取得構成である。すなわち、この構成は、一旦有効に具備された不動産登記の対抗力は、権利者の帰責事由によらない登記の不法抹消[9]や登記簿の滅失[10]によって失

---

7) たとえば、「取消しと登記」において、第三者を二重譲渡における第二譲受人に見立てて対抗力の範疇において処理すべきか、無権利者からの譲受人として対抗力の射程外でその保護を図るべきか、という見解の対立が代表例である。
8) このテーマにおける対抗力と公信力の関係性につき、石田・前掲注5) 175頁以下を参照。
9) 大連判大正12・7・7民集2巻448頁、最判昭和36・6・16民集15巻6号1592頁、最判昭和39・7・10民集18巻6号1110頁、最大判昭和43・12・4民集22巻13号2855頁、など。

われることはない旨の判例法理に照らして、付加物の分離・搬出につき抵当権者の関与が困難である点に共通点を見出し[11]、搬出後も抵当権の追及効が維持されるため、もはや対抗力の範疇において第三者の取引安全を図ることはできない、という理解を前提としている。そこで、かかる対抗力・追及効からの解放を導く別個の根拠として、公信力すなわち抵当権の負担のない動産所有権の即時取得という法律構成が、補充的役割を担うことになる。かくして、抵当権の対抗力・追及効による抵当権者の静的安全と、即時取得による譲受人の動的安全との調和がもたらされるのである。

これに対して対抗力制限構成はどうか。この構成は、抵当権設定登記が付加物に関する公示方法として十分でない点を重視して、その対抗力を制限することによって第三者の取引安全を確保することにその特色がある。かかる観点に立てば、工場抵当法３条目録に記載された抵当不動産の付加物件・供用物件に関する公示は、通常の抵当権登記に比して具体的かつ明確であり、両者の相違を看過することはできないとして、即時取得構成に立つ前掲昭和57年判決の射程は抵当権一般には及ばない、という理解が導かれる[12]。

だからといって搬出物について抵当権の対抗力が一律に失われるとなると、帰責事由のない抵当権者保護の見地から疑問が提起されるのは必至である。それにもかかわらずこの構成が正当性を維持しているのは、177条における第三者の範囲に関する柔軟な解釈が妥当な利益調整をもたらすからである。この点が、場所的一体性説との重要な相違点である。このように考えることによって、公信力すなわち即時取得構成によって補充するまでもなく、不動産抵当権の対抗力の枠内において、抵当権者と第三者双方の事情ないし実態に即した衡平な解決を図ることができる、というわけである。

[3] 対抗力制限構成と即時取得構成の判断枠組
(a) 基礎となる視点の比較

それでは、両説それぞれの判断枠組について分析してみよう。一口に抵当権者の保護と第三者の取引安全との調和といっても、抵当権者と第三者の関

---

10) 最判昭和34・7・24民集13巻8号1196頁、最判昭和50・12・23判時805号61頁、など。
11) この点につき、松岡・担物53頁、石田・前掲注5）125頁参照。
12) 篠田省二「判解」最判解民事篇昭和57年度229頁、近江Ⅲ139頁、安永・物権267頁、生熊・担物151頁、など。

係をどのように捉えるかに関する視点の相違が要件判断に影響し得るため、この点から確認しておこう。

　抵当権に基づく支配の要保護性につき、付加物が抵当不動産から分離・搬出された以上、登記による公示不十分にかんがみてその保護が制限されてもやむなしと評価するのか、それとも、抵当不動産との経済的一体性から付加物につき可能な限り保護するのが、価値支配権としての抵当権の目的に適うとともに、抵当権者に帰責事由がない点とあわせて妥当であると考えるべきなのかに応じて、原則として抵当権者または第三者のいずれを保護すべきかを考える立脚点が異なってこよう。

　対抗力制限構成は、公示の範囲から外れた搬出物については抵当権の追及効が制限されるため、原則として抵当権者の保護は後退せざるを得ないが、それにもかかわらず保護に値しない第三者としてどのような者を排除すべきか、という思考構成になろう。これに対して即時取得構成においては、搬出物についても抵当権の追及効が維持されると考えるため、原則として抵当権者の保護が優先するが、これをくつがえして保護すべき第三者といえるか否か、という形で思考を組み立てることになる。

(b)　対抗力制限構成の要件判断

　上記のような思考構成は、具体的な要件判断にどのように反映されるであろうか。対抗力制限構成では、177条における第三者の範囲に関する理解をどのように応用するかがポイントになる。基本的には、搬出物の占有者がⅰ．設定者またはこれに準じる地位にある者、ⅱ．不法行為者・不法占有者または実質的無権利者、ⅲ．背信的悪意者である旨につき、抵当権者の側において主張立証した場合において、その回復請求が認容されることになろう。学説には、対抗の可否につき付加物の搬出前後で区別し、搬出前すなわち抵当不動産上に存する状態において付加物を譲り受けた第三者に対しては、抵当権の効力が及ぶ旨につき対抗することができる、と解するものがある[13]。対抗の可否については第三者の取引時を基準に判断すべきところ、登記の対抗力が及んでいる状態において目的物を譲り受けた以上、対抗力を認めるべきだからである。もっとも、この場合においてもなお即時取得による保護は妨げられないと解されている[14]。ここにも、先にみた対抗力における取引安全

---

13) 安永・物権267頁、道垣内・担物185頁、平野・担物54頁、清水・担物31頁、など。

に対する公信力による補充を看取し得る。

このうち実質的な分析を要するのが背信的悪意の内容である。判例上の定義をここに応用するなら、「付加物が抵当権の対象に含まれていることを知りかつ、登記による公示が及ばないと主張することが信義に反すると認められる態様」となろうか。少なくとも、第三者において搬出物を譲り受けるに際して、ⅰ．それが抵当権の対象に含まれることを知り、ⅱ．抵当不動産の価値全体において搬出物の価値が占める割合および、設定者の事業状況ないし資産状態その他処分の経緯・事情、第三者の地位・設定者との関係に照らして、自己の取引が抵当権を侵害する逸脱処分である旨を認識していたことが必要となろう。

(c) 即時取得構成の要件判断

即時取得構成において最も問題となるのは、譲受人の悪意有過失の立証であろう。ここにいう悪意とは、付加物・搬出物が抵当権の対象に含まれており、その処分が抵当不動産の通常の使用収益の範囲に属しない旨の認識を指す。仮に善意であっても、当該動産の状況および、設定者の事業状況ないし資産状態その他処分の経緯・事情、第三者の地位・設定者との関係に照らして、それが抵当権の対象に含まれ、かつその処分が設定者の権限を逸脱している旨につき疑念を抱くべき事情があり、調査確認により容易に知り得た場合であれば、過失ありと判断されよう。

4 事例へのあてはめ

それでは、冒頭の事例につき、両説をそれぞれあてはめて検討しよう。

[1] 小問(1)について

(a) 対抗力制限構成に立った場合

CはAと同業者であり、Aから乙の経営事情を聞いて丙を買い受けたという取引経緯にかんがみれば、甲からの搬出後に丙を譲り受けたとしても、丙が乙の庭園に設置されていたことおよび、甲には何らかの担保が設定されているかもしれず、丙を譲り受けることによってこれを害する可能性がある旨

---

14) 我妻Ⅲ 268頁、272頁、安永・物権267頁、道垣内・担物185頁、など。

につき少なくとも認識していたと評価できよう。もっとも、それだけでは、Bの抵当権の存在およびその侵害事実について具体的に悪意であったとまではいえないであろう。ただし、Cがそれらにつき容易に認識することができ、「知らなかった」と主張することが信義に反すると認められる特段の事情があれば、考慮されてよいのではないか。

(b) 即時取得構成に立った場合

Cの地位および取引時におけるAの事情ならびに経緯から、甲に担保が設定されている可能性およびその対象に丙が含まれ得ることを認識し得たと認められる場合、Cは甲の登記簿を確認するなどしてBの抵当権の有無につき調査確認すべきであり、これを怠れば過失ありと認定されよう。その場合であっても、丙の売却処分が乙の通常の営業活動の範囲に属すると信じるにつき正当な理由が認められるときは、丙に関するAの適法な処分権限につき善意無過失であったといえる。しかしながら、乙が経営困難な状況に陥ってから丙のような高価な従物を処分し、その後の担保価値の補充が予定されていない状況においては厳しいであろう。

[2] 小問(2)について

Dは抵当権の対抗力が及んでいる状態において丙を買い受けたため、両構成いずれにおいても、Bの請求の可否はDの即時取得の成否によって決せられよう。丙が甲に対する抵当権の公示の範囲に含まれているとして悪意を擬制するかまたは、登記簿の確認によって抵当権の存在を容易に知り得たと評価するなら、成立する余地は乏しいようにもみえる。しかしながら、**事例に即して判断するに**、ⅰ．抵当権登記が付加物に対する公示方法として十分でないこと、ⅱ．Dは利用客として乙を訪ねたにすぎず、Aの経営状況を深く知り得る立場にないこと、ⅲ．偶然目に留まった丙を買い受けたにとどまることから、このような場合にまで、甲に関する登記簿の確認などによりBの抵当権の存否および侵害のおそれの有無を調査確認すべきであったとは必ずしもいえないのではないか。

5 おわりに

　本章においては、対抗力による取引安全と公信力による保護との相互関係および要件判断における異同につき、抵当不動産の付加物の処分という応用問題を通して分析した。この問題については、対抗力制限構成および即時取得構成の理論構成ならびに意義を十分に理解した上で、抵当権者の第三者に対する原状回復請求の可否につき、基本的には、ⅰ. 抵当権登記は付加物に対する公示方法として十分でないことおよび、ⅱ. 付加物の処分につき抵当権者に帰責事由がないことをどう評価するか、そして個別具体的には、ⅲ. 第三者が抵当権の範囲および侵害事実を認識していたと認められるのはどのような場合か、ⅳ. 第三者は、付加物・搬出物を譲り受けるに際して抵当権の有無等に関する調査確認義務を負うのか、そうだとすればいかなる場合にどこまで負うのか、などを考察することが求められる。

[第7章]

担保における取引安全・その2
―― 譲渡担保における目的物の処分

> **本章のテーマ**
>
> 譲渡担保はその種類・形態がさまざまでありかつ、譲渡担保権者および設定者のいずれによる目的物の処分も問題となり得るため、その取引安全をめぐる紛争は実に多様化・複雑化している。その中には、民法177条や94条2項類推適用法理あるいは192条等に関する既存の議論がそのままあてはまるとは限らない問題もある。本章は、①不動産の譲渡担保権者による目的物の処分（弁済期到来後）、②集合動産譲渡担保における設定者による個別動産の処分、③所有権留保と集合動産譲渡担保の優劣を取り上げる。①においては、譲受人が背信的悪意者であっても保護する旨を示した判例の意義と問題点を、②では集合物から離脱した個別動産に対する追及効を、そして③では譲渡担保権の即時取得の意義について、それぞれ分析する。いずれも難問であり、判例の理解を整理するだけでも骨が折れるが、これまで取り上げてきた取引安全に関する基本問題および前章の抵当不動産の付加物の処分への応用を踏まえ、さらなるプラスアルファを求めてチャレンジしよう。

1　前提の確認

　個別財産の譲渡担保では、目的物の処分が争点となる局面が動産・不動産とで異なる。

　第一に、動産譲渡担保においては、設定者に目的物の占有が留保されてい

ることから、設定者による処分が問題となる。所有権的構成によれば設定者は無権利者であるから、譲受人保護は即時取得によって図られる。担保権的構成においても、担保権者は占有改定による引渡しにより、担保目的に制限された所有権または譲渡担保権をもって譲受人に対抗することができるとした上で、譲受人の保護は、かかる制限または担保権の負担のない完全な所有権の即時取得の問題となる。そのため、どちらの構成に立っても変わらない。具体的には、譲受人が譲渡担保の存在につき善意無過失であるかまたは、被担保債権の弁済等による消滅を正当に信じて取引し、現実の引渡しを受ければ保護されよう。

第二に、不動産譲渡担保の場合は、譲渡担保権者の所有名義で登記されるのが通常であるから、譲渡担保権者による処分が主として争われる。被担保債権の弁済期前に処分された場合、所有権的構成に立てば譲受人は所有権の取得を妨げられないが[1]、設定者も弁済によって所有権回復を図ることができる地位にあるため、譲受人は登記なくして設定者に対抗することができないと構成すれば、両者は対抗関係に立つ[2]。譲受人が背信的悪意者であったときは、設定者は弁済による所有権回復をもって登記なくして対抗することができる[3]。

被担保債権の弁済および受戻権行使後に譲渡された場合においても、かかる譲渡は二重譲渡における第二譲渡に等しくかつ、設定者は受戻権行使による所有権回復につき登記なくして第三者に対抗することができないと解するなら、同様に対抗問題となる[4]。

これに対して担保権的構成では、実行により確定的に所有権を取得するまで担保権者に処分権限がないため、弁済後はもちろん弁済期到来前の処分も許されず、譲受人の保護は、設定者自ら譲渡担保権者名義の登記手続を行った点にかんがみて、民法94条2項類推適用によることになる[5]。

基本的には、所有権的構成＝対抗関係、担保権的構成＝94条2項類推適

---

1) 大判大正9・9・25民録26輯1389頁。
2) 内田Ⅲ 535-536頁、近江Ⅲ 306頁、高橋・担物170頁、松岡・担物348頁。なお、山野目・物権364頁も参照。
3) 東京高判昭和46・7・29下民集22巻7・8号825頁。
4) 最判昭和62・11・12判時1261号71頁。
5) 近江Ⅲ 307頁、道垣内・担物321頁。

用という構図になりそうだが、各構成の中にもバリエーションがあり、また、設定者の所有権回復と登記の要否についても理解が分かれるため、一概にこのように割り切れるわけではない。

譲受人側の要件としては、対抗関係においては、譲渡担保の存在および弁済期前であることまたは弁済の事実を知り、自己の取引によって設定者の受戻権が害される旨を認識していたか否か、そして94条2項類推適用では、譲渡担保の存在を知らなかったかまたは、設定者が履行遅滞に陥り担保権者に処分権限ありと信じたか否かが問われよう。これらの評価は基本的に表裏の関係に立とうが、弁済・受戻権の行使が確実である旨の認識の有無および、調査確認義務の有無において違いが生じ得る。

それでは、被担保債権の弁済期経過後も弁済がないため、担保権者が目的物を処分した場合はどうか。事例を通して検討してみよう。

> **事例で考えよう Part.1**
>
> 甲建物を所有するXはAから1000万円を借り入れ（以下、「本件貸金債権」という）、その担保のために甲をAに譲渡し、所有権移転登記が行われた。弁済期が経過してもXが本件貸金債権の返済をしないため、Aは甲を従兄であるYに贈与し、所有権移転登記が経由された。なお、Yは、①甲はXがAに譲渡担保に供した不動産であること、②Aに清算金の支払準備がないこと、③Xが甲を受け戻す準備を整えていたことにつき知っていたものとする。その後間もなくして、XはAに対して本件貸金債権の残元金および遅延損害金を弁済供託した上で、Yに対して甲につき所有権移転登記手続を求めた場合、Yはこれを拒むことができるか。また、YはXに対して甲の明渡しを求めることはできるか。

2 不動産譲渡担保における弁済期到来後の目的物の処分

[1] 判例法理の意義および根拠

設定者の受戻権の消滅時期につき判例は、処分清算型・帰属清算型を問わずに目的物の第三者への処分時と解している[6]。すなわち、被担保債権の弁

---

6) 最判昭和62・2・12民集41巻1号67頁、最判平成6・2・22民集48巻2号414頁。

済期到来により譲渡担保権者は目的物につき処分権限を取得し、これに基づいて譲受人が所有権を取得すれば設定者の受戻権は消滅する。さらに判例は、この理は譲受人が背信的悪意者であっても異ならないという。その理由として、ⅰ．そのように解さないと権利関係が確定しない状態が続くこと、ⅱ．譲受人が背信的悪意者に当たるかどうかを確知し得る立場にあるとは限らない債権者に、不測の損害を蒙らせるおそれが生じることを挙げる[7]。これらをさらに分析すると、ⅰ．は、設定者が譲受人の背信的悪意を主張・立証することにより、譲渡担保権実行後になお受戻権を行使してこれをくつがえすことを防止すべき旨を指すと解される。ⅱ．は、譲受人が背信的悪意であっても譲渡担保権者がそうでない場合において、同人の予期しない事情によって譲渡担保権の実現が害され、被担保債権をなお存続させることを阻止するとともに、担保責任（改正法では目的物の権利に関する契約不適合責任）を免れさせる趣旨であろう[8]。その背景には、すでに履行遅滞に陥っている設定者は受戻権消滅を受け容れるべき立場にあり、譲渡担保権の行使による権利関係の確定を優先すべし、という評価があると思われる。

　要するに、処分清算型のみならず帰属清算型であっても、譲渡担保権者は目的物の処分権限を有しており、被担保債権が履行遅滞に陥った場合における処分はその正当な行使であって、設定者の受戻権は消滅する。譲渡担保権の円滑かつ確実な実行のためには譲受人の主観的態様を問うべきではなく、処分が正当な権利行使である以上、譲受人は二重譲渡における第二譲受人とは立場を異にしており、譲渡担保の目的物であることを知って譲り受けたとしても非難に値しない。なお、担保権的構成においてもこのように構成することは可能である。

　ところで、判例は、目的物の処分後も、清算金の支払まで設定者が譲受人からの引渡請求に対して留置権を行使することを認めている[9]。したがって、設定者は所有権回復ができなくなっても、留置権による清算金の確保が手当てされている。譲受人の側としても、設定者が目的物を占有している状態において譲り受けたのであれば、清算金未払の事実を知り得る立場にあるから、

---

7) 前掲・最判平成6・2・22。
8) 水上敏「平成6年度最判解」曹時49巻3号770頁。
9) 最判平成9・4・11集民183号241頁、最判平成11・2・26判時1671号67頁。

不都合はない。このような留置権による設定者の補充的救済が上記の判例法理を支えている[10]。

[2] 判例法理の問題点

譲受人が背信的悪意者であることをも問わない上記のような構成に対して、学説からは疑問が呈されている[11]。第一に、帰属清算型においては清算金の支払まで設定者は受戻権を失っておらず、譲受人は未だ確定的に所有権を取得するには至っていないと考えれば、対抗関係＝背信的悪意者排除または94条2項類推適用＝善意者保護として構成すべきではないか。第二に、譲渡担保権者の要保護性については、速やかに清算金の支払を行えば受戻権が消滅して権利関係が確定するとともに譲受人に対する責任を免れるのであり、それ以上に背信的悪意者を保護してまで早期確定を急ぐ必要はない。第三に、譲渡担保権者に処分権限があるとしても、逸脱処分まで認めるべき理由はない。

上記の第一・第二の指摘については、履行遅滞に陥っている設定者のために目的物の処分後もなお受戻権を認める必要はなく、その後の清算につき留置権によって保護すれば足りると割り切るべきか、それとも、処分後であっても清算金の支払あるまで受戻権を存続させても不当とはいえず、譲受人の保護は別途図ればよいと考えるべきかが争点となる。この点については、譲渡担保権者の処分権限を清算義務と切り離してよいか否かが問われるところ、確かに、弁済期が到来した以上譲渡担保権の行使が優先されるべきであろうが、それが私的実行であることから、上の第三の指摘が重要性を帯びてくる。これは、譲受人の態様だけでなく、譲渡担保権者の逸脱処分という観点から処分行為の非難可能性について総合的に評価すべき旨を示唆している[12]。弁済期到来後は譲渡担保権者に処分権限があるとしても、清算義務の履行準備がなく、設定者の受戻権の行使および清算金の円滑な支払を不当に妨げるよ

---

10) 松岡久和「判批」民商111巻6号949頁、山野目・物権363頁。
11) 高木・担物327頁、内田Ⅲ538頁、近江Ⅲ307頁、安永・物権411頁、湯浅道男「判批」判例セレクト'94法教174号24頁、道垣内弘人「判批」法協112巻7号1000頁、山野目章夫「判批」ジュリ増刊平成6年度重判解80頁、安永正昭「判批」金法1428号51頁、など。
12) 道垣内・前掲注11) 1000頁。

うな処分は権限を逸脱するものとして許されず、譲受人もその旨につき悪意であれば、受戻権は消滅しないと解すべきであろう。このような場合においてまで設定者の保護は留置権で足りるとはいえまい。

　反対に、目的物の処分が適正であった場合にまで設定者による留置権の行使を無制限に認めると、譲受人は所有権を取得したにもかかわらずなお目的物の実質的支配ができない地位に立たされることになる。清算金未払のリスクを設定者・譲受人のどちらが負うべきかが問われるが、譲受人において清算金が支払われたものと正当に信じていた場合あるいは、自己が譲渡担保権者に対して支払う対価によって清算が行われる旨につき合理的な期待を有していたときは、留置権の対抗力を制限することが考えられてよいのではないか。

[3] 事例へのあてはめ

　事例 Part. 1 は、前掲平成 6 年判決の事案を素材としたものであり、同判決によれば、Xは甲につき受戻権を失っており、Yが確定的に所有権を取得するに至ったため、Xの請求は認められないが、Yに留置権を主張してその明渡しを拒むことはできる。これに対しては、Aの無償譲渡は明らかに逸脱処分であり、Yも悪意であることから、Xの請求を認めてよい、と考えることもできるであろう。

3　集合動産譲渡担保における個別動産の処分

> **事例で考えよう Part. 2**
>
> 　魚の養殖・加工・販売等を業とするDは、XがDに対して有する本件貸金債権を担保するために、Xに対して、乙漁場のいけす 100 基内においてDが所有する総ての養殖魚（約 40 万尾）を譲渡し、目的物を占有改定の方法によりXに引き渡した（以下、「本件譲渡担保」という）。
>
> 　その後Dの事業状況が悪化して営業の継続が困難となるに至ったが、DはYに対して、上記いけす 100 基の中の特定のいけす 50 基内においてDが所有する養殖魚約 20 万尾（以下、「本件物件１」という）を売却するとともに、売買代金をYがDに対して有する貸金債権に充当する旨がDY間

において合意された。本件物件1はYに引き渡され、乙漁場においてYが管理する別のいけすに移された。本件貸金債権につきDが期限の利益を喪失したため、XはDに対して本件譲渡担保の実行通知を行い、Yに対して本件物件1の引渡しを求めた。この請求は認められるか。

[1] 前提の確認

所在場所・種類・量的範囲が特定されている動産の集合体につき、構成部分の流動性・変動性を認めながら一括して譲渡担保の対象とする形態を指して、集合（流動）動産譲渡担保という。その対象・客体につき、判例はかかる動産の集合体をもって1個の「集合物」を観念している[13]。この理解に立てば、個別動産は集合物の構成部分となり、その流動性が予定されているため、ⅰ. 対抗要件具備の方法および、ⅱ. 追及効が問題となるも、ⅰ. につき判例は、設定時における集合物に関する占有改定による引渡しをもって包括的な対抗要件の具備を認め、その対抗力は、その後新たに搬入されて集合物の構成部分となった個別動産についても及ぶ、と構成する[14]。抵当権設定後の付加物と同様である。それでは、ⅱ. について、設定者が個別動産を第三者に処分した場合、譲渡担保権の追及効が認められるか。抵当不動産における付加物の処分と比較しながら検討してみよう。

[2] 個別動産の処分・搬出と集合動産譲渡担保権の追及効

(a) 通常の営業の範囲内における処分

譲渡担保は抵当権と同じく非占有担保であり、譲渡担保権を侵害しない限りにおいて設定者に目的物の使用収益権限が留保されているが、集合動産譲渡担保についてみるに、営業用動産の集合体としての集合物の使用収益とは、その性質上、構成部分である個別動産の「通常の営業の範囲内」における処分と補充を意味しよう[15]。構成部分の流動性とはこのことを指している。その範囲において設定者は個別動産につき処分権限を有しているため、これに基づいて譲受人は適法に所有権を取得し、もはや譲渡担保権の効力は及ばな

---

13) 最判昭和54・2・15民集33巻1号51頁、最判昭和62・11・10民集41巻8号1559頁。
14) 前掲・最判昭和62・11・10。
15) 道垣内・担物343頁。

い。判例もこれを肯定する[16]。なお、「通常の営業の範囲内」については、ⅰ．設定者の営業活動の態様、ⅱ．譲渡担保権設定契約の解釈、ⅲ．処分行為の反復継続性の有無、ⅳ．処分後における目的物の補充（担保価値維持）の意思・能力の有無、ⅴ．譲渡担保権者の優先的満足を害するおそれの有無、などによって判断されよう。

(b) 逸脱処分の効力

それでは、通常の営業の範囲を逸脱する処分が行なわれた場合はどうか。これについては、①譲渡担保の対象はあくまで集合物であるから、実行前の段階においては離脱した個別動産には効力が及ばず、不法行為責任が問題となり得るにすぎないとする場所的一体性説[17]、②設定者が処分権限を有しない以上譲渡担保権の効力は失われないとした上で、譲受人の取引安全との調和を図る対抗力制限構成または即時取得構成が説かれている[18]。

前掲・平成18年判決は、『集合物から離脱したと認められる場合でない限り、』第三者は目的動産の所有権を取得できない旨を判示したが、目的動産が搬出されていない事例であったため、集合物からの離脱が所有権取得のための必要十分条件（離脱の事実のみにより所有権を取得する）なのか[19]、必要条件（少なくとも離脱を要する）にとどまるのか[20]、明らかではない。

場所的一体性説を貫くと、設定者が危機時期に陥ってから、第三者が譲渡担保権を害する旨を知りつつ目的動産を持ち去ったような場合でも、譲渡担保権の効力は否定される。これについては、集合動産譲渡担保の便宜性（対象の広範性および対抗要件具備の簡便性・包括性）にともなうリスク（簡易にして広範な支配を認める代わりに個別動産に対する効力を弱めることでバランスを取る）と受け止めることもできようが、逸脱処分に対して譲渡担保権者の保護を図らなければ権利の実効性が損なわれるため、第三者の態様に応じて追及効の有無を検討する方向がよいのではないか。もっとも、占有改定による引渡しが公示方法として甚だ不十分である点および、個別動産の流動性が予定されている点に照らせば、集合物から離脱した個別動産については引渡し

---

16) 最判平成18・7・20民集60巻6号2499頁。
17) 道垣内・担物344頁、高橋・担物336頁、など。
18) 安永・物権421頁、山野目・物権371頁、など。
19) 千葉恵美子「判批」ジュリ増刊平成18年度重判解77頁、など。
20) 安永・物権420頁、など。

の対抗力を制限するとともに、第三者の範囲を緩和すべきことになろう。仮に即時取得構成に立つとしても、善意無過失の判断は緩やかになろう。

(c) 事例へのあてはめ

本件物件1の譲渡は、実質的にみれば債権者に対する代物弁済に準じる行為といえるが、Dが危機時期に陥ってから全体量の半数に上る養殖魚を一部債権者への弁済に充てることは、通常の営業の範囲を逸脱しているといえよう。そして、Yはもともと譲渡担保権者に劣後する一般債権者であることにかんがみれば、YがXの譲渡担保権の存在を知りながらDの危機時期に本件物件1を譲り受けたとすれば、即時取得構成ではもちろんのこと、対抗力制限構成に立つとしても、本件物件1につき譲渡担保権の対抗力が喪失した旨をXに対して主張することは信義に反して許されないというべきであろう。

4 動産売主の保護と集合動産譲渡担保権との優劣

> **事例で考えよう Part. 3**
>
> 事例 Part. 2 の設例において、乙漁場内のいけす 100 基における別の特定のいけす 50 基内に存する養殖魚約 20 万尾（以下、「本件物件2」という）は、ZがDに売却したものであるが、売買代金が完済されるまでその所有権をDに留保する旨の特約がZD間で結ばれていた。
>
> その後、XがDに対して本件譲渡担保の実行通知を行い、本件物件2の引渡しを求めたところ、Zがこれに対して異議を唱え、Xに対して本件物件2の所有権確認と搬出差止めを求めた。Xはこれを拒むことができるか。

[1] 前提の確認

事例 Part. 3 では所有権留保と集合動産譲渡担保との優劣が問われるが、その前提として、動産売主保護のための法的手段と所有権留保の意義について確認しておこう。

第一に、ZはDの代金不払いを理由に売買契約を解除して本件物件2を回収したいところであるが、Xが民法545条1項ただし書の第三者に該当する場合は認められない。判例によれば、対抗要件を具備した解除前の第三取得者がこれにあたり[21]、占有改定による引渡しをうけた譲渡担保権者もこれに

含まれるとすれば、Zは保護されない。

　第二に、動産売買の先取特権（321条）が考えられるが、集合動産譲渡担保権との優劣につき判例は所有権的構成を前提としつつ、ⅰ．譲渡担保権者は民法333条の第三取得者にあたり、ⅱ．同条の引渡しに占有改定も含まれると解して、先取特権の行使を否定した[22]。その背景には、動産先取特権は公示方法のない法定担保物権であって、一般債権者に対しては優先効を有するが約定担保に劣後すべきものにすぎず、目的動産が買主の支配下にある限りにおいて機能するにとどまる、という認識があるものと解される。これに対しては、先取特権の保護に欠ける旨の指摘とともに、担保権的構成を前提として、動産質権あるいは動産抵当など他の動産担保権と動産先取特権の競合に準じて優劣を決すべき旨が主張されている[23]。この見解によれば、譲渡担保権者は民法333条の第三取得者にあたらず、動産売買先取特権は存続するが、譲渡担保権が優先する（334条・自動車抵当11条類推適用）。

[2] 所有権留保と譲渡担保権の優劣

　このように、法定の保護手段である解除および先取特権は売主にとって十分とはいえないのであるが、その要因は、売主が代金の支払を受ける前に目的動産の所有権が買主に移転し、同人がこれを適法に処分し得る地位に立つことにある。

　そこで、信用売買における売主保護の要請から上記の要因を除去すべく、実務上講じられた手段が所有権移転時期に関する特約による所有権留保である。判例によれば、所有権留保特約付売買における買主は代金を完済するまで無権利者であり、譲渡担保権者は無権利者からの譲受人であるから、即時取得が成立しなければ譲渡担保の効力が生じないところ[24]、占有改定による引渡しでは認められない[25]。したがって、**事例 Part. 3 では Z の請求が認められる**。このような理論構成は、所有権留保および譲渡担保につきいずれも

---

21) 大判大正10・5・17民録27輯929頁。
22) 前掲・最判昭和62・11・10。
23) 近江Ⅲ53頁、68頁、内田Ⅲ545頁。
24) 最判昭和58・3・18判時1095号104頁、東京地判平成5・9・16判タ845号251頁、など。
25) 最判昭和35・2・11民集14巻2号168頁。

所有権的構成に立った上で、所有権留保において売主は第三者の即時取得が成立しない限り留保所有権を対抗し得ることを前提としている。そうすると、所有権が売主に帰属したまま移転していないのであるから対抗要件を要する物権変動が生じておらず、信用売買において売主が買主に目的動産を引き渡したことは公信力による保護の範疇において評価すべきことになる。その上で、即時取得の成否については、占有改定による引渡しで足りるとして譲渡担保権者を特別に保護すると、第三者が本来の譲受人であった場合との均衡を失するため、設定者が無権利者であった場合において非占有担保である譲渡担保権が保護されないこととなってもやむをえない、と考えるわけである。

これに対して、所有権留保に公示手段がないことおよび、譲渡担保が非占有担保であることにかんがみて譲渡担保権設定における取引安全を重視し、「譲渡担保権の即時取得」を通常の所有権とは別個に観念して、占有改定による引渡しでも足りる、と構成することも考えられよう[26]。この考え方によれば、譲渡担保設定時においてＸがＺＤ間の所有権留保特約につき善意無過失であれば（または、所有権留保特約の存在は知っていたが代金が完済されたと過失なく信じたのであれば）譲渡担保権の即時取得が成立し、その実行に対してＺは異議を唱えることはできない。本件物件２が譲渡担保権設定後に搬入された場合も同様である。

このように、即時取得の成否について譲渡担保の非占有担保性を勘案するとき、考え方としては、「そのような属性から、本来の譲受人に比して保護が制限されることとなっても仕方がない」と割り切るか、逆に「だからこそ、その特色に見合う取引安全が積極的に図られるべきである」と解するか、二つの方向性があり得るが、後者によるときは、譲渡担保取引の安全につき、本来の譲受人より厚く保護してよいか、信用売買における売主保護の要請に優先させるべきかがあらためて問われよう。

さらに、担保権的構成に立ちつつ、留保所有権と譲渡担保権という相容れない非典型担保権の対抗問題と捉える構成も考えられる。それによると、仮に留保所有権の対抗要件について、買主への引渡しと同時に買主から売主に対する占有改定による引渡しがあったと解するなら、所有権留保特約付売買により引渡しが行われた後で譲渡担保権が設定された場合は所有権留保が優

---

26) 近江Ⅱ 158頁。

先するが、集合動産譲渡担保において、譲渡担保権設定後に所有権留保特約付売買が行われ、目的動産が集合物に搬入された場合は譲渡担保権が優先することになろうが、集合動産譲渡担保権がより厚く保護されることの当否などが問われよう[27]。

5　おわりに

　本章では譲渡担保を素材として異なる3つの問題を取り上げたが、キーワードは、譲渡担保権者（事例 Part. 1）および設定者（事例 Part. 2）の処分権限と逸脱処分の意義および効果、そして譲渡担保権設定における信頼保護（即時取得）の要否ならびに、動産売主保護のための担保と譲渡担保権との優劣（事例 Part. 3）である。この観点を基礎としてさらに応用的思考を深めていただきたい。

---

27) 最判平成30・12・7金法2105号6頁は、所有権留保と動産譲渡登記を備えた集合動産譲渡担保との優劣につき、設定者に目的動産の所有権が移転していない以上、所有者に対して譲渡担保権を主張することはできないと判示した。

[第8章]

「動機」の評価・その1
―― 動機（法律行為の基礎事情）の錯誤と担保責任（契約不適合）

> **本章のテーマ**
>
> 「たかが『動機』、されど『動機』」である。契約の効力および内容を確定するに際しては、意思表示・法律行為に関する基本的理解が必須であるが、そこでしばしば「躓きの石」となるのが「動機」の評価であろう。ある事情につき、「○○は動機にすぎない。しかしながら…」という具合に頭から断定した上で検討に入るパターンがよく見受けられるが、○○がなぜ動機なのか？ 意思表示または契約内容と何が違うのか？ 区別する意義および基準は何か？ いかなる場合になぜ、どのようにして動機が顧慮されるのか？ これらについて十分な理解を欠いたまま何となく割り切ってしまうと、的を射た解答には辿り着けない。動機の評価がキーポイントとなる問題は民法の随所にあり、動機の扱い方をクリアすることによって重要論点に関する問題理解がより鮮明になることが少なくない。それがプラスアルファをもたらす。いくつかのテーマを挙げながら解明していこう。本章ではこのうち錯誤と担保責任（契約不適合）を取り上げる。キーワードは、動機と契約または意思表示の内容、契約の前提・契約目的との関係である。2017年改正も含めて検討する。

1 動機の錯誤

　動機に関する問題といえば、まず念頭に浮かぶのが動機の錯誤であろう。そこで、まずはこのテーマから取り上げるが、本章では錯誤論の対立・優劣

には深く立ち入らず、判例・通説がいう「動機表示」の意味に絞って考察を行う。

2017年改正において動機の錯誤は、「法律行為の基礎事情に関する錯誤」（95条1項2号）に置き換えられるが、考えるべき点は基本的に同じであるため、あわせて検討する。

[1] 前提の確認——動機と効果意思の区別

> **事例で考えよう Part. 1**
>
> 美術品の販売等を業とするAが、甲絵画をBに売却する旨の本件売買契約が締結されたが、Bに次のような錯誤があった場合、錯誤を理由として本件売買契約を取り消すことができるか（2017年改正により錯誤の効果は「取消し」に改められた〈95条1項〉）。
> (1) Bは甲絵画をCに転売するつもりで買い受けていたが、実は甲はCの趣向に合わないものであった。
> (2) Bは実は乙絵画を入手したかったのだが、誤って甲を購入してしまった。

事例Part. 1の(1)は狭義の動機の錯誤、(2)は目的物の同一性あるいは内容の錯誤に分類されよう。両者は何が違うのか。意思表示における動機の意義および効果意思との区別基準を確認しよう。まず動機の意義につき、単に内心の意図あるいは意思表示の形成段階というだけでは、効果意思との区別が明らかにならない。私的自治の原則といってもあらゆる意思が保護されるべき法的評価の対象となるわけではなく、法律効果すなわち契約上の権利義務内容に対応するのが効果意思であり、契約内容に反映されない表意者の個人的・一方的事情が動機である。売買契約締結に関する意思表示を例にとれば、①「何をいくらで買う・売るか（目的物・対価）」を内容とする意思が効果意思であり、②「何のために買う・売るか（用途）」が動機である。もっとも、②が契約内容に取り込まれる場合も多く、いかなる事情が意思表示の内容になるかについては原則として表意者の自由であるから、実際には両者の区別はケース・バイ・ケースである。したがって、ある事情につきはじめから動機と決めつけずに、当事者の意思および契約解釈を通して具体的に判断する

作業が求められる。

　両者を区別する意義は、契約の効力への影響の有無として具現化する。契約外の諸事情に関する一方当事者の認識は契約の効力を左右しないという理は、相手方の取引安全の見地からも自然に導かれよう。上記(1)において、Bの転売目的やCの趣向などがとくに本件売買契約において特別な意味をもつものとして示されていない限り、このような動機の錯誤のリスクは表意者Bが負担すべきであって、これを相手方に転嫁することを認めるべきではなかろう。動機の錯誤と意思表示の錯誤を区別する「二元論」はこうした理解を基礎としている。

　なお、2017年改正においても、「表意者が法律行為の基礎とした事情の表示」の意義と法律行為の内容との関係につき、錯誤取消しの要件に関連して同様の前提理解が求められる。

[2] 目的物の性状と動機
——性状錯誤は保護されないのか？

　表意者を保護すべき錯誤から上記(1)のような狭義の動機の錯誤が排除されるとして、問題となるのが、意思表示の錯誤との区別が紙一重または流動的な場合である。

> **事例で考えよう Part. 2**
>
> 　Part. 1の事例において、AがBに対して、「甲は高名な画家Rの作であり、ロンドンの定評あるオークションにおいて展示された作品であって、鑑定書付きである」と説明して購入を強く勧めたため、これをうけてBはRの真筆であると信じて、代金額1000万円で本件売買契約を締結するに至ったところ、後に甲は精巧な贋作であった旨が判明したという場合、BはAに対してどのような主張をすることができるか。

　しばしば紛争となるのが性状の錯誤（どのような物を売る・買うかに関する錯誤）である。伝統的に特定物の性状＝動機と解されてきた。それは、特定物売買の特色に関する次の二つの理由による。第一に、特定物売買に関する契約解釈として、事例 Part. 2 において売買目的物となるのは個別化された「この甲」であって、当事者の効果意思はこれに集約され、甲の由来や性状・価

値は効果意思の内容に含まれない。第二に、特定物の性質に照らせば、売主の債務内容は甲それ自体の現状において引き渡すことに尽きるのであって（旧483条）、それと異なる性状について合意したとしても、それに適合する物を「甲の引渡し」として給付すること（贋作である甲を真筆として給付すること）は原始的不能である以上、かかる性状は債務内容になり得ない。このような特定物ドグマおよび原始的不能論は、2017年改正前における瑕疵担保責任（旧570条）に関する法定責任説の前提となっているが、性状錯誤＝動機の錯誤という定式はこうした理解に立脚している。

これに対しては、ⅰ．特定物売買がつねに「甲の価値や来歴は問わない」という趣旨で行われるとは限らず、むしろその性状を含めて甲の個性に着目するのが通常ではないか、ⅱ．給付義務の内容は性状を含む当事者の合意によって定まるのであって、これに適合しない物の給付につき売主は責任を負うと考えるのが合理的ではないか、と解する傾向がその後台頭・定着した。このような理解によれば、給付すべき対象は「現状における甲」とは限らず、「約定された性状を備えた甲」となる。これをうけて2017年改正では、①原始的・後発的を問わず履行不能は債務の有効な成立・存続を妨げず、履行請求権が排除されるにすぎない（412条の2）、②売主は、特定物・種類物を問わず、契約に適合する種類、品質または数量において目的物を給付する義務を負う（483条、562条以下）という構成が採用された。

そうすると、錯誤取消しの可否についても、性状の錯誤＝動機の錯誤＝95条による保護なしと割り切ることはできず、実際にも、「目的物がどのような物か」に関する性状の錯誤と、「目的物は何か」に関する内容の錯誤とはしばしば区別が困難であって、表意者保護の要否につき決定的な差異があるとは言い難い。動機の錯誤と意思表示の錯誤の区別が、95条により保護すべき錯誤か否かに関する判断基準として必ずしも効果的とはいえない旨を指摘する「一元論」[1]は、性状錯誤などに関するこのような問題意識において提示されたものといえる。

---

1) 川島・総則283頁以下、星野Ⅰ200頁、幾代・総則268頁、内田Ⅰ70頁、四宮＝能見244頁、石田・総則339頁、平野・総則221頁、など。

[3] 動機表示構成の意義
——契約の「内容」と「前提」

「二元論」も上記の点を顧慮していなかったわけではない。判例は古くから、『動機が表示されて法律行為の内容になった』場合を95条の適用対象に含めることによって対応してきた[2]。そこで「躓きの石」となりやすいのが「動機表示」と「法律行為の内容化」の意味である。2017年改正における法律行為の基礎事情に関する錯誤についても、「その事情が法律行為の基礎とされていること」の表示が求められるため（95条2項）、同様に問題となる。

一口に表示といっても、何らかの方法で相手方に告げれば足りると解するのと、契約内容化されたことを求めるのとでは大きな差がある[3]。相手方の知・不知を重視すれば前者で足りるようにも思えるが、ある事情を相手方に告げたとしても、それが契約の効力を左右する程に決定的な要素である旨の認識が共有されるとは限らない。**事例Part. 1(1)**において、たとえBがCへの転売意図を告げたとしても、Aにおいて、「Cは本件売買契約とは無関係であり、転売が奏功するかどうかは契約外の事情にすぎない」と認識していたにすぎないことも大いにありうる。また、美術品取引においては目的物の評価に関するリスクにつき自己責任すなわち、その真贋や価値の高低が効力に影響しない旨を前提として契約が締結されることが少なくないため、一方当事者の評価が相手方に知らされたとしても、ただちにその誤りに関するリスクを相手方が引き受けたことにはならない。

それでは、当該事情が契約内容に高められたことを要するか。ここにいう契約内容化の意味につき、厳密に契約の条件または履行すべき債務内容（品質保証など）に含まれることを指すとすれば、それはもはや動機ではなく、目的物がこれと異なる場合はつねに条件不成就あるいは債務不履行の問題となる[4]。法律行為の内容とされた目的物の性状に関する買主の認識と事実の不合致を内容の錯誤に含めるとすれば、このような場合にも錯誤制度の適用があり得るものの、錯誤を理由とする表意者保護はもはや独自の意義を失って実益に乏しいものとなりかねない。

2）最判昭和29・11・26民集8巻11号2087頁、最判昭和34・5・14民集13巻5号584頁、など。
3）佐久間・総則158頁、など。
4）河上・総則358頁、佐久間・総則155頁、など。

このように考えていくと、動機表示の意味は、条件または履行すべき債務内容化にまで至らずとも、ある事情に関する当事者双方の共通理解が契約の「前提」として取り込まれたことを指すものといえよう[5]。この理解は、2017年改正における「法律行為の基礎とされていること」の表示の意味についても妥当しよう。**事例 Part. 2** では、甲がRの真筆であることをAが契約上保証していたと認められれば、Bはその違反を理由として保証の趣旨に応じた責任[6]を問うこともできようが、設例からただちにそのような保証までは認定できないであろう。そうであるとしても、ⅰ. 美術品販売業者であるAによる甲の来歴説明はRが真筆である旨を示唆するものであること、ⅱ. BはそのようなAの説明に基づいて契約締結の意思表示を行ったと評価しうること、ⅲ. 甲の対価決定は真筆を前提とするものであると解されること、にかんがみれば、動機が契約上表示されかつ、ⅳ. 真贋が価格に決定的な差異をもたらすことに照らせば、それは本件売買契約の重要な前提であり、錯誤取消しを認めてよいであろう[7]。なお、動機表示の有無と錯誤の要素性（2017年改正においては、法律行為の基礎事情の表示の有無と錯誤の重要性の有無）は形式的には異なる要件であるが、実質的にみれば、動機・法律行為の基礎事情がいかなる意味においてどのように表示されたかに関する評価には、その重要性に関する判断も少なからず含まれるといえよう。

本稿にいう「内容」（狭義の内容）と「前提」の違いは、「内容」は条件ま

5）森田宏樹「民法95条（動機の錯誤を中心として）」広中俊雄＝星野英一編『民法典の百年Ⅱ』（有斐閣、1998年）190頁以下、四宮＝能見219頁、中舎・総則219頁参照、鹿野菜穂子「錯誤」法セ679号（2011年）7頁以下、北居功「契約の前提」法セ691号（2012年）109頁以下。なお、前提的合意につき、加藤Ⅰ262頁以下も参照。

6）担保責任はその法的性質を問わず、当事者間の合意による品質保証または損害担保約束を妨げない（三宅(上)345頁、広中・各論76頁、柚木馨＝高木多喜男編『新版注釈民法(14)』〔有斐閣、1993年〕227頁〔松岡久和〕、潮見・契約169頁）。その効果は保証の趣旨・内容に応じて決せられよう（好美清光「判批」金商650号51頁、三宅(上)364頁、円谷峻「瑕疵担保責任」星野英一編『民法講座5』〔有斐閣、1985年〕272頁、大村・契約71頁、など）。**事例 Part. 2** においてAの保証がされたとしても、それは甲とは別の真筆作品の調達・給付を指すものではなく、真筆でなかった場合には代金の返還と返品に応じるという趣旨の合意にとどまることもあろうし、転売利益などの損害賠償を引き受ける旨の損害担保約束である場合もありえよう。

7）最判昭和45・3・26民集24巻3号151頁、東京高判平成10・9・28判タ1024号234頁、東京地判平成14・3・8判時1800号64頁を、このような視点から分析されたい。

たは、その履行ないし実現が契約上約されたことを意味するのに対し、「前提」はその欠落が契約の失効を正当化する事情となる旨の当事者の共通理解を指す[8]。事例 Part. 2 においてAによる真筆保証が認められる場合であれば、かかる保証の趣旨にしたがい、BはAに対して履行に代わる真筆相当額の価格賠償あるいは転売利益の賠償等を請求することも可能であろうが、そこまでは認定できないとしても、目的物の性質・代金額、当事者の地位および契約締結の経緯などから、甲が真筆である旨が契約の有効な成立を基礎づける事情として示された場合（真筆でなかった場合は契約の効力が否定されてもやむを得ない旨の認識を共有していること）は、契約の「前提」として取り込まれたと評価できよう。すなわち、①契約の「内容」→履行請求・契約責任による契約の実現・履行利益あるいは拡大損害の賠償、②契約の「前提」→取消し・解除による原状回復となる[9]。

[4] 相手方の態様評価

ここまでの検討につき、さらにAの態様の観点から補足しておこう。錯誤を理由として契約の効力を否定することは、本来であれば表意者が負うべき誤解・誤表のリスクを相手方に転嫁することを意味するため、これを正当化すべく、表意者の要保護性と相手方の態様とのバランスを顧慮することには

---

8) 滝沢・総則 124 頁、佐久間・総則 156-157 頁、四宮＝能見 245 頁、潮見佳男「動機錯誤（行為基礎事情の錯誤）と表示」法教 453 号（2018 年）70 頁以下も参照。

9) 佐久間・総則 163 頁も参照。また、「望まれない契約」の調整 or「望まれた契約」の実現という視点も提示されている（北居功「契約改訂の基準時」法セ 694 号〔2012 年〕86 頁）。最近の判例には、主債務者の被保証資格の有無に関する保証人（信用保証協会）の錯誤が問題となった事案につき、主債務者が被保証資格を有しないことが事後に判明した場合に保証人が免責される旨が、保証契約において予め約定されていなければ、そのような場合における保証人の免責を当事者双方が前提としていたとはいえないとして、要素の錯誤（重要な錯誤）を否定したものがある（最判平成 28・1・12 民集 70 巻 1 号 1 頁）。この判決においては、法律行為の内容化につき本章にいう契約内容と契約前提の区別がされていないようである。しかしながら、事業者間における保証契約の特殊性に留意すべきであるとともに、同判決については、このような契約類型において、契約の効力に関わる事情の発生が当事者双方にとって予見可能であり、合意による手当てに対する合理的期待が認められるときは、契約締結または履行過程における協議・合意による責任分担が目指されるべきであって、錯誤を理由とする一方的かつラディカルな免責になじまない旨を示唆した点に特色を見出すべきであろう。なお、大村・総則 73 頁も参照。

合理的理由がある[10]。そのため、Aの誤った説明・勧誘がBの錯誤を惹起したとすれば、それが故意によるものでないとしても、このような錯誤への相手方の与因は錯誤の重要性に関する考慮要因になりえよう。自己がその原因に寄与した錯誤を否定して契約の有効性を主張することの当否が問われてよいからである。もっとも、Aの説明を重視してBが契約を締結した場合は、その説明内容が法律行為の基礎事情として表示され、重要な錯誤となった旨の認定が導かれやすいであろう。

また、事業者であるAの説明を信頼したのであれば原則としてBに重過失は認められず、仮に認められるとしても、Aがこれを主張することは信義に反するといえよう。2017年改正により、Aも同一の錯誤に陥って共通錯誤が認められる場合、Bに重過失があっても取消しの主張は妨げられないこととなった（95条3項）。事例Part. 2において、AもRの真筆と信じて甲を1000万円で売却したのなら、それが贋作である場合にまでかかる対価を保持することを意図していなかったと認められるからである。

2　売主担保責任（契約不適合）における「契約目的」

[1] 問題の所在

錯誤に続いて売主担保責任（契約不適合）を取り上げる。2017年改正前は両者が競合する場合における優劣が論点とされていたが、そもそも契約目的の不達成を理由とする解除の可否につき、錯誤と同じ判断基準が妥当するのか？　とりわけ動機の錯誤との異同はどうか？

> **事例で考えよう Part. 3**
>
> 丙土地を所有するDがEに対してこれを売却する旨の本件売買契約が締結されたが、その後丙につき以下のような事実が判明した場合における以下の設問(1)～(3)について、それぞれ検討しなさい。
> (1)　丙の面積は100㎡と表示されており、Eは居住用家屋を建築する目的でこれを購入したが、実際には90㎡であったため、希望する建物を建築す

---

10) 河上・総則359頁、佐久間・総則157頁、中舎・総則211頁、など。なお、山野目・総則205頁も参照。

ることができないことが分かった。Eは本件売買契約を解除することができるか。

(2) 丙は宅地であり、本件売買契約においては丙の面積につき100㎡と表示され、代金額については、1㎡あたり30万円として合計額を3000万円と定められ、Eは居住用家屋を建築するために丙を購入したが、実際には90㎡であったため、Eが希望する建物を建築することができないことが分かった。Eは本件売買契約を解除することができるか。

(3) (2)において、Eが丙を転売する目的を有していた場合、Dに対して履行利益の賠償を求めることができるか。

[2] 解除の要件としての「契約目的」不達成

(1)において、本件売買契約は数量指示売買（旧565条）にあたるか？　数量指示売買とは、目的物が一定の数量を有する旨が契約上表示され、かつ、この数量を基礎として代金額が定められた売買をいう[11]。たとえ丙の面積表示がされたとしても、それが丙を特定するための情報・方法の一つにすぎない場合はこれに該当せず、面積不足は責任の対象とならない。なお、Eにおける丙の利用目的が動機にとどまっていれば、錯誤の主張も認められない。

これに対して、(2)における本件売買契約は数量指示売買の典型例である。そこでEは、面積不足を理由として契約を解除（旧563条2項）することができるか？　数量指示売買に関する上記の定義はもっぱら代金減額請求（同条1項）に整合的であり、そうした対価的調整を超えて解除まで認めるには、数量確保が契約目的の達成にとっていかなる意味をもつかがさらに問われる。問題は、客観的にみれば僅少な面積不足であるが、買主の特別な利用目的の達成にとって十分であり、売主がそのような買主の用途を知らなかった場合である。このような場合、解除の可否は買主側の動機のみによって決せられるのか？　それとも、数量表示のみならず、その数量確保が買主の目的達成にとって必要である旨が契約内容または前提として取り込まれていることを要するのか？

錯誤の場合と異なり、売主は契約上約した給付をすることができず、買主にとって契約を維持する意味が失われた以上、解除もやむをえないといえそ

---

11) 最判昭和43・8・20民集22巻8号1692頁、など。

うであるが、取引通念上は解除に値しない程度の僅少な不足であるにもかかわらず、売主が知り得ない買主側の事情によって契約の効力がくつがえるというのは行き過ぎではないか。買主保護と売主の地位の不安定回避とのバランスが重要であろう。判例・通説は、買主の購入目的は動機で足り、かつ、売主に対する表示も不要であるが、単なる買主の主観的事情のみによるべきではなく、通常の買主を基準として、不足の程度や契約の性質等に応じて客観的に判断されるべきである、と解している[12]。

したがって、Eは希望する建物を建築できないというだけでただちに解除できるわけではなく、宅地売買の性質に照らして面積不足が取引通念上明らかに契約目的達成の妨げとなるとまでいえれば解除できようが、10％程度の不足がつねにこのような認定を導くとは限らないであろう。そこでさらに考慮するに、丙の総面積がEの契約目的に適合する旨につきDが数量保証を行ったかまたは、少なくとも、DがEの用途およびその目的達成にとって必要な面積を知りながら数量表示を行ったことが必要であろう。このように、契約目的達成の可否については、取引通念に照らして客観的に判断される場合に加えて、目的物が一定の数量を有する旨がどのような意味において契約内容または前提として取り込まれたかに応じて、個別具体的に判断される場合があろう。

[3] 損害賠償の要件としての「契約内容」

事例 Part. 3 の(3)は、数量不足による損害賠償請求の要件および賠償すべき損害の範囲に関する問題である（旧 563 条 3 項）。判例によれば、数量の表示が代金額決定の基礎とされただけでなく、それが契約目的を達成する上で特段の意味を有する場合でなければ、履行利益の賠償は認められない[13]。この『特段の意味』については、数量指示売買が、買主の特別な契約目的に適合する旨を約する数量保証または、面積不足によって生じた損害の賠償を予め引き受ける旨の損害担保約束を含む場合を指す、と解されている[14]。

そこで、数量表示の契約上の意味を類型化して整理すると、①代金額算定

---

12) 一部他人物売買につき、大判昭和 6・10・31 新聞 3339 号 10 頁、前掲注 6)『新版注釈民法(14)』212 頁〔高橋眞〕、数量不足につき、山本・契約 303 頁。
13) 最判昭和 57・1・21 民集 36 巻 1 号 71 頁（以下、「昭和 57 年判決」という）。

の基礎としての数量表示（数量指示売買）、②目的物全体として一定の数量が確保されている旨の約定（広義の数量保証）、③買主の契約目的達成にとって必要不可欠な数量が確保されている旨の数量保証（契約目的の適合性に関する保証）、④数量不足によって買主が被った損害の賠償を予め約する旨の損害担保約束に分類できよう。そして、①のみでは代金減額請求、②の趣旨を含むものであれば不足分の履行に代わる価格賠償、③が認定できれば解除さらには、売主が買主の利用目的・転売目的などを知りながらその実現に必要な数量保証を行っていたことにかんがみれば、拡大損害あるいは履行利益の賠償、④が存する場合は、特約の履行責任として合意内容に即した損害賠償が導かれようが、これらについては個々の契約解釈によって確定されることになろう。

[4] 2017年改正における数量不足

　2017年改正は、改正前における担保責任の諸類型につき、目的物の契約不適合を理由とする責任として統合し、これらを債務不履行責任として一般化・一元化した。売主は、特定物・種類物および原始的・後発的瑕疵の区別を問うことなく、契約内容に適合する種類・品質・数量において目的物を給付する義務を負う（562条以下）。そのため、「数量指示売買における数量不足」は「数量に関する契約不適合」に置き換えられ、数量指示売買であることは条文上要件ではなくなる。したがって、目的物が一定の数量を有する旨がいかなる意味においてどのように契約内容として取り込まれたかに関する解釈に応じて、目的物の性質や不適合の程度・態様にかんがみ、追完請求の可否および、代金減額・解除の選択あるいは損害賠償請求の可否が判断されることとなる。そのため、履行利益の賠償に関する昭和57年判決さらには、数量表示の意味についての改正前の議論がなお意義を有する[15]。

---

14) 浅生重機「判解」最判解民事篇昭和57年度76頁、好美・前掲注6）51頁、下森定「判批」ジュリ増刊昭和57年度重判解81頁、三宅(上)301頁以下、広中・各論62頁、半田吉信『担保責任の再構成』（三嶺書房、1986年）59頁以下、潮見・契約138頁以下、前掲注6）『新版注釈民法(14)』236頁〔松岡久和〕、平野・契約316-317頁、野澤Ⅰ163頁、など。
15) 潮見・契約139頁、森田宏樹「判批」民法百選Ⅰ〔第7版〕105頁。

3 おわりに

　動機の評価につき本章においては、錯誤における動機（法律行為の基礎事情）表示と錯誤の要素性（法律行為の目的・取引上の社会通念に照らした重要性）の意味を整理するとともに、その応用編として、数量指示売買をテーマとして取り上げ、解除における数量表示と契約目的達成の可否との関係、履行利益賠償と数量・品質保証などの特別な約定との関係について掘り下げて分析した。いずれにおいても、いかなる要素がどのような意味内容において契約に取り込まれたのかに関する解釈が重要であり、それに応じて、かかる要素の欠落がどのような効果（ex. 取消しまたは解除の可否、履行利益賠償の可否）をもたらすかが確定されるべきことになる。応用的思考につなげていこう。

　本章のテーマに関連して、担保責任に関する2017年改正の動向がさらに問題となるが、第15章および第16章においてさらに展開する。

[第9章]

「動機」の評価・その2
―― 代理権の濫用・動機の不法

> **本章のテーマ**
>
> 　前章では、動機と契約内容（履行すべき債務内容）の区別を踏まえた上で、いかなる事情が契約の前提（契約の有効な存続にとって必要不可欠な事情である旨の当事者双方の共通理解）として取り込まれたか否かという観点から、「動機の表示」および「法律行為の要素」（「法律行為の基礎事情の表示」および「重要な錯誤」）さらには担保責任（契約不適合）における「契約目的」の意義について検討した。
>
> 　本章においても、動機の法的評価がポイントとなる重要問題を取り上げる。第一に、代理権の濫用は、代理による法律行為に関する応用問題として大きな学習意義を有するが、この問題を代理行為の動機という視点から観察すると、理解がより鮮明になる。第二に、関連問題として名義貸与による貸金契約について分析する。この問題においては、金銭消費貸借契約における当事者の認定と動機の関係に関する理解が解決の鍵を握る。第三に、動機の不法を扱う。ここでは、これまでのような当事者の意思・目的の解釈だけでなく、不法な動機の実現抑止と取引安全との調和に関するさらなる考察が求められる。
>
> 　このような検討課題の豊富さは、動機に対する法的評価の把握が学習上大きなプラスアルファをもたらすことを物語っている。前章に続いてさらに展開してみよう。

1　代理人の権限濫用

> **事例で考えよう Part.1**
>
> 　Ａ製菓会社の営業部主任であり、原料の仕入れを任されているＢは、Ａの名でＣから製菓原料を仕入れる旨の本件売買契約を締結したが、仕入れた原料を横流しする意図を有していた。ＣはＢに原料に引き渡したが、Ｂはこれを他に転売してその代金を着服してしまった。ＣがＡに対して本件売買契約に基づいて売買代金の支払いを請求した場合、Ａはこれを拒むことができるか。

[1]　前提の確認

　代理人が自己または第三者の利益を図る目的で代理権の範囲内の行為することをもって、代理権の濫用という。事例 Part.1 におけるＢの行為がこれにあたる。本人の利益に反する行為であるため、その効力を否定すべきようにもみえるが、本人－代理人間において事後的に処理すべき内部事情にすぎないともいえるため、取引安全に配慮しつつ、代理人の濫用目的について悪意有過失の相手方を保護すべき対象から除外する、という解決が望まれる。2017年改正前の民法はこれについて直接規定していなかったため、そのための法律構成が問題となっていたが、2017年改正により明文規定（107条）が新設されたため、学習意義が失われるようにもみえるが、代理権の濫用は、法律行為・意思表示に関する基本的理解と代理取引安全についての思考力が問われる応用問題であるため、立法的解決によって思考を停めることなく、問題理解と考察を深めることがさらなるプラスアルファをもたらす。

　基本的理解の確認として第一に、代理権の濫用は代理権の範囲内に属する行為であることを前提とするが、無権代理行為とはどこが違うのか？　107条も無権代理行為と「みなす」と規定しており、本来の意味における無権代理にあてはまらないことを示している。

　まず、代理人には少なくとも本人に対する関係においてこのような濫用行為を行う権限はない。けれども、代理権は相手方との間で一定の代理行為を行う権限を指すため、その有無・内容については、代理人が対外的に誰とどのような内容の契約を締結する権限を与えられたのか、という観点から決定

される。そのため、**事例Part. 1**において、BがCとの間で本件売買契約を締結する権限をAから与えられている以上、その代理行為は有権代理であり、BがA所有の不動産をCに対して処分した場合などとは異なる。その意味において代理権の「濫用」と「越権」とは区別される[1]。

　第二に、代理行為が有権代理であれば本人に効果が帰属するため、本人は相手方の履行請求に応じなければならず、代理人の背信行為によってその利益が害されたとしても、それは本人－代理人間の内部事情にすぎないから、本人の代理人に対する事後的な責任追及によって処理するのが筋である。しかしながら、相手方が代理人の濫用目的について悪意であった場合にまでそのように解すべき理由はない。それでは、これを導くための法律構成をめぐる議論から何を学ぶべきか？

[2] 93条ただし書類推適用構成から改正法へ
(a)　判例の見解

　代理権の濫用につき2017年改正前は判例・学説の間に対立がみられたが、ここでは、判例が採用した法律構成の意義について分析した上で、改正法に連結させることとしよう。

　判例は、自己または第三者の利益を図る旨の代理人の目的につき、相手方が知りまたは知ることができた場合は、93条1項（旧93条）ただし書類推適用により、本人は代理行為の無効を主張して責任を免れることができる、という構成を示した（最判昭和38・9・5民集17巻8号909頁、最判昭和42・4・20民集21巻3号697頁）。その趣旨は、原則はあくまで有権代理であるが、代理人の濫用目的について悪意有過失の相手方を本人の犠牲において保護すべき理由はないという価値判断が、表意者の真意につき悪意有過失の相手方保護を否定する93条1項ただし書の趣旨に合致する、という理解に求められている[2]。

(b)　「類推適用」の意味──「動機」における真意と表示の不合致

　99条1項にいう「本人のためにする」とは、代理行為の法律効果が本人

1）　なお、107条は、代理権の濫用を無権代理行為と「みなす」旨を定めるが、これは、厳密には本来の意味における無権代理行為にはあたらないが、無権代理に準じて処理する旨を明示しているものと解される。

2）　大村・総則176頁、佐久間・総則293頁。

に帰属することをいい、代理人が契約上の権利義務の帰属主体を本人とするとする効果意思に基づいて、本人の名において意思表示したのであれば、効果意思と表示は合致している。事例 Part. 1 においてBは、本件売買契約の当事者をAとする意思に基づいて、Aを買主とする旨の契約を締結したのであるから、その代理行為において心裡留保はない。

　それでは、自己または第三者の利益を図る目的と、相手方に対して本人の利益のためにする旨の表示との間の不合致は何を意味しているのか。ここにいう目的とは代理行為の動機を指している。すなわち、「誰の利益のために契約するか」「契約の履行により誰がいかなる利益を享受するか」は、代理行為の内容に表れない動機にすぎない[3]。したがって、自己または第三者に「経済的効果」を帰属させる真意において、本人に「経済的効果」を帰属させる旨の表示をすることが代理権の濫用であるとすれば、それは「動機レベルにおける真意と表示の不合致」である。そのような動機は原則として代理行為の効力に影響しないが、相手方がこれを知りまたは知り得る立場にあったときはこの限りではない、というのがこの法律構成の眼目とするところであった。

(c)　2017年改正の意義

　107条は、代理権の濫用を原則として有権代理としつつ、代理人の濫用目的につき相手方が悪意有過失であった場合は無権代理とみなす旨について明文化した。上記のような判例の考え方を実質的に維持しつつ、これを代理のしくみに適合する形で制度化した点に意義がある。

　なお、相手方の無過失の要否につき、2017年改正前においては見解が分かれていたが[4]、107条は相手方に過失ある場合も無権代理として扱っている。しかしながら、代理人と取引するに際して、相手方は一般に代理権の有無・範囲については調査確認義務を負うとしても、本人と代理人の関係・取引に至った経緯・代理人の事情等に照らして濫用のおそれがある旨につきとくに知っていたなど、疑念を抱くべき特段の事情がない限り、代理人の濫用目的の有無についてまで確認すべきであるとはいえないであろう。また、代理人

---

3) 加藤Ⅰ304頁、潮見・総則358頁、中舎・総則320頁、北居功「契約の前提」法セ691号（2012年）109頁。

4) 幾代・総則311頁、内田Ⅰ144頁、山本・総則440頁。なお、佐久間・総則295-296頁も参照。

の濫用目的の有無などは、代理権の有無・範囲と異なり、本人確認によって容易に知り得るものでもないため、通常は無過失と評価されよう。そうすると、同条における無過失要件は相手方に過度な負担を課すものではなく、濫用目的に関する悪意の立証には至らないが、諸事情に照らして濫用のおそれが大きいことを相手方が知りながら取引に及んでいたことが認められ、保護に値しないと評価されるような場合（重過失に近い）に意義をもつことになろうか。第2章の応用問題として検討されたい。

さらに、相手方が代理人の意図について契約締結後に知りまたは知り得るに至った場合もありえよう。この場合は有権代理と解さざるをえないが、履行過程において代理人の濫用目的を知った相手方があえて目的物を代理人に引き渡してしまい、その上で本人に対して履行を請求することは、信義則に反して許されないと構成すべきであろう。

2 名義貸与による金銭消費貸借と動機

> **事例で考えようPart. 2**
>
> Dは、E信用金庫から住宅ローンの名目で1000万円の融資を受け、これを自己の借入金の返済に充てることを企て、Fに対して住宅ローンの借受人として名義を貸してほしいと依頼し、その承諾を得た。Eの融資担当者Gはこのような事情を了承しつつ、Fとの間で金銭消費貸借書を作成し、これにFが署名押印したが（以下、「本件金銭消費貸借」という）、本件金銭消費貸借上の本件貸金債務にかかる貸付金1000万円については、FがEに開設した預金口座に入金された後すぐにDが引き出して、自己の借入金の返済に充てた。本件貸金債務の返済については、Fの上記口座から毎月引き落とされていたが、実際にはDが返済金を負担していた。ところが、Dが事業不振に陥ったことにより返済が滞ったため、EはFに対して本件貸金債務の残債務700万円の支払を求めた。Fはこれを拒むことができるか。

[1] 契約の成否と当事者の認定

事例Part. 2は、最判平成7・7・7金法1436号31頁の事案をもとに作

成したものである。本判決は、「93条1項（旧93条）ただし書の適用または類推適用」を認めた原審の判断を維持したが、かかる法律構成の意義について順を追って考えてみよう。

Fとしては、「Dに対する融資のための方便として名義を貸したにすぎず、本件金銭消費貸借の借主ではない」と主張して、支払を拒みたいところであろう。それではこのような主張をどのように法律構成すべきか。

第一に、Fを借主とする本件金銭消費貸借は成立しておらず、実質的な借主はDであるとして、DE間において契約が成立したと評価すべきなのか。これについては、名義貸しとはいえ、EF間において契約書が作成され、F自身が署名押印し、F名義の預金口座への入金という方法によってEからFに貸付金が交付された事実に照らせば、EF間で本件金銭消費貸借が成立したものと認定できよう。

第二に、形式的にはEF間における契約成立が認められるとしても、実質的にみれば、Fには住宅ローンを組む必要はなく、当初よりEから融資を受ける旨の真摯な意思を有していなかったのであるから、本件金銭消費貸借の締結のための効果意思を欠いていた、といってよいか。そうであるとすれば、実際には貸金債務を負担する意思がないにもかかわらず、自己が借主になる旨の契約締結の意思表示は心裡留保にあたり、Eの側がそのようなFの真意を知っていたのであれば、93条1項ただし書または94条1項により無効とすべき余地がある。もっとも、「形だけでよいから保証人になってほしい」と請われて、実際に経済的負担を負うことになるとは考えずに保証契約を締結したケースなどに代表されるように、債務負担の意思の有無に関する評価はしばしば微妙であるが、上記のような契約締結の経緯にかんがみれば、Fには経済的負担を負うつもりがなく、DF間において実質的かつ最終的にはDが責任を負うこととされていたとはいえ、Eとの関係においては契約上Fが借主となって債務を負担する旨の意思を認めてよいであろう。

[2] 動機の評価——最判平成7・7・7の意義

そうすると、本件金銭消費貸借はもっぱらDの利益のための貸付であり、実質的にはDが責任を負うという事情は、本件金銭消費貸借の経済的目的にすぎず、「動機」であると評価すべきことになる。「Dが責任を負う」ことの意味は、①DがFに代わって弁済する、あるいは、②Fの返済資金をDが調

達する旨がＤＦ間において約定されていることを指すにすぎない。したがって、法律上はあくまでＦが借主であるから、原則としてＥのＦに対する履行請求は妨げられない。

　しかしながら、Ｅがこのような動機すなわち、実質的な借主はＤであり、Ｆは名義上の借主にすぎない旨を知りながら貸付金を交付した場合においてまで、Ｆに対する履行請求を認めてこれを保護すべき理由はないであろう。逆にいえば、Ｆは上記事情に関するＥの悪意を主張して、貸付金の返還を拒むことが許されてよい。上記の最判平成７・７・７は、原審と同じく旧93条（93条1項）ただし書を用いてＥの請求を棄却したが、その趣旨は代理権の濫用における相手方の要保護性の評価と共通しよう。

[3] 交付された貸付金の清算をどうすべきか？

　ところで、最判平成７・７・７においては、本件金銭消費貸借に基づくＥのＦの貸付金返還請求の可否のみが争点とされたため判示されなかったが、この請求が否定された場合、Ｅが交付した貸付金の回収はどうなるのであろうか？　旧93条（93条1項）ただし書により本件金銭消費貸借が無効となるのであれば、ＥはＦに対して原状回復すなわち不当利得返還請求を行うことができよう。しかしながら、これを認めると、Ｆの貸金返還債務を否定した意味が失われかねない。そこで、①本件金銭消費貸借はＤの利益のために行われたこと、②Ｅが交付した貸付金はＦを経由してＤに帰属するに至ったこと、③返済資金はＤが調達しており、実質的な借主はＤであること、④Ｅはこのような事情を当初から知っていたこと、にかんがみて、ＤＥ間に不当利得の成立を認めることによって、実質的な貸主－借主であるＤＥ間において金銭消費貸借が成立した場合に準じる清算関係を認めることが、実態に即しているといえよう。

３　動機の不法

> **事例で考えよう Part. 3**
> (1)　Ｈが所有する乙土地をＩに売却する旨の本件売買契約が締結されたが、Ｉは、乙を危険ドラッグの製造工場の建設用地として利用するつもりで購

入していた。後にこれを知ったHは乙の引渡しおよび所有権移転登記手続を拒むことができるか。また、Ｉが上記のような用途であったことを理由として乙の引取りおよび代金の支払を拒絶することはできるか。

(2) Ｊが所有する丙建物をＫに売却する旨の本件売買契約が締結されたが、Ｋは、Ｌ女との不倫関係を維持するために同女に与える建物とするつもりで丙を購入していた。その後にＫＬ間の関係が破綻した場合、Ｋは本件売買契約の無効を主張して丙の引取りおよび代金の支払を拒むことはできるか。

[1] 問題の所在

「動機の〇〇」と称される論点として、最後に動機の不法を取り上げよう。危険薬物の売買あるいは不倫関係維持の対価として実質を有する贈与であれば、公序良俗違反の事項を目的とする契約として無効となり得るが（90条）、上記の土地・建物の売買それ自体は契約内容において適法であり、その用途については、かかる利用目的が契約上示されてそれに適合する土地・建物である旨が約された場合などでない限り、それは動機にすぎない。したがって、危険ドラッグ製造工場の建設用地あるいは不倫相手への贈与に供するためといったような買主の用途は、動機において不法な事項の実現を目的としているにとどまる。それでは、そのような不法な動機は契約の効力に影響を与えるのか？　影響するとすればどのような場合か？　あるいはつねに無効とすべきか？　これが動機の不法に関する問題点である。これまで取り上げてきた問題とは異なる観点からの考慮が求められる。

[2] どのような考え方があり得るか？

契約に表れない一方当事者の動機が不法であるというだけでただちに無効とされては、相手方の取引安全が害されるおそれがある。そこで、動機の錯誤におけると同じく、動機の不法に対する90条の適用についても、動機の表示または相手方の認識可能性を要求する見解がある[5]。そうすると、動機が表示されず、または相手方の認識可能性がなければ、動機の不法は契約の

5）大判昭和13・3・30民集17巻578頁、大判昭和14・11・6民集18巻1224頁、最判昭和47・4・25判時669号60頁、我妻Ⅰ285頁、川島・総則231頁、加藤Ⅰ239頁、など。

有効な成立を妨げない。

　しかしながら、たとえ動機であっても、契約を有効としてその履行を認めれば、不法な利用目的の実現に「間接的に」法が助力することになりかねない。事例 Part. 3 において本件売買契約が有効となれば、その履行が危険ドラッグの製造あるいは不倫関係の維持に寄与することとなる。そこで、直接（契約内容の不法）・間接（動機の不法）を問わず不法の実現を阻止することによって 90 条の趣旨を貫徹すべきであるとして、表示や認識の有無を問わない原則無効説が台頭するに至った[6]。たしかに、錯誤においては表意者保護と相手方の取引安全との調和が求められるが、反社会的な事項の実現防止の要請は相手方の信頼保護より優先すると考えるなら、異なる考慮が必要となろう。

　とはいうものの、かかる動機を全く知らない相手方の履行請求をつねに否定してよいのか？　反対に、たとえ相手方が善意無過失であっても履行を阻止して不法防止を貫徹すべき場合はないのか？　ちなみに上記の原則無効説は、例外的に善意無過失の相手方からの履行請求は妨げられないと解している。こうした考察をさらに進めると、一律に有効・無効を画定するのではなく、動機の違法性の程度と相手方の取引安全保護の必要性との相関関係に照らして、紛争の実態に応じて決すべきであるという見方に行き着く。そして、かかる相関判断説が現在の多数説となっている[7]。

　こうした傾向は、動機の不法においては、いかなる場合にどちらの当事者に有効・無効の主張を認めるのが妥当であるかにつき、事案に応じて判断すべきことを示唆している。無効か否かについては本来契約成立時を基準として評価されるが、実際には履行請求または履行拒絶の可否をめぐる紛争を通して問題が具現化するため、履行過程を含めてどう評価すべきかが問われよう。事例 Part. 3 にあてはめて具体的に検討してみよう。

[3] 事例に即して考えてみよう

　まず少なくとも、相手方の側から動機の不法を理由として無効主張することを妨げるべき理由はないであろう[8]。不法の実現を阻止すべきことはもち

---

6) 石田喜久夫・総則 108 頁〔石田喜久夫〕、須永・総則 178 頁、近江 I 175 頁、中舎・総則 269 頁、など。

7) 星野 I 192 頁、幾代・総則 219 頁、四宮＝能見 313 頁、石田・総則 299 頁、内田 I 288 頁、河上・総則 278 頁、佐久間・総則 195 頁、平野・総則 139 頁、滝沢・総則 111 頁、など。

ろん、契約を維持して不法な動機を有する表意者を保護する必要もないからである。したがって、(1)において、Hが本件売買契約の締結時においてIの動機について善意無過失であったとしても、その後これを知るに至った場合、動機の不法を根拠として90条違反の無効を主張し、乙の引渡し・移転登記手続を拒むことは認められるべきであろう。

問題は、善意無過失の相手方に対して、表意者の側から不法な動機を理由として無効を主張することの可否である。(1)において、HがIの動機につき善意無過失であった場合、履行期になってIが乙土地の用途を告げて代金の支払および乙の引取りを拒むことは許されるか。Hの取引安全を重視すれば、契約を有効とした上で、不法な動機の実現阻止については乙土地の利用規制によって図ればよいともいえる。けれども、危険薬物の流通という社会的犯罪防止の観点にかんがみれば、違法性の程度が大きいため、Hにとって代替取引機会の確保が著しく困難でないかぎり、Iの無効主張を認めた上で、これによりHが蒙った損失はIの契約締結上の過失責任によって塡補すべきであろう[9]。

これに対して(2)では、不倫関係の維持目的がつねに公序良俗違反を構成するとは限らず[10]、とくに上記の事例ではKL間の関係が破綻していることにかんがみれば、Jの取引安全を犠牲にしなければならない程の違法性ならびに実現防止の必要性が認められるとは思われず、売買の有効性に影響しない動機にすぎないと評価すべきであろう。

4 おわりに

動機に対する法的評価をクリアすることは、法律行為ないし契約法における数々の重要問題に対する基本的理解の深化と応用的思考力の涵養に資する。動機に関連する主なテーマを取り上げてきたが、この機会にまとめて理解を整理しておくことが、学習到達度のさらなるステップアップを促すものとなろう。

---

8) 内田 I 288頁、河上・総則278頁。
9) 石田・総則299頁、須永・総則179頁。
10) 河上・総則266頁。

[第10章]
取引的不法行為

本章のテーマ

　ある当事者の救済について複数の法的手段が考えられる場合が多く存する。その際に重要なのは、それらを思いつくままに列挙してそれぞれの成否を別々に論じることで満足するのではなく、その相互関係について的確に分析・思考することである。そこでは、①それぞれの法的手段がどのような意味をもつのか、②それらは選択的関係または付加的関係あるいは補充的関係のいずれに立つのか、③それぞれの要件判断および適用結果の間に評価矛盾はないか、などに関する周到な考察が求められる。

　以上のような問題意識に基づいて、本章では取引的不法行為を取り上げる。これについては、伝統的に表見代理と使用者責任の関係などが主たる検討対象とされていたが[1]、今日では、取引法と不法行為法が交錯する局面を横断的に扱う一般的な問題として認識され、取引関係における救済と不法行為責任の役割という観点から幅広く展開されるに至っている[2]。

---

1) 加藤一郎「表見代理と不法行為責任」加藤・民法24頁、森嶌昭夫「取引的不法行為と表見代理」加藤一郎＝米倉明編『民法の争点Ⅱ』(有斐閣、1985年) 172頁、星野英一「取引的不法行為 (715条、44条) における相手方の要保護性」法教127号 (1991年) 26頁、安永正昭「無権限取引における信頼保護と損害賠償」ジュリ1081号 (1995年) 86頁、中舎寛樹「取引的不法行為」磯村保ほか『民法トライアル教室』(有斐閣、1999年) 374頁、北居功「望まれた契約」法セ689号 (2012年) 84頁、など。

1　表見代理と使用者責任

> **事例で考えよう Part. 1**
>
> 　A社の経理事務を担当するBは、自己が保管するA社名の印章を用いてA振出名義の約束手形（金額300万円。以下、「本件手形」という）を偽造し、金融業者であるCが割引金として250万円をBに交付して本件手形を取得した。BはCから受領した割引金を遊興費に充てた。Cが満期に本件手形をAに呈示して手形金の支払を求めたところ、Aが本件手形の作成を否認して支払を拒絶したため、CはAに対して訴訟を提起しようと考えている。どのような主張をすべきか。そしてそれは認められるか。

[1]　前提の確認

　まずは取引的不法行為の典型例として論じられてきたテーマから取り上げよう。Bによる本件手形の偽造は無権代理行為であるから、Cは表見代理（110条）の成立を主張して手形金の支払を請求するとともに、予備的に使用者責任（715条）に基づく損害賠償を求めることが考えられよう。そこで、両者の要件・効果の比較および相互関係について検討する。

[2]　民法110条と715条の要件比較

(a)　本人側の要件

　110条における基本代理権[3]につき判例は「法律行為に関する代理権」に限定するため、Bの職務がもっぱら社内の事務処理にとどまっていた場合は表見代理が成立しない。なお、かかる要件につき対外的関係を予定した基本権限と解する多数説の立場に立ったとしても、同様の限界がある。これとは異なり、Bに対外的な支払や資金調達等に関する権限が授与されていれば基本代理権要件を充足する。

---

2) 最近の問題展開に関する概括的な整理として、潮見佳男「取引的不法行為」民法の争点281頁。この問題を「制度間競合」という観点から分析する本格的な研究として、奥田昌道編『取引関係における違法行為とその法的処理——制度間競合の視点から』（有斐閣、1996年）。
3) 110条の要件判断については、第2章参照。

他方715条では、ＡＢ間における使用関係すなわち指揮監督ないし支配従属関係の存在が求められる。**事例 Part. 1** ではとくに問題はないが、つねに本人－代理人関係＝使用者－被用者関係とはならないため注意を要する。また、同条における「事業の執行」の範囲につき、判例は外形標準説に立つ[4]。
(b)　相手方または被害者側の要件

　110条は正当理由を必要としており、Ｂに本件手形の振出権限を推認させる外観が存しないかまたは、Ｃにおいて疑念を抱くべき事情が認められるにもかかわらず、その有無を確認する措置を採らずに本件手形を取得した場合であれば、表見代理は成立しない。

　これに対して715条では、判例は「事業の執行」の範囲につき、外形標準説に立って被害者保護に努める一方、悪意重過失の場合を排除することにより調整を図っている[5]。**事例 Part. 1** において、手形偽造はＢの職務権限に含まれないが、経理担当者による手形の振出という行為は外形上Ａの事業の範囲内に属すると認められ、偽造の事実につきＣが悪意重過失でなければ、使用者責任が成立する。

[3]　相互関係――効果の比較および715条の「補充的機能」の意義

　110条と715条は本来別個の制度であるが、使用者責任が被用者の無権限取引による被害者の信頼保護の要素を帯びるに至り、取引的不法行為において表見代理と共通する機能を担うところとなった。そこで両者の関係を整理すると、表見代理が成立せず本人に対する履行請求が認められない場合に、使用者責任に基づく損害賠償請求が補充的役割を果たす。もっとも、715条により履行利益の賠償（**事例 Part. 1** では手形金相当額の賠償）まで認められるとすると、110条による保護が否定されることとの関係で評価矛盾が生じるが、どう考えるべきか。

　第一に、不法行為法の目的は、「不法行為が適法であったなら得られたはずの利益の実現」ではなく、「不法行為がなければ存したはずの財産状態の回復」にとどまるため、**事例 Part. 1** においては、無権限取引がなければＣが出捐を免れたはずの割引金相当額の賠償が認められるにとどまることとな

　4）大連判大正15・10・13民集5巻785頁、など。
　5）最判昭和42・11・2民集21巻9号2278頁、など。

ろう[6]。

　第二に、相手方に過失があっても715条は成立し得るが、過失相殺（722条2項）による調整が行われるため、上記の賠償額はさらに減額され得る。

　したがって、①取引の有効化すなわち本人に履行責任を負わせることによって相手方の信頼保護を図るべき場合（110条）と、②そこまでは認められないが、なお本人に一定程度の損害賠償責任を負わせて相手方を救済するのが衡平に適すと認められる場合（715条）に分けて、表見代理と使用者責任による救済を補充的・段階的関係と捉えることにより、使用者責任が表見代理と無権代理の中間的解決のための機能を営むことになる。

　近年ではこの方向をさらに進めて、上記のような使用者責任の補充的機能の実質を表見代理の拡大＋調整と捉え、表見代理の再構成を試みる見解が示されている[7]。相手方の軽微な過失を理由に表見代理の成立をただちに否定せず、この見解は、無権代理のリスクについて柔軟かつ衡平な分配に努めるべきであるという考え方を基礎としており、表見代理の成否をオール・オア・ナッシングに決するのではなく、本人の帰責性と相手方の信頼の正当性の程度に応じた効果帰属（一部表見代理）を認めるべき旨を説くものである[8]。

2　177条と709条の関係

> **事例で考えよう Part. 2**
>
> 　Dが所有する甲土地につきDからEに売却されたが（以下、「本件売買契約」という）、Eが所有権移転登記手続未了のままでいたところ、FがDから甲を買い受けて所有権移転登記手続を了した。この事実を前提として以下の(1)(2)につきそれぞれ検討しなさい。

6）安永正昭「無権限取引における信頼保護と損害賠償」ジュリ1081号（1995年）91頁。事例 Part. 1のモデルとなった最判昭和45・2・26民集24巻2号109頁も、手形取得のための出捐額の賠償を認容している。

7）橋本佳幸「取引的不法行為における過失相殺」ジュリ1094号（1996年）148頁以下、北居・前掲注1）86頁。

8）大変示唆的であるが、契約の効力・履行内容あるいは所有権の帰属について損害賠償の範囲と同じように裁判所が弾力的に分配することの当否が問われよう。

(1) 本件売買契約が成立した後に、Fがその事実を知りながら、Eより高値で購入する旨をDにもちかけて甲を買い受けていた場合、EはFに対してどのような請求ができるか。
(2) Eは売買代金を支払って甲の引渡しを受け、乙建物を建設して利用を開始するに至ったが、所有権移転登記は未了であった。Fが本件売買契約の存在を知らずかつ、甲につき現況確認をせずに甲を買い受け、Eに対して建物収去土地明渡しを求めた場合、Eはどのような反論ができるか。

[1] 前提の確認

上記の事例は、第5章における事例 Part.2 を基にしたものである。

(1)(2)においてEがなし得る請求として考えられるのは、Fが177条の第三者にあたらないことを根拠とする真正登記名義回復のための所有権移転登記手続請求および、709条に基づく損害賠償請求であろう。こうした二重譲渡事例においては、177条とともに債権侵害ないし契約侵害の観点から709条の成否も問題となる。この点につき、上述の110条と715条のように、709条が177条の補充的機能を果たすのか？　それとも要件において両条に差異はないのか？　効果に関してはどうか？　これらについて整理することが求められる。

[2] 177条と709条の関係

177条における第三者の主観的要件と債権侵害における不法行為の成立要件との異同につき、どのように考えるべきか。判例・学説は、両条それぞれにおける見解の対立に絡んでかなり入り組んでいるが、両条の関係については、a．共通・統一構成とb．補充的・段階的構成とに大別できよう。a．構成は、177条・709条いずれにおいても背信的悪意の有無を基準とする説[9]と、悪意有過失を基準とする見解[10]に分かれ、b．構成には、177条については背信的悪意の有無を基準とする一方、709条に関してはこれとは別に故意過失の有無に応じて適用の可否を決する説[11]がある。

---

9) 最判昭和30・5・31民集9巻6号774頁、加藤一郎『不法行為〔増補版〕』(有斐閣、1974年) 107頁、四宮和夫『不法行為』(青林書院、1988年) 312頁、加藤Ⅴ 195頁、野澤・総論 90頁、など。
10) 内田Ⅲ 185頁、平野・債権 181頁、など。

a．構成は、物権・債権の違いこそあれ、公示なき権利の要保護性および、他人の契約の実現を悪意で侵害することの許否をめぐる議論は、177条・709条双方に該当し、所有権取得の可否と損害賠償責任の有無に関する判断における整合性を保つべきである、という理解を基礎としている。登記を備えた第二譲受人の行為態様に関する評価につき、適法な所有権の取得は不法行為にあたらないというわけである。177条の第三者として保護しながら、不法行為責任を負わせて目的不動産の価格相当額に関する塡補賠償を義務づけると、所有権取得を認めることとの間に評価矛盾が生じるともいえる。

　これに対してｂ．構成は、両条における評価基準に関する上記のような共通点を認めつつも、所有権の帰属に関する優劣と損害賠償責任の有無とは次元を異にするため、要件・効果において区別されてよいと考える。すなわち、登記を具備した第二譲受人の非難の程度に応じて、①所有権の取得自体を否定すべき場合、②そこまでには至らないが、所有権取得を認めつつなお一定の損害賠償責任を負わせることによって、第一譲受人との利益調整を図るべき場合とに分けようというのである。未登記の第一譲受人の立場からみれば、②の場合に709条が補充的救済として機能する。所有権帰属の優劣決定がオール・オア・ナッシングであるのに対して、損害賠償において価格相当額の賠償を認めるとしても、第一譲受人の懈怠を考慮して過失相殺による調整がされるため、第一譲受人と第二譲受人の要保護性と非難可能性の程度に応じた折衷的な解決に資する上、両者間の評価矛盾を回避し得る。もっとも、177条につき悪意（有過失）者排除説を採る場合は、要件面において709条に接近ないし同化するため、ｂ．構成の維持が困難となり得る点に留意が必要である。

　なお、ａ．・ｂ．構成いずれにおいても、第二譲受人が177条の第三者にあたらない場合は不法行為責任をも免れず、第一譲受人は両条を選択的（所有権帰属の否定 or 価格相当額の賠償）あるいは付加的（所有権帰属の否定 and 訴訟費用・弁護士費用など権利確認ないし回復のために要した費用の賠償）に主張することができよう。

11）星野Ⅲ127頁、平井・総論121頁、澤井・テキスト155頁、北川・各論287頁、など。なお、中田・総論285頁も参照。

[3] 事例へのあてはめ

事例 Part. 2(1)は二重譲渡の典型事例であり、見解が分かれるところである。

第一に、上記のa．構成＋背信的悪意者排除説に立てば、Fは背信的悪意者にあたらないとともに違法性も認められず、甲の所有権取得が認められる上に不法行為責任も負わないため、EはDに対して契約責任を追及するほかない、ということになろう。

第二に、b．構成＋背信的悪意者排除説によると、Fには甲の所有権取得を否定するほどの背信的悪意は認められないが、悪意で本件売買契約を侵害していることから少なくとも不法行為責任は免れない、と構成すべきことになろう。そしてEの側には登記の懈怠につき過失があるため、損害賠償については過失相殺が行われよう。

第三に、悪意（有過失）者排除説に拠る場合は、a．・b．構成いずれにおいても、Fは悪意であるために177条の第三者にあたらず、かつ709条の責任も免れないため、Eは甲に関する真正登記名義の回復のための所有権移転登記手続請求または甲の価格相当額の賠償請求を選択的に行うかあるいは、右の請求に付加して権利確認・回復のための費用の賠償請求をすることができよう。

事例 Part. 2(2)では、本件売買契約の履行が完了し、Eが建物を建設して利用を開始する段階に至っている点および、Fは現況確認により本件売買契約の存在およびEへの所有権移転の事実を知り得た点をどう評価するかが問われる。

まず、a．構成＋背信的悪意者排除説にしたがえば、Fは現況確認しなかったとしても非難されるべきではないとして、事例 Part. 2(1)と同様の結論になろうか。これに対して、a．構成＋悪意（有過失）者排除説を徹底すれば、現況確認を怠った過失あるFは177条においても保護されず、かつ不法行為責任も免れないと構成することになろう。

また、b．構成を徹底すれば、背信的悪意者排除説または悪意（有過失）者排除説のいずれに立っても、Fは177条の第三者にあたるものの、現況確認および甲土地上の権利関係に関する調査確認をしなかった点につき不法行為上の過失ありというべきことになろうか。

基本的には、善意のFは未登記の物権変動ないしは他者の契約の存否に関する高度な調査確認義務を負わないが[12]、甲に関する現況確認が容易であり、

かつ本件売買契約およびEへの所有権移転を知らなかったと主張してこれを否定することが信義に反すると認められる場合はこの限りではない、と考えるべきであろう[13]。本件売買契約の履行が完了してEが建物建設・利用に至っている点にかんがみれば、認められやすいであろう。このような判断基準は177条・709条双方に共通するのではないか。

3 無効・取消し・解除の可否と損害賠償の機能

> **事例で考えよう Part. 3**
>
> Gは、不動産販売業者であるHから、居住用家屋を建設するために、宅地である丙土地を4000万円で買い受けた（以下、「本件売買契約」という）。Gは売買代金を完済して丙の引渡しおよび所有権移転登記手続を了したが、その後間もなくして、丙が面する十字路を隔てた対角線上に位置する丁マンションの中に暴力団事務所が入っている事実が判明した。付近は住宅街であるが、Gは本件売買契約の締結に際して、Hからこのような事実につき知らされていなかった。Gは平穏な生活に不安を抱き、丙の購入に大金を費やしたことを後悔するに至っているが、Hに対してどのような主張をすることができるか。

[1] 取消し・解除は可能か？

上記の事例においてGは、本件売買契約の無効・取消しまたは解除を主張することができるか？　錯誤取消しと契約不適合に基づく解除の可否を中心に検討しよう。

(a) 錯誤取消しの可否

目的不動産の近隣環境とりわけ生活の平穏を脅かすおそれをもたらす要因の有無につき、Hが契約上保証していないばかりか、契約交渉過程においてもとくに協議されていなかったとすれば、そのような場合にそもそも錯誤はあるのか？　暴力団事務所が存在しないと信じていたという積極的誤信が錯

---

12) 大村・不法行為55頁。
13) 第5章参照。

誤にあたることは言うまでもないが、その存在を知らなかったという消極的誤信にとどまる場合も含まれるのか？　換言するなら、Gが暴力団事務所の有無について全く関心を有していなかったのであれば、契約締結時にその存否に関する錯誤は生じておらず、その存在が後に判明したとしても錯誤にならないといってよいか？　難問であるが少なくとも、契約の性質ないし目的に照らしてその不存在を前提として締結するのが通常であると認められる場合であれば、具体的かつ積極的誤信がなくても錯誤を認めてよいであろう。事例 Part. 3 においては、本件売買契約が、住宅地にある丙土地につき居住用家屋の所有目的において締結されたものであれば、生活の平穏を害する諸要因の不存在が法律行為の基礎事情として契約上当然の前提とされており、その中に風俗店や暴力団事務所なども内包されているとみることもできようか。それがG・Hにおいて黙示的に共有されていたと捉えるなら、表示も認められよう。

　そうであるとしても、近隣における暴力団事務所の存否が本件売買契約の成否を決定づけるほどに重要な事情とされていなければ、取消しまでは認められないであろう。

　また、Hが暴力団事務所の存在を故意に秘匿していたなどの事情を立証できなければ、詐欺取消しも認められない。

(b)　契約不適合による解除の可否

　2017年改正前においては瑕疵担保責任の有無が問われていた。売買目的物の利用に影響を及ぼし得る環境的欠陥を環境瑕疵というが[14]、裁判例には、快適な生活環境を害するおそれのある周辺事情は土地自体の物理的欠陥ではないが、それが居住環境の悪化を招いて土地の用途に支障を来し、その価格を減じる要因となっているときは、通常有すべき性状を備えていないとして瑕疵にあたると解するものが出ていた[15]。

　2017年改正では「品質に関する契約不適合」が問われるため、契約内容の解釈の問題となるが、改正前における瑕疵の認定がすべて契約不適合にあてはまるかどうかは必ずしも定かでない（この問題については第8章および第16章参照）。しかしながら、住宅地における居住用家屋の所有目的に照らせば、

---

14) 潮見・契約218頁、山本・契約281頁、平野・契約353頁、など。
15) 東京地判平成7・8・29判時1560号107頁、東京地判平成9・7・7判時1605号71頁。

そのような土地売買において契約上有すべき品質として、生活の平穏を害する近隣の諸要因の不存在も含まれると解するなら、暴力団事務所の存在は契約不適合にあたるといえよう。

もっとも、その存在が本件売買契約の目的に支障を来すとはいえ、達成不可能をもたらす程に重大な不適合であるとまではいえないとすれば、解除は認められない。

[2] 損害賠償による補充的救済の意義

事例 Part. 3 において本件売買契約の取消し・解除までは認められないとしても、それ以外の救済手段として、GはHに対して損害賠償を請求することはできるか？　その法律構成および内容、そして取消し・解除による救済との関係についてどのように考えるべきか？

(a)　契約不適合

第一に、契約不適合はどうか。2017 年改正前の瑕疵担保責任においては、近隣における暴力団事務所の存在が丙土地の価格を減じる要因となっているとして、減価割合に応じた損害賠償を認めることにより、対価的調整が図る裁判例が存在する[16]。このような代金減額的な意味合いをもつ損害賠償による利益調整[17]は、一部解除ないしは割合的解除が認められたに等しい機能を果たす。

2017 年改正は契約不適合に基づく代金減額請求権を明文化し（563 条）、事例 Part. 3 におけるような追完不能な場合に適用されることを予定している。

(b)　情報提供義務違反に基づく責任

第二に、情報提供義務違反を理由とする損害賠償責任が考えられる。売買契約の締結に際し、原則として買主は購入物件につき自己の責任において調査すべきであるが、売主が事業者であり、目的物に関する情報について買主との間に構造的格差が存するときは、これを是正して自由な意思決定に必要な環境を整えるべく、信義則に基づく情報提供義務あるいは説明義務が認められる。Hが不動産販売業者である点にかんがみれば、本件売買契約におけ

---

16)　前掲・東京地判平成 7・8・29 は代金額の 2 割相当額、前掲・東京地判平成 9・7・7 は代金額の 1 割相当額の損害賠償を認めた。
17)　円谷峻『新・契約の成立と責任』（成文堂、2004 年）232 頁、加藤IV 225 頁、など。

る居住用家屋の所有目的に照らして、近隣の居住環境に関わる暴力団事務所の存在を知り得べきであり、かつこれをＧに告知する義務が信義則上認められるといえよう。

ただし、かかる義務違反を理由とする損害賠償として、Ｇが暴力団事務所の存在を告げられていたなら本件売買契約を締結しなかったとして支払済みの代金相当額の請求（原状回復的損害賠償）を求めることができるとすれば、錯誤・詐欺取消しを認めたのに等しい結果となり、評価矛盾が生じる[18]。ここでの損害賠償は、暴力団事務所の存在が告知されていれば設定されていたとみうる合理的な代金額との差額ということになろう[19]。

したがって、Ｇの錯誤が重要な錯誤とまでいえず、また、Ｈに故意がなく詐欺取消しが認められない場合であっても、こうした代金減額的な損害賠償が一部取消しに相当する補充的機能を有することになる。

なお、仮に情報提供義務違反に基づく原状回復的損害賠償が認めるとしても、表意者側の誤信に関する落ち度に応じて過失相殺による調整がされるなら、取消しの否定との間の評価矛盾は回避される。このような構成も、不本意な意思決定のリスクを両当事者の帰責性の度合いに応じて分配するという意味において、一部取消しに類する機能を営んでいる[20]。

4　おわりに

取引関係における違法行為に対する救済にあたり、本来の債務不履行責任とは異なる形で損害賠償責任が重要な役割を果たす場合がある。本章では、取引の有効・無効（取消し・解除を含む）による救済に対する損害賠償の補充的機能に着目して、①表見代理の成否、②所有権帰属の優劣、③錯誤・詐欺取消し・契約不適合解除の可否に関連づけながら問題点の整理に努めた。

18）潮見・前掲注２）281 頁。
19）北居功「望まれない契約」法セ 690 号（2012 年）95 頁。
20）橋本・前掲注７）149 頁以下、潮見・前掲注２）283 頁、北居・前掲注 19）95 頁。

[第11章]

物上代位・その1
── 差押え要件の意義・第三者との関係

> **本章のテーマ**
>
> 　物上代位は担保物権法における難問の一つである。その理由は、①物上代位の趣旨および民法304条ただし書における差押え要件の意義をめぐり、諸説が対立していること、②問題類型が複雑化しており、多角的かつ応用的考察が求められること、③判例の立場に関する統一的把握が難儀であることなどに求められよう。
>
> 　とりわけ学生の間には、最判平成10・1・30民集52巻1号1頁（以下、「平成10年判決」という）が抵当権に基づく物上代位につき第三債務者保護説を明示したせいか、その判旨を表面的に暗記するにとどまり、前提にある議論の展開およびその意義や射程について理解を深めずに学習を進めようとする傾向がまま見受けられ、それが後に相次いで出された最高裁判決の理解を困難ならしめているように思われる。
>
> 　以下では、物上代位をめぐる主要な問題点を整理しつつ、基本的理解の深化と応用的思考のためのポイントの提示に努めたい。

1　物上代位の趣旨と差押え要件の意義

[1]　前提の確認

　まずは抵当権に基づく物上代位を念頭に置きながら基本的理解を確認しよう。物上代位とは、抵当不動産の価値代替物・代償物またはその表象として評価し得る金銭債権に対して、抵当権の支配を及ぼすことをいう。いかなる

金銭債権が代位の対象となるかが本来問題となるが、本書では物上代位が可能であることを前提として、①物上代位がなぜ認められるのか？　②差押えはなぜ必要なのか？　誰がいつまでに差し押さえることを要するか？　これらにつき基軸となる二つの考え方の対立を整理した上で、平成10年判決が採用した第三債務者保護説の意義および考察すべき留意点を炙り出していきたい。

[2] 対立軸となる二つの見解
(a)　特定性維持説（価値権説）
(i)　物上代位はなぜ認められるのか？

　かつて通説的地位を占めたのがこの考え方である[1]。抵当権は目的物の価値を支配する権利であるから、その価値代替・代償ないし表象たる金銭債権に支配が及ぶのは価値権としての性質上当然であり、したがって、物上代位は抵当権本来の効力として認められる権利である。

(ii)　差押えはなぜ必要なのか？　誰がいつまでに差し押さえることを要するか？

　物上代位が抵当権の性質上当然に導かれるのなら、その要件は抵当権設定登記で十分であるはずだが、差押えが要求されるのは、代位物たる金銭が設定者の一般財産へ混入するのを差押えの処分禁止効によって防止することを通して、優先弁済権の対象に関する特定性すなわち他の一般財産との識別可能性を維持し、もって設定者の一般債権者の利益との調和を図るためである。

　このような理解を貫けば、第三債務者が弁済する前であれば誰による差押えであってもよく、抵当権者自身が差押えを行う必要はない。その結果、他の一般債権者が差し押さえた場合であっても物上代位が優先し、かつ第三債務者は差押債権者に弁済しても免責されないことになるが、物上代位権は抵当権本来の効力として抵当権設定登記により公示されているから、これらの者に不測の損失をもたらすおそれもない。

1）我妻Ⅲ 288頁以下、柚木＝高木・担物 271頁、鈴木・物権〔4訂版〕（創文社、1994年）202頁、川井② 348頁、など。ただし、我妻説は実質的に第三債務者保護説に近く、川井説は抵当権者自身による差押えを要求するなど、論者によってバリエーションがある。

(b) 優先権保全説（特権説）
(ⅰ) 価値権説に対する問題提起

(a)説に対しては次のような難点が指摘された。①差押えの有無にかかわらず代位の目的債権に抵当権の効力が当然に及んでいるのであれば、差押え前に第三債務者が弁済しても目的債権は消滅せず、物上代位権の行使が認められるはずであるから、差押え要件には特定性維持以上の意味があると言わざるを得ない。②抵当権設定登記によって代位の目的債権に対する優先権までが公示されているとは言い難く、第三者の保護に欠ける。

そこで台頭したのが優先権保全説（特権説）であり、現在でも基本的な方向性において多くの支持を得ている[2]。

(ⅱ) 物上代位はなぜ認められるのか？

抵当不動産が滅失した場合、抵当権は物権である以上その客体を失って消滅する運命にあり、本来なら代償たる金銭債権に効力が及ばないはずである。よって、物上代位は抵当権の性質上当然の権利ではなく、抵当権者保護のために法が認めた特別な権利と解すべきである。

(ⅲ) 差押えはなぜ必要なのか？　誰がいつまでに差し押さえることを要するか？

抵当権の効力を代位の目的債権にまで及ぼし、これに対する優先権ないし特権を保全するには、設定登記に加えて特別な要件を備えることを要する。差押えの意義は、抵当権者が物上代位権を行使する意思を明確化し、目的債権の処分および弁済を防止することによってかかる権利を保全する点にあり、もって抵当権者の保護と第三者の利益との調和を図ることを目的としている。

差押えの意義をこのように解するなら、それは目的債権の処分または消滅に先立って抵当権者自身が行わなければならない。

[3] 小括——二つの対立軸の意義と考える視点

上記の見解は物上代位の趣旨と差押え要件の意義に関する二つの対立軸を成すが、これらはあくまで考察のための出発点であって、二者択一により自然と正解が導かれるというわけではない。

まず、優先権保全説も差押えの意義の一つに設定者への弁済防止を挙げて

2）内田Ⅲ 414頁、近江Ⅲ 65頁、生熊・担物 129頁、など。

いるため、実質的な争点は、差押えに特定性維持以上の意義を認めるべきか、そうだとすればそれは何かにある。

　また、抵当権の効力が及ぶか否かと、それを誰に対して主張し得るかあるいは、権利行使のための要件として何が必要かとは次元を異にすると考えれば、価値権説的な理解に立ちつつ、物上代位権の行使につき抵当権者による差押えを要すると構成することも可能である。

　そうなると、つまるところ両説の対立は相対的・流動的であり得るのであり[3]、これを基礎としたバリエーションがあってよいことになる。

　このような観点からさらに展望すると、物上代位の意義と要件を一義的に画定するのではなく[4]、類型的に解する方向性を示唆することができる。

　第一に、抵当権に基づく物上代位と公示方法がない先取特権に基づく物上代位とを区別する見方が挙げられる[5]。

　第二に、物上代位の可否を争う第三者につき、第三債務者とその他の第三者（差押債権者、目的債権の譲受人〈第三取得者〉）とに類型化することも考えられる。

　第三に、代替的（代償的）物上代位と付加的（派生的）物上代位とに分ける見解が今日有力である[6]。前者は、目的物の換価価値の代償として設定者が取得した債権（ex.火災保険金債権や補償金債権）に対する代位であり、抵当権の実行が不能となった抵当権者を保護する必要性が高い。これに対して後者は、目的物より派生する収益価値（ex.賃料債権）に対する代位を指し、抵当権の実行が可能である上にその補充として付加的に認められるものであるため、抵当権者の要保護性と設定者の処分自由との調和が問われる。

[4] 判例の立場

(a) 価値権説から優先権保全説へ

　大審院時代の判例は当初、抵当権に基づく物上代位につき価値権説に立っていたが[7]、後に優先権保全説に転じた[8]。さらに最高裁において、動産売

---

3) 鎌田・物権〔第2版〕（日本評論社、2001年）197頁。高木・担物150頁。
4) 高木・担物150頁、河上・担物155頁。
5) 道垣内・担物69頁。
6) 高橋・担物125頁以下、松岡・担物56頁、76頁など。
7) 大判大正4・3・6民録21輯363頁、大判大正4・6・30民録21輯1157頁。

買先取特権に基づく物上代位につき優先権保全説に親和的な立場が示された[9]。
(b) 第三債務者保護説の登場

ところが、平成10年判決は、抵当権に基づく賃料債権への物上代位について第三債務者保護説に立つことを明らかにした。要約すると次のようになる。

①抵当権の効力は物上代位の目的債権にも及び得る、②その旨は抵当権設定登記により公示されているから、目的債権の譲渡後に物上代位権の行使を認めても第三者に不測の損害をもたらすおそれはない、③そのように解しないと、設定者が自由に目的債権を処分して物上代位権の行使を免れることができてしまい、抵当権者の利益が不当に害される、④しかしながら、第三債務者に対しても無条件に物上代位権を行使できるとすると、同人は設定者に弁済しても免責されず不安定な地位に立たされることから、差押え要件の趣旨は第三債務者を二重弁済の危険から保護する点に求められる、⑤したがって、差押えは第三債務者による弁済に先立って抵当権者自身が行わなければならない。

第三債務者保護説は、出発点においては価値権説的であるが、差押えの趣旨を第三債務者の保護に求める点および、目的債権の弁済前に抵当権者自身が差し押さえることを物上代位権行使の要件と解する点[10]に特色がある。

上記のような整理を土台として、これを具体的な問題に順次応用していこう。

2　物上代位と債権譲渡との優劣

事例で考えよう Part. 1
AはBに対する貸金債権の担保としてB所有の甲建物につき本件抵当権

---

8) 大連判大正12・4・7民集2巻209頁（以下、「大正12年判決」という）。
9) 最判昭和59・2・2民集38巻3号431頁、最判昭和60・7・19民集39巻5号1326頁（以下、「昭和60年判決」という）。
10) 野山宏「判解」最判解民事篇平成10年度(上)34頁。なお、最判平成13・10・25民集55巻6号975頁は、抵当権者が差押えの方法によらず、配当要求の方法によって物上代位権を行使することを否定した。

の設定を受け、設定登記が経由された。甲はCに賃貸されていたが、BはCに対して有している本件賃料債権をDに譲渡し、その旨は内容証明郵便でCに通知された。その後、BがAに対する上記の貸金債務につき返済を遅滞したため、Aは本件抵当権に基づく物上代位として本件賃料債権につき差押命令を取得し、同差押命令がCに送達された。AがCに対して本件賃料の支払を求めた場合、Cは、本件賃料債権がDに譲渡されたことを理由としてこれを拒むことができるか。

[1] 基本的な筋道

平成10年判決の事案は物上代位と目的債権の譲渡との優劣に関するものであったため、この問題類型から検討しよう。

価値権説および第三債務者保護説によれば、抵当権設定登記時と債権譲渡の対抗要件具備時の先後にしたがって優劣が決定される。すなわち、本件抵当権の効力が本件賃料債権に及ぶ旨は抵当権設定登記によって公示されているため、その後に本件賃料債権が譲渡されたとしても抵当権の追及効が認められ、抵当権者はその譲受人に対して物上代位権を対抗することができる。目的債権の譲受人は抵当不動産の第三取得者に準じる立場となる。したがって、Cが本件賃料債権につき弁済していない限り、その譲渡はAの差押えによる物上代位権の行使を妨げない。

なお、Aの差押命令が送達する前にDに弁済すればCは免責されるとしても、第三債務者保護説を徹底すれば、その後にAがDに対して不当利得返還請求することは差し支えないようにもみえる。しかし、Aによる差押えが少なくとも物上代位権行使のための手続的な要件である点に照らせば、目的債権の消滅後は適法な差押えを行うことができないから、Dに対しても物上代位権を主張する前提を欠くと解すべきであろう[11]。

これに対して、優先権保全説に立てば、差押え時と債権譲渡の対抗要件具備時の先後によって優劣が決まりそうである。すなわち、差押えにより抵当権の効力を目的債権に及ぼして物上代位権を保全する前に、設定者が目的債権を処分した場合、もはや追及効は認められず、物上代位の対象が失われる

---

11) 野山・前掲注10) 28頁、道垣内・担物155頁、159頁、山野目・物権293頁、松岡・担物63頁。

ことになる。したがって、Aの差押命令の送達に先立ってDへの債権譲渡が対抗要件を具備した場合、Aは物上代位権を行使することはできない。

[2] 事例に応じて考察を深めよう

基本的な筋道は以上の通りであるが、事例に応じて工夫する必要があろう。平成10年判決の事案は、譲受人が設定者の一般債権者であり、債権譲渡が抵当権の執行妨害を目的として行われた旨の疑いが強いものであって、設定者の処分自由および譲受人の取引安全に配慮する必要性に乏しく、第三債務者保護説が妥当するケースであった[12]。

そのため、**事例 Part. 1** において、本件賃料債権の譲渡がBの資金調達を目的とする売買であった場合、このような設定者の収益処分の自由がその後に抵当権者によってくつがえされ、かつ譲受人の取引安全が当然に害されてもよいかが問われよう[13]。これに対して、本件賃料債権の譲渡が設定者の一般債権者のための代物弁済として行われた場合（債権回収目的）は、抵当権者との優劣につき差押債権者に準じて決することが考えられてよいであろう。

3 物上代位と差押債権者との優劣

> **事例で考えよう Part. 2**
> (1) EはFに対する貸金債権の担保としてF所有の乙建物につき本件抵当権の設定を受け、設定登記が経由された。乙はGに賃貸されていたところ、FがGに対して有する本件賃料債権につき、Fの一般債権者であるHが差押命令を取得し、同差押命令がGに送達された。その後、Eは本件抵当権に基づく物上代位として本件賃料債権につき差押命令を取得し、同差押命令がGに送達されたため、Gは賃料を供託した。本件供託金の配当手続においてEは優先弁済権を主張することができるか。
> (2) 上記(1)において、本件賃料債権につきHが差押転付命令を取得してい

---

12) 古積健三郎「抵当権の物上代位と差押え」法教394号（2013年）128頁、など。
13) 松岡・担物68頁は、差押え前に既に発生している賃料債権の譲渡は、その後の物上代位権の行使によって妨げられないと説く。

> た場合、何か違いがあるか。

[1] 物上代位権に基づく差押えと一般債権者による差押えの競合

　事例 Part. 2(1)につき、価値権説および第三債務者保護説では、抵当権設定登記時と差押え時の先後によって優劣が決定される。第三債務者保護説では、Gが未だ弁済していなければ、Eの差押えがHに後れたものであったとしても物上代位権の行使の妨げにはならず、設問ではGはすでに供託によって免責されているため、価値権説ではもちろんのこと、第三債務者保護説によってもE自身が差押えを行っているなら、配当手続においてEをHに優先させてよい。

　これに対して、優先権保全説を貫けば差押えの先後によって優劣が決せられ、Eの差押えがHに後れた以上、物上代位権が認められないことになりそうである。しかしながら、物上代位はあくまで抵当権の行使であるから、抵当権者自身が執行手続内において適法に差押えを行ったのであれば、それが一般債権者の差押えに後れたとしても、実体法上の優劣にしたがい、抵当権設定登記が先んじていれば優先弁済権の行使に影響しないというべきであろう[14]。

　判例には、動産売買先取特権に基づく物上代位につき、執行手続内において配当要求の終期までに行使されれば足りるとするもの[15]、抵当権に基づく物上代位について、抵当権設定登記時と差押命令の送達時の先後によって優劣を決すべき旨を示したもの[16]がある。いずれも平成10年判決に整合するが、優先権保全説においても同様の結論を導くことが可能であろう。

[2] 物上代位権に基づく差押えと差押転付命令との優劣

(a)　前提の確認

　事例 Part. 2(2)も上と同じように考えてよいか。差押転付命令が確定すると被差押債権は差押債権者に移転し、これにより同人の債権が弁済されたものとみなされるため（民執160条）、差押転付命令の効果は実体法上、代物弁

---

14) 鎌田・物権〔第2版〕201頁、など。
15) 最判昭和62・4・2判時1248号61頁。
16) 最判平成10・3・26民集52巻2号483頁。

済としての債権譲渡と同視することができる。そうすると、**事例 Part. 1** と同様に解すべきことになり、第三債務者Gが未弁済であるかまたは供託によって免責されている場合、Eの物上代位権の行使を認めてよいといえそうである。

他方、差押転付命令は設定者による目的債権の処分ではなく、同人の債権者による権利行使である点に着目すれば、物上代位と差押債権者との優劣という観点から考える必要があるが、一般債権者による差押えより物上代位権が優先すべきである点において**事例 Part. 2**(1)と相違するところはなく、結論は変わらないようにみえる。

(b) 判例の意義と検討課題

判例には、対抗要件を備えた質権が設定されていた債権につき、差押転付命令の確定後に質権の行使を認めたものがあった[17]。しかしながら、最判平成14・3・12民集56巻3号555頁(以下、「平成14年判決①」という)は、差押転付命令が第三債務者に送達されてその効力が確定した後に、抵当権者が差押えにより物上代位権を行使することはできない旨を明示した。これによれば、物上代位に基づく差押え時と差押転付命令の送達時の先後によって優劣が決定されることになるため、優先権保全説に親和的であり、むしろ大正12年判決に整合する。そこで、第三債務者保護説の限界を指摘する学説が多く現れるに至った[18]。

とはいうものの、次のような執行法上の観点を看過すべきではない。物上代位につき抵当権者による差押えを要すると解するなら、その権利行使は手続上の制約に服さざるを得ず、かつ物上代位の差押えも手続において通常の差押えと異なるところはないから(民執193条1項後段、2項、194条)、差押転付命令の効力確定により執行手続が終了すれば、その後の差押えについては効力が生じない[19]。したがって、第三債務者保護説に立つ場合、設定登記

---

17) 最決平成12・4・7民集54巻4号1355頁。なお、債権質の行使方法として質権者は直接に取り立てることができ(366条1項)、この場合は差押えを要しない点に注意を要する。
18) 内田Ⅲ 415頁、高橋・担物 140頁、松岡久和「抵当権に基づく賃料債権への物上代位」法教382号(2012年)20頁、同・担物 61頁、生熊・担物 135頁、古積・前掲注12)128頁、河上・担物 168頁、古積健三郎「抵当権の物上代位と差押え」水野＝古積＝石田・民法 150頁、今尾真「判批」民法百選Ⅰ〔第8版〕179頁、など。

により実体上は抵当権者が優先するとしても、手続上差押えの効力が生じないことには物上代位権を行使できないのであり、この点が**事例 Part. 1** とは異なる。また、**事例 Part. 2**(1)との違いは、執行手続内における抵当権者による差押えの可否に求められる。

このように、平成 14 年判決①は平成 10 年判決と結論において必ずしも矛盾するものではない。しかしながら、差押えの必要性をこのように重視するのであれば、そもそも物上代位という実体法上の権利行使のためになぜ差押えのような執行手続を要するのかについて、第三債務者保護以上の意味を認めざるを得ないであろう[20]。

4 動産先取特権に基づく物上代位における差押えの意義

> **事例で考えよう Part. 3**
>
> I は J に対して丙機械を売却したが、売買代金については引渡し後 3 ヶ月以内に支払う旨が約定された。J は丙の引渡しをうけたが、代金を支払う前にこれを K に転売して引き渡した上、K に対して取得した本件転売代金債権を L に譲渡し、内容証明郵便によりその旨が K に通知された。J が上記の期限内に売買代金を支払わないため、I は K に対して本件転売代金債権につき差押命令を取得し、同命令が K に送達された。K は I の支払請求を拒むことができるか。

[1] 前提の確認

設問のような信用売買における売主の保護手段として、動産売買先取特権がある（311 条 5 号、321 条）。ただし、抵当権と異なり公示方法がない動産先取特権については追及効がなく、目的動産が転売されて第三取得者がその

---

19) 鎌田・物権 199 頁、三村晶子「判解」最判解民事篇平成 14 年度(上)286 頁以下。
20) 道垣内・担物 155 頁、山野目・物権 292 頁、松岡・担物 70 頁、76 頁、佐久間毅ほか『事例から民法を考える』（有斐閣、2014 年）99 頁〔田髙寛貴〕、など。なお、水津太郎「物上代位とはなにか」法教 415 号（2015 年）74 頁は、差押えによる権利保全の意義を代位物に関する設定者の処分権限と第三債務者の支払権限の制限に求め、実体法上の要件と執行法上の効力との接合を図っている。

引渡しをうけた場合、売主は当該動産につき先取特権を行使することができない（333条）。その場合における売主の補充的保護のために、転売代金債権に対する物上代位（304条）が認められている。事例Part. 3においてIは、動産売買先取特権に基づく物上代位により、丙の代償物たる本件転売代金の支払を求めているが、Iの差押えに先立って本件転売代金債権はLに譲渡されたため、その可否が問題となる。

上記の第三債務者保護説が動産先取特権に基づく物上代位についても妥当するのであれば、事例Part. 1におけると同じく、目的債権が譲渡されても物上代位権の行使は妨げられないため、KがLに弁済していない限り、Iの請求が認められそうである。

[2] 判例の見解およびその意義

最判平成17・2・22民集59巻2号314頁（以下、「平成17年判決」という）は、公示方法がない動産売買先取特権に基づく物上代位については、差押え要件の趣旨に目的債権の譲受人等の第三者の保護が含まれる点において抵当権とは異なるとして、物上代位に基づく差押え時と債権譲渡の対抗要件具備時の先後によって優劣を決すべき旨を示した。平成10年判決は第三債務者保護説の根拠として設定登記による公示を挙げていたため、その射程が抵当権に基づく物上代位に限定されることが予見され得たが、平成17年判決は動産先取特権に基づく物上代位につき、昭和60年判決と同じく、優先権保全説に整合的な立場を示した。これにしたがえば、Iは物上代位権を行使することができず、Kは弁済を拒絶できる。

物上代位と債権譲渡との優劣は、目的物の代位物である目的債権の第三取得者（譲受人）への追及効の有無の問題といえるから、抵当権と動産先取特権が異なるのは首肯し得るところである。追及効がない動産先取特権に基づく物上代位における差押えの趣旨は、第三取得者（譲受人）の利益を害しない限りにおいて優先権を保全すべく、第三債務者の弁済による目的債権の消滅および、設定者（債務者）による目的債権の処分を阻止する点に求められ、その前に目的債権が消滅・処分されれば物上代位の対象が失われることになる。

5 おわりに

　物上代位における差押え要件の意義については、抵当権・先取特権の性質と物上代位権との関係をどう理解すべきかに関する理論的問題から出発しつつ、最終的には、担保権者の保護と第三債務者その他の第三者の利益との調和をいかにして図るかに関する高度な考察が求められる。重要判例の分析を中心とする類型的検討によれば、第三債務者保護が重要な意味をもつとはいえ、差押えの意義は必ずしもそれにとどまるものではないといえよう。

　本章では物上代位と第三者との関係について順次検討してきたが、次章においては第三債務者による相殺との優劣を取り上げ、相殺の担保的機能の意義と絡めてさらに掘り下げる。

[第12章]

物上代位・その2
―― 物上代位と相殺との優劣

本章のテーマ

前章では、物上代位の趣旨および差押え要件の意義について、設定者以外の第三者（一般債権者、目的債権の譲受人）との優劣決定を通して分析・整理を行った。本章ではさらに、物上代位の可否に関する応用問題として、第三債務者による相殺との優劣について展開する。ここでは、判例法理として確立されている相殺の担保的機能の意味および、目的債権に対する支配をめぐる第三債務者の相殺期待と抵当権者による物上代位との衝突が問題となる。

1　差押えと相殺

事例で考えよう Part.1

Aは、テナントビルである自己所有の甲建物を取引先のBに対して賃貸しており、Bは自己の事業のための事務所として使用している。他方でBは、乙機械をAに売却したことに基づく売買代金債権を有している。やがてAが事業不振に陥ったため、Bは甲の賃料を滞納することとした。その後Aに対して貸金債権を有するCが、AがBに対して有する未払賃料債権（以下、「本件賃料債権」という）につき差押命令を取得し、同命令がBに送達された。そこでBは、本件賃料債権を自己の売買代金債権と対等額で相殺することとした。Cの支払請求に対してBはこれを拒絶することがで

きるか。

[1] 前提の確認――相殺の担保的機能

物上代位権の行使が第三債務者の相殺による免責主張と対立した場合、両者の優劣はどのように決定されるか？ 相殺の担保的機能および差押え一般との優劣について確認した上で、これを物上代位の要件論に応用する作業が必要となる。

債権の消滅原因の一つである相殺の特色は、弁済を要することなく、意思表示のみによる簡易な決済を図ることにある（506条1項）。そのため、債務者が無資力の場合でも、債権者が何らかの反対債務を負っていれば、これを受働債権として対等額で相殺することにより、自己の債権につき確実な回収を図ることができる。この場合、受働債権の存在が自働債権のための担保として機能する。ところが、他の債権者がこの受働債権を差し押えた場合、自己の債権回収のための受働債権に対する支配をめぐり差押債権者との間で対立が生じる。具体的には、受働債権の弁済期における差押債権者からの請求に対して、相殺による債権消滅をもって対抗することの可否が争点となる。

[2] 差押えと相殺との優劣[1]

(a) 問題点の確認

事例 Part. 1では、物上代位に先立って差押え一般と相殺との優劣を取り上げた。この論点については、いわゆる無制限説（後述）に立つ判例法理が確立され、それが2017年改正により明文化されたこと（511条）から、これを当然の前提として受け止め、つい思考を省略しがちであるが、問題の所在をしっかり把握しておくことが肝要である。

基本から確認しよう。ⅰ．差押え時＜相殺時の場合（Cの差押えに先立ってBが相殺の意思表示をした場合）、受働債権はすでに消滅しているため、差押えの効力が生じない。これに対して、ⅱ．差押え時＞自働債権成立時の場合（Cの差押え後にBがAに乙を売却していた場合）、差押え後に取得した自働債権による相殺をもって差押えの効力を害することは許されない（511条）。

ところで、差押え時に未だ相殺がされていなければ、受働債権につき差押

---

1) この問題を概観するものとして、山田誠一「相殺の現代的機能」民法の争点215頁。

えによる処分禁止効(第三債務者の弁済禁止)が生じた後にこれを相殺によって消滅させることはできないといえそうである。しかしながら、差押えに先立って相殺に対する「合理的期待」が生じている場合には、これを差押えによって害することは許されないのではないか？　そうだとすれば、差押え時までに成立した「合理的期待」とは何か？　差押え時と相殺の合理的期待成立時の先後が問題となる。

(b)　制限説と無制限説
(i)　無制限説の確立とその意義

まず、iii．差押え時＜相殺適状時の場合は、すでに発生している相殺権を後から差押えによって害することはできず、受働債権の弁済期において相殺による免責をもって差押債権者に対抗することができる。差押え時に受働債権の弁済期が未到来であっても、期限の利益放棄により相殺権を行使できる状態にあるため、同様である[2]。

次に、iv．差押え時＜両債権成立・弁済期未到来の場合、差押え時には未だ相殺権が発生していないが、自働債権の弁済期が先に到来する場合(iv-①)は、受働債権の弁済期到来時における請求に対して相殺権を行使できることが予め確定しており、これに対する期待を差押えによって害すべきではない[3]。

上記iv．において自働債権の弁済期が後に到来する場合(iv-②)、受働債権につき履行遅滞を重ねながら自働債権の弁済期を待って相殺することになるが、これも保護に値する合理的期待といえるか？　昭和39年判決はこれを否定して、相殺期待の保護を上記iii．およびiv-①の場合に限定したが(制限説)、最高裁は後に肯定説に転じ[4]、iv-②を含め弁済期の先後を問わず相殺期待を保護する旨を示した(無制限説)[5]。その理由は、①相殺適状に達すれば相殺できる旨の担保的期待は、弁済期の到来および先後を問わず最大限保護されるべきものである、②差押えの処分禁止効は第三債務者の権利行使を制限するものではない。民法511条は上記ii．の場合における相殺

---

2) 最判昭和32・7・19民集11巻7号1297頁。
3) 最大判昭和39・12・23民集18巻10号2217頁(以下、「昭和39年判決」という)。
4) 最大判昭和45・6・24民集24巻6号587頁(以下、「昭和45年判決」という)。
5) 奥田・総論589頁、川井③361頁、近江Ⅳ362頁、中舎・債権380頁以下、古積健三郎「『相殺の担保的機能』の問題」法教397号(2013年)121頁、など。

のみを例外的に禁止するにすぎない、に求められている。

　無制限説の根拠につき学説はさらに、③差押えがあっても被差押債権（受働債権）の性質が変わるわけではなく、差押えに関与していない第三債務者が有していた抗弁を制限すべき理由はない、④受働債権の履行遅滞の不存在は相殺の要件ではなく、相殺の可否と履行遅滞による責任の有無とは別問題である、⑤不誠実な相殺主張については相殺権濫用によって個別的に規制すれば足りる、⑥弁済期の先後は偶然の事情によって決まることが多く、保護の要否を左右する要素ではない、を挙げる。

　無制限説によれば、差押え前に自働債権が成立していれば第三債務者は相殺を対抗することができることになり、その旨は2017年改正により明文化されるに至った（511条）。

(ⅱ)　無制限説の課題

　2017年改正にもかかわらず、学説上は制限説も有力であるため[6]、511条に関する解釈運用上の課題として指摘しておこう。

　上記のような無制限説の射程は法定相殺・相殺予約を問わず及ぶものと解されているが、昭和45年判決の事案は預金担保貸付に関するものであり、相殺予約によって貸付時から相殺による決済が予定されていたため、このような金融機関の担保的期待を、後から受働債権とは無関係の債権者（国）の差押えによって害してよいかが問われたものであった。そのため、自働債権と受働債権が別個の取引によって偶然に対立したにすぎないような場合における法定相殺についてまで、両債権の成立のみをもって常に保護すべきかについて疑問が提起された。

　そこで、第三債務者の抗弁制限の当否という観点だけでなく、受働債権に対する支配をめぐる債権者相互の対立すなわち、相殺による決済と差押えによる債権回収の優劣あるいは、どのような相殺期待があれば差押えの対象たる債務者の責任財産から受働債権を隔離することを正当化し得るのか、という視点が重要となる。

　事例Part. 1において、無制限説によればBの抗弁が常に認められよう。

6）平井・総論231頁、林＝石田＝高木・総論347頁〔石田喜久夫〕、淡路・総論608頁、内田Ⅲ262頁、潮見Ⅱ390頁、角・総論87頁、中田・総論414頁、河上正二「債権法講義［総則］－42」法セ730号（2015年）97頁。

制限説では、Cの差押命令送達時においてBの売買代金債権の弁済期がすでに到来しているかまたは、その到来後に生じる賃料債務については相殺の主張が優先しようが、売買代金債権の弁済期到来前における滞納賃料については否定されることになろうか。Aの信用不安を理由に賃料を滞納して相殺適状を待つというBの態様および、自働債権と受働債権が偶然に対立したにすぎない点につき、Cに対する関係においても保護に値するかがポイントとになろう。

2　物上代位と相殺[7]

> **事例で考えよう Part. 2**
> (1)　事例 Part. 1 において、CがAに対する貸金債権の担保として、BがAに乙を売却する前に甲につき本件抵当権の設定を受け、かつ設定登記が経由されており、Cによる差押えが本件抵当権に基づく物上代位によるものであった場合、BはCの請求を拒めるか。
> (2)　(1)において、BがAに乙を売却した後に本件抵当権が設定され、さらにその後にAがBに対して甲を賃貸していたとしたらどうか。

[1]　相殺の担保的機能と物上代位に基づく差押えの意義

(a)　前提の確認

事例 Part. 2 のように、Cの差押えが抵当権に基づく物上代位として行われた場合、Bの相殺の主張にどのように影響するであろうか？　ここでは、511条が予定している差押えの処分禁止効と相殺との調整を超えて、抵当権に基づく優先弁済権の行使と第三債務者による相殺との優劣が問題となるため[8]、相殺の担保的期待に対する要保護性につき、物上代位に基づく差押えの意義と摺りあわせて考察することが求められる。これをB・Cが展開すべき主張に対応させながら、考え方の筋道を確認しよう。

---

7) この問題に関する詳細な分析を行う参考文献として、松岡久和「賃料債権に対する抵当権の物上代位と賃借人の相殺の優劣(1)〜(3・完)」金法1594号(2000年)60頁、1595号(2000年)33頁、1596号(2000年)66頁。

8) 杉原則彦「判解」最判解民事篇平成13年度(上)266頁。

(b)　価値権説・第三債務者保護説

　物上代位における差押えの意義につき第三債務者保護説に立てば、抵当権設定登記時と相殺期待の成立時との先後によって優劣が決せられよう（価値権説も同）。抵当権の効力が物上代位権の行使によって目的債権に及ぶ旨は設定登記によって公示されているから、以後は物上代位に対する抵当権者の期待が保護されるべきであり、その後になって第三債務者に相殺期待が生じたからといって、これにより物上代位権の行使が害されるいわれはないからである。

　なお、単純に第三債務者保護だけを考えるなら、差押えの前に生じた第三債務者の相殺期待を優先させるべきであるともいえるが、ここにいう第三債務者保護の意味が二重弁済の危険防止を指すとすれば、差押え前の弁済に相当するのは相殺による目的債権の消滅そのものであろう。そのように解するのが304条ただし書の「払渡し又は引渡し」にも整合的であるとともに、物上代位権行使の前に行われた相殺をもって抵当権者に対抗することができないとすると、第三債務者は相殺によって清算したはずの目的債権（受働債権）が復活して弁済を強いられることになり、二重弁済に類する不測の損失を被るからである。この理が相殺期待に対しても当然に妥当するとはいえまい。第三債務者の相殺期待の保護は同人が有する自働債権の回収に向けられたものであって、受働債権からの免責という保護は副次的なものにすぎず、第三債務者保護の意味が異なる点に注意されたい。

　よって、差押えと相殺に関する無制限説を前提にするなら、自働債権の成立に先立って抵当権設定登記がされていれば物上代位権の行使が優先し、第三債務者は相殺による免責を主張することができない。そのため、C側の主張を基礎づける構成となる。ただし、第三債務者保護説に立つ場合、Cの差押えの前にBが相殺の意思表示をしていればこの限りではない。

(c)　優先権保全説

　これに対して、優先権保全説を貫けば、物上代位に基づく差押え時と相殺期待の成立時の先後が基準となろう。物上代位権までが抵当権設定登記によって公示されているとはいえず、第三債務者に対する関係においても差押えによってはじめて優先権が保全されるとすれば、それ以前に成立した第三債務者の相殺期待に劣後すべきであると考えられるからである。このように物上代位における差押え要件の意義を強調すれば、差押え一般と相殺における

と同様の結論が導かれることになる。Bとしてはこの構成に依拠して主張を組み立てるべきであろう。

　もっとも、上述したように相殺期待の成立をもってつねに目的債権の消滅・処分と同視してよいか、あるいは、差押え前の相殺予約などを無制限に優先させると抵当権が不当に害されるのではないかが問われよう。このような疑問は、抵当権に優先させてよい相殺期待とは何か、物上代位に基づく差押えをするまで抵当権者は目的債権につき一般債権者と全く同じ地位にとどまるにすぎないのか、代替的物上代位と付加的物上代位とで分けるべきか、といった問題提起をあらためて促すものといえる。

[2] 判例の見解および意義

　平成10年判決[9]は物上代位と債権譲渡との優劣につき第三債務者保護説を示したが、第三債務者による相殺との優劣はどうか。この問題に関する最高裁の立場を明らかにした最判平成13・3・13民集55巻2号363頁（以下、「平成13年判決」という）の見解を要約すると、次のようになる。①抵当権の効力は物上代位の目的債権にも及び、その旨は抵当権設定登記によって公示されているところ、その後に生じた相殺期待を優先させるべき理由はない、②したがって、物上代位権の行使として差押えがされた後に、第三債務者が抵当権設定登記後に取得した自働債権との相殺をもって、抵当権者に対抗することはできない、③ただし、差押えの前に相殺によって目的債権を消滅させることは妨げられない。

　このように平成13年判決は、抵当権設定登記後に自働債権が成立した場合における相殺は物上代位に劣後する旨を説示した。同判決は第三債務者保護説にも整合的である。なぜなら、第三債務者が相殺によって目的債権を消滅させる前に抵当権者が差し押さえることを要する旨を示唆しているからである。よって、**事例Part. 2**(1)では、BがCによる差押えの前にすでに相殺の意思表示をした場合でない限り、本件抵当権設定登記後に取得した売買代金債権との相殺をもってCに対抗することはできず、同人の請求を拒むことができない。

　なお、設定者による相殺や債務免除による目的債権の消滅については射程

9）最判平成10・1・30民集52巻1号1頁。

外とみる余地もあるが、第三債務者の免責を貫くなら区別すべきではなかろう[10]。

[3] 抵当権設定登記時・自働債権成立時基準時の先後説の妥当範囲

平成13年判決の意義を、差押えと相殺における無制限説を前提として抵当権設定登記時と自働債権の成立時の先後による優劣決定を説いた点に求めるなら、抵当権設定登記前に自働債権がすでに成立していた場合は、一転して相殺の主張が優先することになる。

この点につき最判平成21・7・3民集63巻6号1047頁（以下、「平成21年判決」という）は、抵当権に基づく担保不動産収益執行における差押えと相殺との優劣につき、平成13年判決を挙げながら、第三債務者が抵当権設定登記前に取得した自働債権については、相殺期待が抵当権の効力に優先して保護される旨を示した。

平成21年判決が物上代位についても妥当するとすれば、平成13年判決とあわせて、判例は抵当権設定登記時と自働債権成立時の先後による優劣決定構成を採用したといえる。

学説も、第三債務者が抵当権設定登記前に自働債権を取得している場合は、その後に反対債務を負ったときには相殺し得るという地位をすでに獲得しているとして、この結論を支持する[11]。

もっとも、平成21年判決の事案は賃貸借に関する保証金債権を自働債権とする賃料債権との相殺に関するものであったが、**事例 Part. 2(2)**においては、第三債務者Bが取得した自働債権と受働債権は別個の取引によって偶然に対立したにすぎず、しかも抵当権設定登記時には受働債権が未だ成立していないから具体的な相殺期待が発生しておらず、他方において賃貸用不動産について抵当権の設定を受けたCの物上代位への期待は、AのBに対する賃料債権成立当初より成立しているとみることも可能である。そうであるなら、自働債権の成立が抵当権設定登記に先んじているとの一事をもって相殺の主張を優先させ、**事例 Part. 2(1)**と差異を設けるべき合理的理由があるのかどうか、事案に応じた検討が必要ではなかろうか。

---

10) 道垣内・担物157頁、河上・担物167頁。
11) 道垣内・担物157頁、など。

3　物上代位と敷金充当

> **事例で考えよう Part. 3**
> 　DはEに対して貸金債権を有しており、その担保としてE所有の丙建物につき本件抵当権の設定を受け、設定登記が経由された。その後、Eは丙をFに対して賃貸し（以下、「本件賃貸借契約」という）、その際にFはEに本件敷金を差し入れた。やがてEは事業不振に陥り、Dに対する上記貸金債務につき返済を遅滞したため、Dは本件抵当権に基づく物上代位権の行使として、EがFに対して有する未払賃料債権（以下、「本件賃料債権」という）につき差押命令を取得し、同命令がFに送達された。他方Fは、本件賃貸借契約を解約した上で、Dの請求に対して、本件賃料債権は本件敷金に充当されたことによって消滅したと主張してこれを拒んだ。Fの主張の可否について検討しなさい。

[1]　前提の確認

　事例 Part. 3におけるFの主張を基礎づける法律構成として、本件敷金返還請求権を自働債権とする相殺が考えられる。しかしながら、①本件敷金返還請求権は本件賃貸借契約終了後・丙建物明渡し時に発生するものであり[12]、自働債権の成立は本件抵当権設定登記後である、②賃料支払が敷金返還より先履行の関係に立つ上、そもそも敷金は賃借人ではなく賃貸人のための担保として機能するものである、という理由から、平成13年判決によればこのような相殺の主張はDの物上代位権に劣後すべきであるようにみえる。

[2]　判例の意義と検討課題

　ところが、最判平成14・3・28民集56巻3号689頁（以下、「平成14年判決②」という）[13]は、相殺構成に拠らず以下のような敷金当然充当構成を示して、第三債務者（賃借人）による賃料債権消滅の主張を認めた。①賃料債権は、相殺の意思表示によってではなく、賃貸借契約に付随する敷金契約の

---

12) 最判昭和48・2・2民集27巻1号80頁。
13) 平成14年判決①は、前章で取り上げた最判平成14・3・12民集56巻3号555頁を指す。

効果として、敷金充当により当然に消滅する、②抵当権者は物上代位権を行使する前に抵当不動産の用益に介入することができず、敷金契約締結は自由であるから、賃料債権につき敷金への充当を予定したものとして賃借人がこれを抵当権者に主張することは妨げられない、③よって、物上代位権の行使による差押えがあっても、賃料債権は明渡し時に敷金充当によって消滅する。

すなわち、敷金充当による賃料債権の消滅はその発生当初から契約上予定されており、抵当権設定登記後であっても設定者が使用収益権能に基づいてこのような合意をすることは妨げられない一方、物上代位は目的債権の属性・内容を変じさせるものではないから、抵当権者は上記のような目的債権の性質を前提として権利行使せざるを得ない地位にある、という理論構成である。

これを利益衡量の側面からみれば、賃貸人無資力のリスクにつき、賃料債権への物上代位に対する抵当権者の期待よりも、意図的に賃料を滞納して敷金回収を図ろうとする賃借人の期待を優先させてよいかが問われるが、抵当権者は原則として使用収益に干渉することができず、賃料債権への物上代位が付加的・補充的な権利であるのに対して、敷金の交付を事実上拒めず、かつその回収のための担保手段を予め講じることが期待できない賃借人の保護を優先させてよいとも考えられる[14]。

かくして、平成 14 年判決②は、相殺に関する平成 13 年判決の射程が敷金充当には及ばない旨を示し、かつ、平成 10 年判決における第三債務者保護説を賃借人保護のためにさらに進めたものと位置づけることも不可能ではない。よって判例にしたがえば、**事例 Part. 3** では F の主張が認められることになる。

とはいうものの、平成 13 年判決および平成 21 年判決はともに保証金債権を自働債権とする賃料債権との相殺に関する事案であったところ、保証金の性質・内容は多様であり[15]、敷金との区別は相対的であるといえる。そのため、物上代位との優劣において、相殺とくに相殺予約と敷金充当との差異については事案に応じて判断すべきことになろうが[16]、両者の区別を一般化できる

---

14) 近江Ⅲ 152 頁、道垣内・担物 152 頁、松岡・担物 75 頁、生熊・担物 141 頁、古積健三郎「抵当権の物上代位と差押え」法教 394 号（2013 年）130 頁、河上・担物 162 頁、など。
15) 保証金には、建設協力金、空室損料の制裁金、敷金、賃料前払、営業利益の対価又はこれらの性質を混在するものであると解されている（月岡利男「借家関係と敷金・権利金等」稲葉威雄ほか編『新借地借家法講座 3』〔日本評論社、1999 年〕33 頁）。

かについては疑問が呈されている[17]。そうであるとすれば、保護されるべき賃借人の担保的期待の意味があらためて問われよう。

4　おわりに

　物上代位における差押え要件の意義は、目的債権に抵当権の効力が及ぶことを前提として、弁済・相殺等による目的債権の処分ないし消滅を防止し、抵当権による支配と第三債務者その他の第三者さらには設定者との利益調整を図ることに求められよう[18]。一口に第三債務者保護といっても、どのような利益をどこまで保護すべきなのか、その意義と射程を吟味することが重要である。まず、少なくとも抵当権者は目的債権の弁済・相殺に先立って差し押さえることが必要であろう。それでは、相殺期待との優劣についてはどう考えるべきか。相殺の担保的期待をどこまで保護すべきかについては、相殺当事者間における公平および期待の有無と、自働債権とは無関係の第三者（他の債権者）との優劣とに分けて考察すべきではなかろうか。その上で後者については、両債権の牽連性の有無および、自働債権の存在さらには相殺による決済に関する対外的な予見可能性の有無が考慮されてもよいように思われる。物上代位と相殺あるいは敷金充当との優劣については、このような観点から整理すべきであろう。

16）田中秀幸「判解」最判解民事篇平成21年度(下)510頁、佐久間毅ほか『事例から民法を考える』（有斐閣、2014年）96頁〔田髙寛貴〕。

17）内田Ⅲ410頁、松岡久和「抵当権に基づく賃料債権への物上代位」法教382号（2012年）22頁、河上・担物162頁、など。

18）水津太郎「物上代位とはなにか」法教415号（2015年）74頁。なお、前章において取り上げた目的債権の譲渡については、担保物権の追及効の有無に加えて、さらに設定者の処分自由と譲受人の取引安全との調和が求められよう。その意味においては、抵当権設定登記時を基準とするとしても、前章でも示唆したように、譲渡目的および譲受人の地位・態様に対する考慮が必要ではなかろうか。

[第13章]

抵当権と時効・その1
—— 抵当権時効の特色と第三取得者の地位

本章のテーマ

　抵当権が時効によって消滅するのはどのような場合なのか？　一見すると簡単な問いであるようにも思える。しかしながら、被担保債権が存続しているのに抵当権だけが時効で消滅することがあるのか？　あるとすれば、それは権利の不行使を理由とする消滅なのか？　それとも、抵当不動産に関する取得時効の反射効による消滅なのか？　とくに抵当権の時効について定めた民法397条の意義は何か？　所有権に関する取得時効の法理が制限物権である抵当権にそのままあてはまるのか？　非占有担保である抵当権が他者の長期占有による消滅になじむのか？　抵当不動産を誰がどのように占有していたのかによって異なるのか？　色々と考えていくうちに大変な難問であることに気づく。

　このテーマにおいては、時効一般に関する162条・旧167条2項（166条2項）と抵当権時効に関する396条・397条との関係についてどのように理解すべきか、という理論的問題に加えて、どのような者との関係においていかなる場合に抵当権の消滅を正当化できるのかに関する具体的妥当性をめぐり、考え方が分かれている。これまでさかんに議論されてきたとはいえ、明確な判例法理が確立されているとも言い難い状況であったが、近年になって最高裁判決が相次いで出されたことから、にわかに重要論点としてクローズアップしてきた感がある[1]。問題の所在と考察の視点を基本から確認・整理した上で、成り立ち得る考え方の根拠および分岐点をしっかりと理解することが、プラスアルファとしての果実につながる。難問

であるがチャレンジしてみよう。

1 問題の所在

[1] 抵当権と消滅時効

はじめに、被担保債権の消滅時効との関係から確認しよう。債務者および設定者に対する関係においては、抵当権は被担保債権と同時でなければ消滅時効にかからない（396条）。被担保債権が存続している以上、その実現について責任を引き受けた債務者・設定者が、そのための手段である抵当権の時効消滅を主張することは許されないからである。逆に、被担保債権につき消滅時効が完成した場合、債務者・設定者のみならず第三取得者にも時効援用権が認められている[2]。

それでは、被担保債権が存続しているとして、債務者・設定者以外に利害関係を有する第三者（ex. 第三取得者、後順位抵当権者）との関係において、抵当権だけが独立して時効により消滅することがあるのか。

これについては、債権以外の財産権に関する消滅時効として旧167条2項（166条2項）が存することから、被担保債権の弁済期到来後20年間に亘る抵当権の不行使を理由とする消滅が考えられる[3]。しかしながら、①被担保債権が弁済期到来後も維持されている場合、抵当権不行使の事実のみでは直ちに非難に値しない、②債務者・設定者以外の第三者との関係については、被担保債権の消滅時効に関する援用権者の範囲の問題として考えればよいのであって、今日では旧167条2項（166条2項）の適用を認める実益に乏しい、といった疑問点が挙げられる。

このように、抵当権については、通常の消滅時効の法理が当然にはあてはまらない。それでは、取得時効との関係はどうか？

1）このテーマに関する問題点の整理と考え方につき、学生向けに解説する最近の文献として、青木則幸「時効による抵当権の消滅」法教423号（2015年）75頁。
2）最判昭和48・12・14民集27巻11号1586頁。
3）大判昭和15・11・26民集19巻2100頁、我妻Ⅲ 423頁、川井・担物140頁、清水誠「抵当権の消滅と時効制度の関連について」加藤一郎編『民法学の歴史と課題』（東京大学出版会、1982年）181頁、柚木＝高木・担物420頁、など。

[2] 第三者の占有継続による抵当権の消滅

　注目すべきは、抵当不動産に対する第三者の占有継続を理由とする抵当権の消滅を定める397条である。同条は『取得時効に必要な要件を具備する占有』を要件として掲げる。その意義につき、取得時効に関する162条の効果についての確認規定にすぎないと解するのが伝統的理解（以下、「確認規定説」という）である[4]。この考え方は、取得時効の効果が原始取得であることに基づき、抵当権の消滅を抵当不動産に関する取得時効の反射効として導くものである。

　これに対しては、このような確認規定説では397条の存在意義が明らかにならないとして、同条は抵当権に特有の時効消滅について定めたものであり、162条および旧167条2項（166条2項）の特別規定であると解する立場（以下、「特別規定説」という）が有力化している[5]。こうした議論は、397条の意義に関する説明のしかたにとどまらず、次のような具体的な問題を提起する。

　第一に、長期占有を理由として抵当権の消滅を主張することができる第三者とはどのような者を指すのか？　とくに抵当権設定登記後の第三取得者の要保護性が、397条の存在意義に関連して問題となる。

　第二に、抵当不動産に関する所有権の取得時効の可否と抵当権の時効消滅の有無につき、それぞれ別個に検討すべきなのか、それとも、抵当権消滅の有無は取得時効の成否に吸収・還元されるのか？

　第三に、いわゆる取得時効と登記に関する判例法理は、抵当権者と占有者の関係にもあてはまるのか？

---

4) 柚木・担物355頁、我妻Ⅲ 423頁、川井・担物140頁、柚木馨＝高木多喜男編『新版注釈民法(9)』（有斐閣、1998年）658頁〔柚木馨＝小脇一海〕、我妻栄＝有泉亨＝清水誠補訂『コンメンタール担保物権法〔第3版〕』（日本評論社、2004年）200頁、鈴木・物権234頁、清水・担物122頁、など。

5) 来栖三郎「判民昭和15年度」法協59巻1号168頁、5号151頁（1941年）、星野Ⅱ 293頁、清水・前掲注3) 181頁、道垣内・担物237頁、同「時効が原始取得であること」法教302号（2005年）52頁、内田Ⅲ 474頁、平野・担物135頁、高橋・担物247頁、石田・担物476頁、古積健三郎『換価権としての抵当権』（弘文堂、2013年）324頁以下、安永正昭「抵当不動産の自主占有の継続（取得時効）と抵当権の消滅」田原睦夫先生古稀記念『現代民事法の実務と理論（上巻）』（金融財政事情研究会、2013年）135頁、角紀代恵「再論抵当権の消滅と時効」星野英一先生追悼『日本民法学の新たな時代』（有斐閣、2015年）382頁、など。

以下に段階を追って検討していこう。

2 抵当権設定登記前からの占有者

> **事例で考えよう Part. 1**
> (1) Aが所有する甲土地は、その隣地である乙地との境界線が不明確であったため、乙を所有するBが境界を誤認して甲の一部を占有していたところ、甲につきCのために抵当権（以下、「本件抵当権」という）が設定され、設定登記が経由された。Bが甲の占有を開始してから10年余りが経過した後に、Cが本件抵当権の実行申立てを行った。Bはこれに対して異議を唱えることができるか。
> (2) Dが所有する甲建物につき、Eがこれを買い受けて居住を開始したが、所有権移転登記手続が未了のままであった。その後、Dは甲につきFのために抵当権（以下、「本件抵当権」という）を設定し、設定登記が経由された。Eが甲の居住を始めてから10年余りが経過したところで、Fが本件抵当権の実行申立てを行った場合、Eはこれに対して異議を唱えることができるか。

事例Part. 1のように、抵当権設定前から第三者が抵当不動産を占有しているが、無権原者（(1)の場合）あるいは、抵当権者に対抗することができない権原占有者（(2)の場合）であった場合、これらの者は時効によって保護されるのであろうか。

(1)においては、もしBの境界誤認につき過失がなかったと認められれば、162条2項により甲の占有部分の所有権を取得し得る。そして、占有開始時において本件抵当権は存在していなかったのであるから、取得時効により抵当権の負担を前提としない状態における原始取得が認められ、その反射効として甲の占有部分につき本件抵当権は消滅する。

(2)についても同様であろう。判例には、抵当権設定前の譲受人を397条により保護した大審院判決[6]と、162条の適用を認めた最高裁判決[7]がある。397条につき確認規定説に立てば、162条または397条いずれの適用も可能であり、判例もこの立場であると目される。

特別規定説は、占有開始時を基準とする支配を保護する取得時効（144条）の原始取得の問題と捉えて397条と区別し、もっぱら162条によるべき旨を説く[8]。

要するに、いずれの立場に拠っても、ここでは所有権の取得時効の反射効による抵当権の消滅がもっぱら問題となるのであり、**事例 Part. 1**(1)(2)いずれにおいても、占有者は取得時効完成前の抵当権者および買受人に対して、登記なくして取得時効の効果を対抗することができる[9]。

もっとも、これを抵当権者の側からみると、上記の理は、抵当権設定時において抵当権者が占有状況を把握して適切に対応すべきであったことを前提とするものであるため、非占有担保である抵当権において、抵当権者が時効完成を阻止するための手段の有無およびその実効性が問題となる。この観点は大変重要であるため、後に詳しく検討する。

それでは、抵当権に特有の時効消滅はどのような場合に問題になるのであろうか。見解の対立がみられる抵当権設定登記後の第三取得者を取り上げよう。

---

6) 大判大正9・7・16民録26輯1108頁。未登記の譲受人に対する買受人の所有権確認請求につき、397条による抵当権の消滅および、抵当権者は時効の当事者であることを理由にこれを否定した。
7) 最判昭和42・7・21民集21巻6号1643頁。本判決は、抵当権設定前の未登記譲受人と抵当権実行後における買受人との優劣が争われた事案において、譲受人につき自己の物に関する取得時効を認めたものであったが、両者の優劣は抵当権者と譲受人との対抗関係にしたがって決せられるため、譲受人が取得時効による抵当権の消滅を主張できる旨を前提とする判断であったといえる。その意味において、前掲・大判大正9・7・16と同様に位置づけられよう。
8) 道垣内・担物237頁、角・前掲注5) 387頁、古積・前掲注5) 326頁、安永・前掲注5) 146頁、同・物権338頁、など。
9) 時効完成前の譲受人に関する判例として、最判昭和46・11・5民集25巻8号1087頁、など。

3　抵当権設定登記後の第三取得者

事例で考えよう Part. 2

Gが所有する丙地につきHのための抵当権（以下、「本件抵当権」という）が設定され、その旨の登記が行われた後、IはGから丙地を買い受け、同地上に建物を建設して居住を開始してから20年以上が経過した。IはHに対して本件抵当権の消滅を主張して抹消登記手続を求めることができるか。なお、本件抵当権の被担保債権は未だ存続しているものとする。

[1] 第三取得者保護をめぐる見解の対立

抵当不動産の第三取得者の保護のために、民法典は代価弁済（378条）および抵当権消滅請求（379条以下）に関する諸規定を設けており、判例は被担保債権に関する消滅時効の援用権者の範囲を拡張しているが、さらに第三取得者は、10年ないし20年の占有継続により抵当権の負担から免れることができるか？　学説は分かれている。

第一に、抵当権設定登記に基づく公示により、第三取得者は抵当権の負担を前提として抵当不動産を譲り受けているとみることができ、物上保証人に準じる立場に立つことを理由として、確認規定説・特別規定説を問わず、397条による保護を否定する見解が多い[10]。

もっとも、自己の物に関する取得時効を認める判例の立場[11]を前提とすれば、第三取得者についても162条が適用される余地がある。大審院時代の判例は397条適用否定説（ただし、旧167条2項〔166条2項〕については適用肯定〔前出注3〕参照）に立っていたが、最高裁になってから162条により第三取得者を保護する判決が現れるに至った[12]。この判決は397条に言及していないが、確認規定説を前提として第三取得者への適用を示唆したものと解されようか[13]。

第二に、学説においては、特別規定説に立った上で、397条の存在意義を

---

10) 柚木・担物100頁、我妻Ⅲ 423頁、川井・担物140頁、鈴木・物権235頁、近江Ⅲ 258頁、角・前掲注5）384頁、古積・前掲注5）325頁、など。
11) 前掲・最判昭和42・7・21。
12) 最判昭和43・12・24民集22巻13号3366頁。

第三取得者保護に求める見解も有力である[14]。このような397条適用肯定説では、その要件につき所有権の取得時効の成否とは別個に判断すべきことになる。具体的には以下の点に差異がある。

第一に、善意悪意の対象は所有権ではなく抵当権の存在であると解されている[15]。したがって、抵当権設定登記による公示にかんがみれば、第三取得者はたとえ所有権について善意無過失であったとしても、抵当権については悪意有過失であり、抵当権の負担を免れるには少なくとも20年間の占有が必要となる[16]。

第二に、起算点はいつか。取得時効の側面からみれば占有開始時となろうが、抵当権の消滅をいかに正当化するかという観点から、被担保債権の弁済期が到来していないうちに抵当権だけが時効消滅するのは不合理であるとして、弁済期到来時を起算点とすべき旨を示唆する見方もある[17]。こう解しても、抵当権の負担を前提として占有を開始した第三取得者にとって酷とはいえないという利益判断に立脚している。

このように考えると、397条（特別規定説）により第三取得者を保護するとしてもその要件は厳格であり、抵当権に特有の考慮を要することが看取できる。ところで、抵当権設定登記後の第三取得者保護を、取得時効－原始取得構成を基礎とする確認規定説から導くのは困難ではなかろうか。自己の物に関する「抵当権の負担のない所有権」の時効取得を観念するとしても、原

---

13) 横山長「判解」最判解民事篇昭和43年度(下)1384頁、安永・前掲注5）134頁。もっとも、この判決の事案は、①第三取得者と抵当権実行後の買受人との間で所有権の帰属が争われたものであること、②第三取得者が未登記であったことに留意を要する。①については、注(7)で指摘したように、第三取得者と買受人間の優劣は抵当権者との対抗関係にしたがうため、抵当権者に劣後する第三取得者の保護は、同人が取得時効による抵当権の消滅を主張できることを前提とするものであり、買受人に対する関係において新たな取得時効が問題となるわけではないと考えられる（なお、高橋・担物271頁、松岡・担物177頁、生熊・担物168頁、角・前掲注5）376頁も参照）。②については本文で後述する。

14) 星野Ⅱ293頁、道垣内・担物237頁、内田Ⅲ474頁、高橋・担物273頁、河上・担物242頁、など。

15) 道垣内・担物237頁、内田Ⅲ474頁、河上・担物242頁、など。

16) この点につき、前掲・最判昭和43・12・24はもっぱら所有権に関する善意無過失のみについて判断した。

17) 397条適用否定説であるが、我妻Ⅲ423頁、鈴木・物権234頁、など。

始取得とは、前主の権利内容を承継せず、占有開始時における占有の内容・態様に応じた権利取得を意味するところ[18]、抵当権設定登記後の第三取得者は当初から抵当権の負担を前提として占有開始したものと評価するなら、取得時効の効果のみから直ちに抵当権の消滅を説明するのは難しいからである[19]。

[2] 考え方の分岐点はどこか？

それでは、どのように考えるべきか？　非占有担保である抵当権と長期占有保護を目的とする取得時効との関係が問われる難問であるため、拙速に結論を求めることは避け、第三取得者保護の要否をめぐる考え方の分岐点をしっかり確認しておこう。

(a)　第三取得者の地位と抵当権の特色

397条適用肯定説によれば、抵当権者に対抗できない第三取得者であっても、長期占有により抵当権者との優劣がくつがえることになるが、それはいかにして正当化されるのか？　この見解の根拠は、制度の沿革に加えて、①抵当権の永続性に対する歯止め[20]（抵当権設定登記後に譲り受けたとはいえ、被担保債権につき責任を引き受けていない第三取得者が、永久に抵当権の負担に拘束されるのは酷であり、長期に亘って占有を継続した場合はその解放を期待してもよい）、②抵当権の制限物権性と所有権との均衡（所有権でさえ無権原者の長期占有によって消滅するリスクを負うのに、制限物権である抵当権は永続するというのでは均衡を欠く）に求められる。

これに対して397条適用否定説は、上述したように、抵当権設定登記後の第三取得者は抵当権の負担を前提として権利関係を築いているとの評価に基づき、被担保債権が維持されている以上、その立場は長期占有によって変わるものではないと考える。こうした評価を基礎づけるのは、①抵当権の非占有担保性と所有権との差異（抵当権の存続は登記によって明確化されているの

---

18) 我妻Ⅰ481頁、川島・総則570頁、幾代・総則529頁、広中・物権41頁、など。
19) 道垣内・前掲注5）「時効が原始取得であること」47頁、角・前掲注5）382頁、古積・前掲注5）325頁、など。
20) 清水・前掲注3）181頁、道垣内・前掲注5）52頁、高橋・担物273頁、安永・前掲注5）140頁、など。なお、草野元己「抵当権と時効」玉田弘毅古稀記念『現代民法学の諸問題』（信山社、1998年）71頁以下は、抵当権消滅に関する立証困難の救済を挙げる。

に加えて、取得時効によって真正所有者が権利を失うのは所有権と相容れない支配の継続が尊重されるからであるのに対し、抵当権は他者の占有と両立する権利であるため、他者の長期占有による消滅になじまない）、②時効による保護の必要性に対する疑問（第三取得者は上記のような地位にある上、被担保債権の消滅前に抵当権消滅請求によって抵当権の負担を免れることができるため、長期占有を理由とする負担解放への期待に合理的理由があるとはいえない）である[21]。

(b) 抵当権消滅を防止するための法的手段

両説とも説得力があり、このテーマが難問であることがうかがえるが、この問題を考える上で重要な視点としてさらに、抵当権者において時効完成を阻止するための適切な法的手段の有無が挙げられる。なぜなら、時効の成否に関しては、その完成によって利益を受ける側の要保護性だけでなく、権利を失う側の不利益にも十分に目配りしなければならないからである。長期に亘る権利不行使を理由とする消滅時効はもちろんのこと、取得時効についても、これにより不利益を被る権利者の側に、時効中断（2017年改正により「更新」）による権利保全のための機会が確保されていなければならない点を看過すべきではない。そこで、抵当権者は被担保債権の維持管理に加えて抵当不動産につき何をすべきかを検討するに、所有者であればいつでも自己の支配と相容れない占有を排除して取得時効の成立を阻止し得るのに対して、抵当権はその実行まで第三者の占有と両立しており（したがってその占有が直ちに侵害にあたらず）、原則として抵当権者による占有排除が叶わない。そのため、抵当権存在確認請求訴訟あるいは抵当権承認請求[22]（旧166条2項ただし書〈166条3項〉）が指摘されているが、その実効性と合理性は十分であろうか[23]。

その当否については、抵当権者は抵当権設定登記後にどこまで占有管理すべきかに対する評価によって決せられよう[24]。すなわち、抵当権者は平常時ないしは被担保債権の弁済期前から、抵当不動産の譲渡等の有無、占有権原

---

21) 角・前掲注5）381頁、松岡・担物179頁、古積・前掲注5）325頁、など。
22) 香川崇「判批」月報司法書士486号（2012年）17頁、吉田邦彦「判批」判評2172号（2013年）153頁。
23) 最判平成24・3・16民集66巻5号2321頁における古田佑紀裁判官の補足意見（同判決については次章で検討する）、内田Ⅲ473頁、道垣内・担物236頁、松岡久和「判批」民法百選Ⅰ〔第7版〕189頁、角・前掲注5）382頁、古積・前掲注5）326頁、など。
24) 石田剛「判批」リマークス46号（2013年）21頁、安永・前掲注5）140頁。

の有無および内容さらには期間について精査し、抵当権確認または承認の手続を採ることが求められるのか？　とりわけ抵当権設定登記後の第三取得者に対して、確認訴訟や承認請求によって抵当権の存続に関する認識確保を図る必要がどれだけあるのか？　たしかに、占有権原の有無・内容によっては、たとえそれが抵当権者に対抗できないものであったとしても、その占有が長期に及ぶときには、抵当権者の側において被担保債権の維持管理とは別個に権利保全のための措置を講じるべき場合もあろう。とはいうものの、当初より抵当権の負担を認識していた第三取得者については、むしろ同人の側において被担保債権の状況確認に努め、その後も継続して注意を払うべきであるともいえるため、仮に397条適用肯定説に立つとしても、要件判断における調整を要しようか。

4　おわりに
——事例へのあてはめを兼ねて

　事例Part. 2については、第三取得者に対する397条適用肯定説・否定説のどちらに立つかにより、Ｉの請求の可否が異なる。もっとも、上で指摘したように、もし肯定説に立つとしても、被担保債権の弁済期が到来していないうちから時効が進行するのは望ましくないとして、第三取得者が抵当権の負担を前提として占有を開始した点をも考慮しつつ、被担保債権の弁済期ないしは債務不履行時を起算点と解する余地もあろう。この点につき、特別規定説は、397条を抵当権に特有の消滅時効について定めたものと解する見解[25]と、条文の文言から消滅時効の要素を見出すのは難しいとして[26]、これを特殊な取得時効と捉える理解とに分かれている[27]。仮に前者に立つなら、397条の趣旨から消滅時効の要素を導き出し、文言に現れていない「権利行使ができる時点」を起算点として読み込む解釈も不可能ではないといえようか。

　なお、Ｉが未登記であった場合、取得時効が対抗要件の不備を補う機能を果たすことから、397条ではなく162条が適用される旨が指摘されている[28]。

25) 道垣内・担物237頁、内田Ⅲ474頁、髙橋・担物247頁、など。
26) 松岡・担物179頁、など。
27) 古積・前掲注5）325頁、など。
28) 近江Ⅲ258頁。

しかしながら、397条の意義を抵当権者に対抗できない第三取得者の長期占有保護に求めるなら、登記の有無によって区別すべき理由はないであろう。未登記の第三取得者がもっぱら162条によって保護されるのは、抵当不動産につき先に登記を備えた他の譲受人に対して所有権取得を主張する場合であろう。

　時効による抵当権消滅については、消滅時効と取得時効の交錯さらには、制限物権性からみた抵当権と所有権との「均衡」および、非占有担保性からみた抵当権と所有権との「差異」という対立軸についてどう考えるべきかが問われる。ここでは典型事例ともいうべき第三取得者との関係を中心として考え方の対立点の確認に努めたが、次章では、これ以外の問題類型として、抵当権設定登記後の無権原占有者および、近年の最高裁判決を素材に、未登記譲受人と時効完成後の抵当権者との関係（**事例 Part. 1(2)の応用類型**）さらには、抵当権者に対抗できない賃借人による長期占有につき、それぞれ考察を行い、このテーマに関するまとめを行う。

[第14章]

抵当権と時効・その２
──もう一歩先の類型的考察

本章のテーマ

前章では、時効による抵当権消滅について何が問題となるかを確認した上で、抵当不動産の第三取得者の要保護性を取り上げ、考察のポイントと留意すべき理解の対立点について立ち入って分析した。本章ではこれをうけて、近年の最高裁判決を素材とする応用問題に挑みながら、さらなるプラスアルファを目指す。取得時効と登記に関する判例準則をそのまま抵当権にもあてはめてよいかが、とくに問われるところである。

1　抵当権設定登記後の無権原占有者

事例で考えよう Part.1

Ａが所有する甲地につきＢが抵当権の設定を受け（以下、「本件抵当権」という）、設定登記が経由された。本件抵当権設定登記後に、甲地の隣地をＣが買い受けたが、境界線を誤認したため、Ｃが甲地の一部（以下、「本件土地部分」という）を自己の所有地に含まれると信じて占有を開始し、10年余りが経過したところでＢが本件抵当権の実行申立てを行った。Ｃはこれに対して異議を唱えることができるか。

民法397条確認規定説・特別規定説[1]を問わず、抵当不動産につき取引行為に基づかずに占有を始めた無権原者（境界誤認型）が時効により保護され

る点については、異論がないようである[2]。占有開始時が抵当権設定登記の前後いずれであっても、取引行為に基づかない無権原占有者は公示の埒外にあり、抵当権の負担を前提とする占有開始を認め難いからである。また、このような無権原者は占有部分の所有権を時効取得し得るのに、抵当権の負担からはいつまでも免れることができず、実行後に買受人からの明渡請求に応じなければならないというのは均衡を失していよう。とくに第三取得者に対する397条適用否定説は、同条の適用対象を無権原占有者に限定すべき旨を説く[3]。**事例Part. 1** においてＣが本件抵当権の存在につき善意無過失であったなら、占有開始から10年で本件抵当権は本件土地部分の範囲で消滅する。

これに対して、抵当権者に対して抵当権設定後に所有者と同様の占有管理を求めるのは酷である上、被担保債権の弁済期到来前から抵当権の時効が進行するのは不合理であると考えるなら、無権原占有者は抵当権の負担を前提として占有を開始したとはいえないものの、時効の起算点を被担保債権の弁済期到来時ないしは債務不履行時とするなどの調整があり得る[4]。

所有権の取得時効との関係については、これと同時に抵当権も消滅すると考えるのが簡明ではあるが、397条特別規定説に立てば両者を区別して要件判断すべきことになる。第一に、善意悪意の対象が異なる。**事例Part. 1** においてＣは、甲地との境界誤認につき過失ありとしても、本件抵当権の存在については善意無過失と認められることがあり得るが、その場合は本件土地部分に関する本件抵当権の消滅だけが肯定される。第二に、上述のように起算点が異なると解する余地もある。

1) 397条につき、所有権の取得時効の効果として抵当権が消滅する旨を確認する規定にすぎないと解する説（確認規定説）と、同条は所有権の取得時効とは別個に抵当権に特有の時効消滅について定めたものであり、162条・旧167条2項（166条2項）の特別規定であると捉える説（特別規定説）を指す（前章参照）。
2) 我妻Ⅲ 423頁、鈴木・物権 235頁、内田Ⅲ 473頁、など。
3) 角紀代恵「再論抵当権の消滅と時効」星野英一先生追悼『日本民法学の新たな時代』（有斐閣、2015年）382頁、古積健三郎『換価権としての抵当権』（弘文堂、2013年）325頁、など。
4) 我妻Ⅲ 423頁、鈴木・物権 234頁、など。このように要件構成するには、397条の趣旨に消滅時効の要素を読み込むなどの工夫を要しよう。

2 取得時効の援用と抵当権に関する時効の援用

> **事例で考えよう Part. 2**
> Dが所有する乙地につき、Dの先代から相続したと誤信したEが未登記のまま占有を開始し、20年以上経過した後に、乙地につきDがFのために本件抵当権を設定して、設定登記が経由された。その後EはDに対して乙地につき取得時効を援用して所有権移転登記を具備したが、本件抵当権設定登記から10年経過したところで、EはさらにFに対して時効による本件抵当権の消滅を主張して抹消登記手続を求めた。この請求は認められるか。

[1] 取得時効の再度援用の可否

事例 Part. 2 は、最判平成 15・10・31 判時 1846 号 7 頁（以下、「平成 15 年判決」という）をモデルとする事案である。設例においてEは乙地につき二度に亘って時効を援用しているが、平成 15 年判決の事案ではもっぱら取得時効を援用したため、Dに対する時効援用によって確定的に乙地の所有権を取得した以上、起算点を後にずらして再度Fに対して取得時効を主張することは許されない、という判断が示された。同判決は、取得時効の起算点を占有開始時に固定し、援用権者にその任意選択を許さない判例法理[5]および、抵当権の消滅を所有権の取得時効の効果と捉える構成を前提とするものである。

[2] 時効援用の重複か？　新たな時効完成か？

事例 Part. 2 については、次の二通りの評価が成り立つ。

第一に、Fは時効完成後の第三者であり、対抗関係においてEはFに劣後する以上[6]、起算点を本件抵当権設定登記時にずらせてこれをくつがえすのは許されないことを理由として[7]、あるいは、本件抵当権の消滅を主張せず

---

5) 最判昭和 35・7・27 民集 14 巻 10 号 1871 頁、など。
6) 大連判大正 14・7・8 民集 4 巻 412 頁、など。
7) 内田 I 454 頁。

に所有権の取得時効だけをDに対して援用する態様は抵当権の負担を前提とするものであるから[8]、これによりEは本件抵当権の負担付きの所有権を取得した旨が確定したとして、平成15年判決を支持する見方が挙げられる。

　第二に、これとは反対に本件抵当権設定登記後におけるEの占有継続を独自に評価して、新たな時効完成による抵当権の消滅を認める考え方があり得る。まず、時効完成後の第三者の登記後さらに占有を継続したことにより再度取得時効が完成したとして[9]、あらためて「抵当権の負担のない所有権」の時効取得を認めることが考えられる。また、397条特別規定説に立って、Dに対する関係における所有権の取得時効とは別個に、Fに対する関係において抵当権の時効消滅を導く構成も成り立つ[10]。このように考えれば取得時効の援用重複はなく、抵当権消滅の当否を所有権取得の可否と区別して評価すべき旨がより一層鮮明になる。予め指摘しておくと、この構成によれば次の事例Part.3と同様になる。

[3] 事例へのあてはめ

　それでは、事例Part.2についてどのように考えるべきか？　乙地につきEのために取得時効が完成したとしても、これをもって時効完成後の第三者であるFに対抗することはできない。問題は、本件抵当権設定登記後の占有継続によりその優劣関係がくつがえるか否かである。Eは本件抵当権設定登記前からの占有者であって、本件抵当権の負担を前提として占有を開始したとはいえないことに照らせば、未登記だからといって永久にその負担から解放されないというべきではないであろう[11]。とすれば、新たな時効完成による保護が考えられてよい。そして、Dに対する時効援用時においては本件抵当権に関する時効が未だ完成しておらず、Eは本件抵当権が付着した状態で

---

8) 角・前掲注3) 389頁、同「判批」現代民事判例研究会『民事判例Ⅵ−2013後期』（日本評論社、2013年) 131頁、石田剛「判批」リマークス46号（2013年) 21頁、古積・前掲注3) 335頁。

9) 最判昭和36・7・20民集15巻7号1903頁（以下、「昭和36年判決」という)。

10) 安永正昭「抵当不動産の自主占有の継続（取得時効）と抵当権の消滅」田原睦夫先生古稀記念『現代民事法の実務と理論（上巻)』（金融財政事情研究会、2013年) 153頁、角・前掲注3) 388頁、など。

11) 河上・物権125頁以下。

所有権の取得時効のみを援用せざるを得ない立場にあったと考えられることから、かかる時効援用は397条に基づく主張を妨げるものではないといえよう[12]。それでは、本件抵当権は消滅するのか？　事例 Part. 3 においてまとめて検討しよう。

3　時効完成後の譲受人と抵当権者との異同

> **事例で考えよう Part. 3**
> 　Gが所有する丙地につきHが買い受けて引渡しが行われ、Hは農地として使用開始したが、未登記のまま20年が経過した後、Ⅰが丙地につきGから本件抵当権の設定を受け、設定登記が経由された。その後さらに10年余りが経過したところでⅠが本件抵当権の実行を申し立てた。Hはこれに対して異議を唱えることができるか。

[1]　問題の所在

　事例 Part. 3 は、最判平成24・3・16民集66巻5号2321頁（以下、「平成24年判決」という）の事案をモデルにしたものである。

　判例は未登記譲受人につき取得時効を認めるが[13]、その上で、譲受人と占有者間の優劣に関する「取得時効と登記」準則が、この問題類型（以下、譲受人を抵当権者に置き換えた場合として「譲受人→抵当権者型」という）にも妥当するかが問われる。これまでも断片的に取り上げてきたが、判例により確立された準則をまとめて確認しておこう。

　判例は、177条における「登記を要する物権変動」に取得時効も含まれるとしつつ、登記の要否については、時効完成時を基準として、譲受人が取得時効による物権変動の当事者に準じる関係 or 第三者のどちらにあたるかによって決する立場に立つ。

　第一に、時効完成時の所有者は当事者に準じる関係に立つことから登記不

---

12) 本件抵当権の存在確認を理由とする時効中断を認める余地はあろうが、Dに対する取得時効の援用の事実のみから直ちに認定できないであろう。
13) 最判昭和42・7・21民集21巻6号1643頁、など。

要である旨[14]を前提として、時効完成前の譲受人も同様となる（当事者準則）[15]。

第二に、時効完成後の譲受人については、時効取得の後その旨につき未登記の間にこれと相容れない譲渡が行われたとみうるため、占有者と対抗関係に立つ（第三者準則）[16]。そうすると、時効完成後の譲受人が先に登記を備えた以上、もはや占有者が保護される余地はないのかが問われるが、これに答えるのが以下の二つの準則である。

まず、時効完成後の譲受人にも背信的悪意者排除論が妥当する。判例は背信的悪意の意義につき、多年に亘る占有継続の事実に対する悪意＋登記の欠缺の主張における信義則違反を挙げる（背信的悪意者排除準則）[17]。

次いで、占有者が時効完成後の譲受人の登記後もさらに占有を継続し、新たに取得時効が完成した場合、両者は当事者に準じる関係に転じるため、登記不要となる（再度当事者準則）[18]。

事例 Part. 3 において、本件抵当権設定は時効完成後であるから、第三者準則によれば、Hは登記なくして丙地の所有権取得をIに対抗することができない。もっとも、Iが本件抵当権設定に際して、Hが丙地を長期に亘って占有している事実を確認した上でこれを前提として抵当権を設定したと認められる場合であれば、背信的悪意者にあたり得るが、**事例 Part. 1** のような境界誤認型の事例以外にそのような場合が実際にあるのか、疑問である。加えて、譲受人→抵当権者型の対抗問題に背信的悪意者排除準則を適用すれば、抵当権者の主観的態様によって買受人の地位が不安定になるおそれがあることも懸念されよう[19]。

それでは、抵当権設定登記後10年の占有継続を理由として、再度当事者準則を譲受人→抵当権者型にあてはめてよいか？　これに応接したのが平成24年判決である。

---

14) 大判大正 7・3・2 民録 24 輯 423 頁。
15) 最判昭和 46・11・5 民集 25 巻 8 号 1087 頁、など。
16) 前掲・大連判大正 14・7・8、など。
17) 最判平成 18・1・17 民集 60 巻 1 号 27 頁。
18) 前掲・昭和 36 年判決。

[2] 平成 24 年判決の論理

平成 24 年判決の論理は以下の通りである。ⅰ．未登記の占有者がいかに長期間占有を継続しても抵当権の負担のない所有権を取得できないというのは、取得時効の趣旨に反する。ⅱ．占有者は抵当権実行後の買受人ひいては抵当権者と対抗関係に立ち、それは譲受人との対抗関係に比肩するものであるところ、再度当事者準則によれば譲受人が所有権を失う場合にまで抵当権者を保護するというのは、均衡を失している。ⅲ．したがって、占有者が抵当権の存在を容認していたなど、抵当権の消滅を妨げる特段の事情がない限り、占有者は抵当不動産を時効取得し、これにより抵当権は消滅する。

要するに、ⅰ．長期占有保護の必要性、ⅱ．所有者に対する関係との共通性および均衡を理由として、抵当権者についても再度当事者準則が妥当するというのである。なお、同判決は抵当権消滅を取得時効の効果として導いており、397 条確認規定説に親和的であるが、同条には言及していない。

ところで、同判決には次のような注目すべき補足意見が付されている。ⅰ．抵当権も所有権と同じく長期占有によって消滅することを正当化するには、所有者と同じように抵当権者にも時効による権利消滅を防止する手段が手当てされていなければならないところ、抵当権者は抵当権実行前において直ちに占有を排除して取得時効の完成を阻止することはできない点を考慮すべきである。ⅱ．時効による抵当権の消滅を導くための法的根拠として民法 397 条の意義が見直されてよい。

法廷意見が、占有者保護の必要性および所有権との共通性ないし均衡の観点からアプローチするのに対して、補足意見は、非占有担保としての抵当権の特色および抵当権者の不利益に配慮すべき旨を指摘するものであり、両者を通して考察すべきポイントを把握することが重要である。

---

19) 執行官の現況調査（民執 57 条）を通して抵当権者の主観的事情を執行手続に反映させることができなければ、買受人が予期せぬ損失を被る。そのため、例えば抵当権設定登記後の賃借権は抵当権者の事前の同意があれば実行後も存続し得るが、かかる同意につき登記を要する（387 条 1 項）。また、法定地上権の成否についても、執行手続の円滑と安定を図るため、後順位抵当権者が不在でかつ抵当権者自身が買受人となった場合を除き、抵当権者の主観的な担保評価のみによってこれを決すべきではないと解されている（道垣内・担物 216 頁、高橋・担物 147 頁、安永・物権 310 頁、田高寛貴「法定地上権」法教 418 号〔2015 年〕69 頁以下、など）。

[3] どのように考えるべきか？

事例 Part. 3 において、未登記のHは抵当権者に対抗できない占有者であるが、抵当権設定登記前から占有しており、本件抵当権の負担を前提として占有開始したとは認められないことにかんがみれば、再度当事者準則により保護されてよいであろう。そのための法律構成としては、抵当権者に対抗できない占有者のために抵当権の消滅を認める規定として、397条が考えられてよい[20]。

もっとも、これを抵当権者の側からみると、時効による抵当権の消滅をいかにして正当化するかという観点が必要となる。

第一に、再三指摘しているように、被担保債権の弁済期が到来する前から時効を進行させてよいか。

第二に、仮に占有開始時から時効が進行するとしても、その場合抵当権者はどのようにして時効管理すべきか。設定時の現況確認により占有状況を認識できたとしても[21]、所有者と異なり、抵当権実行前において当然にこれを排除し得るわけではないため、時効完成阻止のためには、その後定期的に抵当権存在確認訴訟あるいは承認請求（166条2項）などを行う必要がある。事例 Part. 3 のような事例ではHが本件抵当権を承認する見込みに乏しく[22]、訴訟を余儀なくされる展開が予想されよう。さらに抵当権実行に際しては、執行手続の円滑および買受人の地位の安定化の観点から、時効の成否までを実行手続に反映できるかどうかも課題となろう。

---

20) 安永・前掲注10) 153頁。
21) Gも丙地を農地として使用しており、客観的外形的にみてHへの譲渡前後において占有状況に変化がない場合などは、認識困難といえようか。
22) 平成24年判決は特段の事情を留保するものの、占有者がその占有開始時に存在していなかった抵当権を後から容認するとは考え難い（松岡久和「判批」民法百選Ⅰ〔第7版〕189頁、角・前掲注3) 382頁、など）。

4　賃借人による長期占有と抵当権の消滅

事例で考えよう Part. 4

Jは丁地を所有するKから同地につき本件賃借権の設定を受け、同地上に本件建物を建築したが、建物保存登記未了の間に、Lが丁地につき本件抵当権の設定を受け、設定登記手続を了した。10年余りが経過した後に本件抵当権が実行され、買受人となったMがJに対して本件建物収去および丙地の明渡しを求めた。Jはこれを拒めるか。

[1] 前提の確認

使用収益を目的としない抵当権は賃借権と対抗関係に立たないように見えるが、抵当権設定後に設定された賃借権であっても常に抵当権者に対抗できるとすると、抵当権実行後も賃借権が存続することとなって買受人が引き受けるべき負担となり、売却価格の下落を招き得ることから、設定時における抵当権の価値支配に抵触する。かかる意味において賃借権は抵当権と対抗関係に立ち、両者の優劣は抵当権設定登記と賃借権登記（605条）または建物登記（605条の2第1項→借借31条）の先後（借地権の場合）によって決せられる。そして、抵当権者に対抗できない賃借権は抵当権の実行により消滅する（民執59条2項）。事例 Part. 4 において、本件賃借権は本件抵当権に劣後する。

それでは、こうした抵当権と賃借権の優劣関係は時効によってくつがえるのか？　判例は賃借権の時効取得を認めるため[23]、賃借人が抵当権設定登記後にどれだけ長期間占有しても保護されないというのでは取得時効の趣旨に反するとして、再度当事者準則を適用することも考えられる。平成24年判決は、事例 Part. 3 のような譲受人→抵当権者型にも同準則が妥当する旨を示したが、さらに占有者が賃借人である問題類型（以下、「譲受人→抵当権者型＋占有者→賃借人型」という）にもあてはまるかが問題となる。

事例 Part. 4 は最判平成23・1・21判時2105号9頁（以下、「平成23年判

23）最判昭和43・10・8民集22巻10号2145頁、最判昭和52・9・29集民121号301頁、など。

決」という）の事案をモデルとするものであるため、まずは同判決について確認しよう。

[2] 平成 23 年判決の論理

平成 23 年判決は、抵当権者に対抗できない賃借人が長期占有を継続したとしても、対抗関係における優劣がくつがえることはない旨を示し、その理由として、再度当事者準則は、譲受人と占有者との間における相容れない権利の得喪に関するものであり、そのような関係にない抵当権者と賃借人間には妥当しないことを挙げる。

たしかに、少なくとも抵当権実行前においては抵当権と賃借権が併存する上、賃借権の対抗を認めてもこれによって抵当権が消滅するわけではない。なお、この観点からみれば用益物権も同様となる。

[3] 問題の所在と考え方

しかしながら、上記の理が時効による賃借人保護の要否にどう結びつくのか？　ここでは抵当権者に対抗できない賃借権が問題となっており、このような賃借権は抵当権の実行によって排除されるため、その意味において賃借人の地位は抵当権者に劣後する譲受人と異ならない。そこで、賃借人の長期占有を譲受人と同じように保護すべきかどうかが問われるのであるが、平成 23 年判決の論理のみからこれを否定するのは困難と思われるため[24]、ⅰ．対抗要件なき賃借人の要保護性および、ⅱ．抵当権者の不利益とのバランスについての考察からさらなる補足を試みよう。

ⅰ．については、まずもって賃借権の時効取得による保護の意義と射程が問われるが、所有者との関係において無権原占有者のために賃借権の時効取得を認めることと、抵当権者に対抗できない賃借人を時効によって保護することとは、別問題であろう[25]。平成 23 年判決は、抵当権者は抵当権設定登記に先立って対抗要件を備えた賃借権の負担だけを覚悟すれば足り、特別法

---

24) 秋山靖浩「判批」現代民事判例研究会『民事判例Ⅲ－2011 前期』（日本評論社、2011 年）48 頁、大久保邦彦「判批」判例セレクト 2011〔Ⅰ〕別冊法教 377 号（2011 年）15 頁、阿部裕介「判批」民法百選Ⅰ〔第 8 版〕99 頁。
25) 古積「判批」ジュリ増刊平成 23 年度重判解 71 頁、石田剛「判批」リマークス 44 号 21 頁、金子敬明「抵当権と時効」千葉大学法学論集 27 巻 3 号（2013 年）54 頁以下、など。

上の対抗要件すら備えていない賃借権を抵当権者の犠牲において保護する必要はない、という価値判断を基礎とするものといえよう。ちなみにこの考え方では、賃借人が時効によって保護されるには買受人との関係においてさらに長期占有することを要することになろう。このような評価はもっぱら賃借権に限定されるのか、あるいは、抵当権と利用権（用益物権を含む）との優劣関係一般に妥当するのかについては、今後の課題であろう[26]。

ⅱ．に関しては、抵当権者ひいては買受人の立場からみれば[27]、抵当権者は当然に賃借人を排除できるわけではないため、抵当権者に対抗できない賃借人に対しても定期的に抵当権存在確認訴訟あるいは承認請求等の保全措置を講じなければならないとすれば、その負担は決して小さくない。また、賃借人のための時効の成否までを抵当権実行手続に反映できるかどうかも問題となろう。

これらの指摘は譲受人→抵当権者型一般に妥当するが、譲受人→抵当権者型＋占有者→賃借人型についてはさらにⅰ．に関する上記の評価と相俟って、再度当事者準則による保護の限界が示され、占有権原に応じた「線引き」がされたものと解されよう。

5 おわりに

非占有担保である抵当権が他人の占有によって消滅するというのは、一見すると矛盾してみえる。しかしながら、抵当権者に対抗できない占有者は永久に抵当権の負担から免れることができないとすれば、制限物権であるはずの抵当権が時効においては所有権以上に厚く保護されることになるが、それでよいか？　抵当権についても「取得時効と登記」準則に即して規律するのが所有権との均衡に適うとともに、権利関係の簡明化に資するのではないか？　他方において、占有者の要保護性と抵当権者の不利益とのバランスを考えるとき、抵当権の負担を前提として占有を始めたといえる者まで保護しなければならないのか[28]？　占有権原の有無・性質を問わなくてよいのか？　被担保債権の弁済期が到来する前から時効を進行させてよいか？　抵当権者は時

---

26) 石田・前掲注25) 21頁は、用益物権とは区別すべき旨を説く。
27) 平成23年判決の原審がこの観点を指摘する。

効のリスクをどのように管理すべきなのか？　抵当権においては執行手続の円滑および買受人の地位の安定化にも配慮すべきではないか[29]？

　本書では、上記のような問題意識に基づいて、抵当権の制限物権性からみた「所有権との均衡」と、非占有担保性に着目した「所有権との差異」という対立軸を立て、主要な問題類型について検討した。類型化に際しては、①占有開始時による区別（抵当権設定登記の前 or 後）および、②占有権原の有無・性質に応じた区別（第三取得者・無権原占有者・賃借人）を基軸として整理を行った。大変な難問であるため、問題の所在と考察すべきポイントならびに、成り立ち得る考え方の把握に努めてほしい。

---

28) ところで、抵当権の負担を前提とする占有か否かが、時効の要件において「所有の意思」の有無または善意悪意のいずれのレベルに相当するのかについては、必ずしも明らかではない。前者に比肩するものとすれば、他人の所有に属することを前提とする占有（他主占有）に準じて、抵当権設定登記後の第三取得者保護の否定に連なるが、抵当権につき悪意で占有を開始すればただちに債務者または設定者による占有に準じて扱ってよいかについては疑問がある。もっとも、第三取得者については、同人の側において被担保債権の状況を継続的に把握するよう努めるとともに、必要に応じて抵当権消滅請求を行うなど、所有権喪失のリスクを管理すべき立場にあるともいえるため、時効によって保護するにしても、時効期間あるいは起算点において調整を図るなどの要件調整がされてもよいように思われる。

29) 抵当権における諸問題全体を通してこの観点の重要性を説く最近の文献として、水津太郎「抵当権と利用権――抵当法のあり方を考える」法教426号（2016年）82頁以下。

[第15章]
契約不適合・その1
——基本編（担保責任から契約不適合へ）

本章のテーマ

2017年改正前における売主担保責任は契約法において最も議論が多い論点の一つであった。このテーマは契約の履行障害に関する総合問題であり、目的物に欠陥があった場合における売主の責任・買主の権利の要件および内容のあり方という、すぐれてシンプルな問いであるにもかかわらず、これまで実に幅広くそして奥深い議論が展開され、理論的・体系的整合性と具体的妥当性との調和を高度に保ちながら、適切な解決を志向されてきた。その重要性は、「担保責任を制する者は契約法を制す」といっても決して過言ではないほどに大きい。2017年改正はその成果をうけて大改訂に踏み切ったが、その確かな理解と合理的な運用のために、まずは改正前における議論の要点を踏まえた上で、改正法の概要を把握するのが効果的であろう。

まずは基本編として担保責任から契約不適合への転換の意義を取り上げ、次章において応用編として各論的検討へと展開する。

1　問題の所在

事例で考えよう Part. 1

(1)　不動産事業者であるAは、分譲マンション甲の10階にある一室の区分所有権（以下、甲という）をBに対して売却した（以下、「本件売買契約」

という)。ところが、Bが甲の引渡しを受けてから間もなくして、窓の開閉不全、雨漏り、水回りの不具合が判明した。BはAに対していかなる法的根拠に基づいてどのような請求をすることができるか。
(2) (1)において、本件売買契約締結直後に発生した地震により甲の構造部分に欠陥が生じ、引渡し後間もなくして壁のひび割れが露呈するに至ったとしたらどうか。

事例で考えよう Part. 2
電器店を営むCは、Dに対して音響機器乙を売却し、Dはその引渡しをうけて使用を開始したところ、音質不良があることが明らかとなった。DはCに対していかなる法的根拠に基づいてどのような請求ができるか。

2017年改正前における売主担保責任をめぐる主要な問題は一般債務不履行責任との関係(担保責任の存在意義ないし独自性)であり、これと関連して、①担保責任の法的性質およびその前提理解、②特定物売買・種類売買の区別の当否、③原始的・後発的瑕疵の区別の当否、④完全履行請求(追完請求)の可否、④担保責任における損害賠償の意義・要件および範囲、⑤解除における催告の可否、⑥権利行使期間、などが論じられてきた。
これらの諸問題はいずれも改正法のポイントにつながるため、改正法の理解に関する充実したプラスアルファのために、問題理解をきちんと重ねていこう。

2 法定責任説の意義および問題点

[1] 法定責任説の要点

2017年改正前の担保責任の意義と法的性質につき、かつて通説的地位にあったのが法定責任説[1]である。「改正法において何がなぜ変わったのか」を的確に把握するには、同説から理解を出発させるのが効果的である。その

---

1) 鳩山秀夫『増訂日本債権法各論(上)』(岩波書店、1924年) 363頁以下、我妻V-(2)271頁、柚木馨=高木多喜男編『新版注釈民法(14)』(有斐閣、1993年) 260頁以下〔柚木馨〕、下森定「種類売買と瑕疵担保」奥田昌道ほか編『民法学5』(有斐閣、1976年) 98頁、広中・各論57頁、鈴木・債権232頁、近江V 143頁、など。

要点は以下の通りである。

第一に、原始的不能＝無効（法律行為の有効要件として目的の実現可能性を挙げる「原始的不能論」）であるから、特定物売買において原始的瑕疵が存する場合、その瑕疵部分の給付は当初から不能であり、その部分につき履行義務は発生しない（一部無効）。また、特定物売買においては、個別化された「この物」のみが対象となり、効果意思は現状におけるその物に集約されるため、目的物の性状は効果意思の内容たり得ず、性状に対する買主の期待は動機にすぎない（これについては第8章参照）。すなわち、特定物売主の給付義務の内容は目的物の現状引渡しに尽きる（旧483条を根拠とする「特定物ドグマ」[2]）。よって、特定物売買において当初から目的物に瑕疵があったとしても、売主が履行期まで善管注意義務（旧400条）を尽くしてこれを保管すれば、瑕疵ある物の給付は債務不履行にあたらない。

第二に、その場合に売主は何の責任も負わなくてよいとすると、売主が給付した瑕疵ある目的物と買主が支払うべき代金額との間の等価性が害されるため、民法は、かかる対価的不均衡を是正して当事者間の公平を図り、もって有償取引の信用保護を図るために特別な法定責任を売主に課したのである。これが瑕疵担保責任（旧570条）である。

第三に、瑕疵担保責任の適用対象は特定物の原始的瑕疵に限定され、その内容は、無過失責任としての信頼利益の賠償および無催告解除である。そして、売主に瑕疵なき物の給付義務がない以上、追完請求および履行利益の賠償請求は認められない。

第四に、種類売買の売主は契約上合意された品質において給付義務を負い、瑕疵ある物の引渡しは債務不履行あたるため、瑕疵担保責任は問題とならない。

[2] 法定責任説の課題

2017年改正前を前提としてこの見解を**事例Part. 1**にあてはめると、BはAに対して修補請求することはできず、瑕疵の程度によってはただちに解除することも可能である。損害賠償としては信頼利益に限定されるが、その内

---

2) この命題につき、柚木・前掲注1）272頁、潮見・契約162頁、北居功「履行としての受領」法セ692号（2012年）78頁、など。

容は明らかではない[3]。なお、(2)は危険負担の問題となる（後述）。**事例 Part. 2** では、DはCに対して修補請求することができ、適切に対応しなければ催告の上解除することも可能である。さらに債務不履行に基づき、予見可能性があれば履行利益の賠償請求も妨げられない。

法定責任説は瑕疵担保責任の存在意義を明らかにするとともに、特定物＝瑕疵担保責任・種類物＝債務不履行責任、原始的瑕疵＝瑕疵担保責任・後発的瑕疵＝危険負担（または善管注意義務違反に基づく債務不履行責任）という図式化を確立し、理論的完成度の高い見解であるが、上記の事例へのあてはめからも明らかなように、具体的妥当性とくに特定物と種類物との間における不公平は否めない。そこで、法定責任説もさまざまな工夫を凝らしている。

第一に、修補請求の可否が挙げられる。上記の特定物ドグマは友人間の美術品売買において作品に傷があったような場合には妥当するものの、事業者による不動産売買（事例 Part. 1）のように、売主に修補能力があって修補に対する合理的期待が認められる場合においては、取引の実態にそぐわない。そこで、法定責任説では、明示または黙示の特約あるいは信義則を根拠として修補義務を認める構成が示されている[4]。

第二に、損害賠償の範囲につき、瑕疵担保責任の内容を信頼利益に限定すると、売主に過失ある場合において特定物売買と種類売買（事例 Part. 2）との間にアンバランスが生じる。そこで、債務不履行責任との均衡にかんがみて、特定物についても売主に帰責事由ある場合には履行利益の賠償を肯定する見解[5]あるいは、売主の付随義務ないし保護義務違反を根拠として拡大損害の賠償を認める見解[6]、特別な品質・性能保証の違反に基づく履行利益の賠償を導く構成などが提示されている[7]。

---

3) 潮見・契約 181 頁、など。
4) 下森・債権 43 頁、など。
5) 我妻Ⅴ-(2) 272 頁、広中・各論 76 頁、鈴木・債権 251 頁、近江Ⅴ 144 頁、など。
6) 下森・債権 55 頁。
7) 広中・各論 73 頁、鈴木・債権 251 頁、好美清光「判批」金商 650 号（1982 年）51 頁、円谷峻「瑕疵担保責任」星野英一編『民法講座 5』（有斐閣、1985 年）272 頁、など。

3　契約責任説の台頭

これに対して、当事者間の合意の尊重および契約の拘束力重視に基づく契約責任説が台頭し、やがて支配的となるに至った[8]。その概要は次の通りである。

第一に、履行不能であるとしても、売主が契約上その実現を約した以上はこれを履行する債務を免れず、履行に代わる責任を負う。この理は原始的不能の場合にも妥当する[9][10]。

第二に、特定物売買であっても、売主の給付義務は合意内容にしたがって確定され、契約により約定された品質・性状において給付すべき義務を負う。売主の債務内容は特定物・種類物の区別から演繹的・一義的に画定されるのではなく、当事者がいかなる趣旨においてどのような物の給付を約したのかに関する契約解釈にしたがって、個別具体的に決定される。

したがって、契約責任説によれば、担保責任の性質は、売買目的物が契約内容に適合しない場合における売主の責任すなわち債務不履行責任にほかならず、その特色は、特定物・種類物あるいは原始的瑕疵・後発的瑕疵による区別を問わず、可能な限り追完請求を認めて契約の維持・実現に努めるとともに、帰責事由および予見可能性の有無に応じて履行利益の賠償も妨げられないと解する点に求められる。その意味において、担保責任は債務不履行責任の特則と解され、その適用対象は特定物に限定されない。

そのため、契約責任説を貫けば、**事例 Part. 1** および **事例 Part. 2** におけるＢ・Ｄの保護に差異はないことになる。

担保責任を債務不履行責任の一環として契約責任に一元化するこのような考え方は、商品売買ひいては現代契約法の要請ならびに、取引法に関する国際的動向に調和しており、2017年改正もこの傾向に沿うものであるが、その理解を深めるために、改正前における担保責任の「特則」性と債務不履行責任との関係についてさらに掘り下げよう。

8）星野Ⅳ 134 頁、内田Ⅱ 126 頁、潮見・契約 190 頁、大村・契約 64-65 頁、など。
9）星野Ⅳ 51 頁、広中・各論 78 頁、内田Ⅱ 25 頁、潮見Ⅰ 79 頁以下、中田・総論 26 頁、など。
10）もっとも、当事者双方が不能であることを知り、当初から真摯に履行する意思がない場合は契約不成立あるいは虚偽表示無効となり得よう。また、不能であることを知らなかったことを理由とする錯誤取消しが認められる場合もあろう。

4 担保責任の「特則」性と債務不履行責任との調和

ところで、担保責任を債務不履行責任の特則として解したとしても、いかなる点が特別ルールなのか？ いくつかの検討課題が指摘されている[11]。

第一に、無過失責任としての損害賠償の意義が問われる。担保責任の内容を信頼利益・履行利益のいずれに解したとしても、売主の帰責事由の有無を問わずに認める理由が十分でないからである。そこで台頭したのが、対価的調整を目的とする代金減額とこれを超える本来の意味における損害賠償とに二分した上で、前者を売主の帰責事由の有無を問わない担保責任特有の責任、後者を一般債務不履行責任に準じるものと解する理解である[12]。

事例 Part. 1 および Part. 2 いずれにおいても、修補が不能または合理的期待に欠ける場合、B・Dは担保責任を根拠とする代金減額を求めることができ、修補の遅延等によってさらに損害が生じた場合、債務不履行責任の要件にしたがって賠償請求することも可能となる。

第二に、担保責任における催告を要しない解除の意義につき、債務不履行解除との均衡が問われる。もっとも、担保責任に基づく解除は契約目的の不達成が要件とされており、容易に追完可能である場合はこれにあたらないと解されている一方[13]、債務不履行解除においても、履行不能または債務者の明確な履行拒絶の場合に催告不要と解する傾向にあることから、基本的には共通している。

第三に、事例 Part. 1 (2) に関わるが、後発的瑕疵についてはどのように規律すべきか。法定責任説では担保責任の問題とならず、売主の態様に応じて、①善管注意義務違反（旧400条）に基づく損害賠償、②危険負担による損傷の度合に応じた代金債務の一部消滅（実質的代金減額）となるが、契約責任説では追完請求もなお妨げられないことになろう[14]。

第四に、権利行使期間につき、瑕疵担保責任は買主が瑕疵を知った時から1年間とされており（旧566条3項）、債権の一般消滅時効期間は10年（旧

---

11) 下森・債権31頁、円谷・前掲注7）255頁、近江Ⅴ139頁、加藤Ⅳ223頁、など。
12) 理論構成を異にするが、来栖・契約91頁、三宅(上)312頁以下、好美・前掲注7）45頁以下、加藤Ⅳ223頁以下、円谷・前掲注7）271頁、など。
13) 我妻Ⅴ-(2)290頁、柚木・前掲注1）376頁。
14) 内田Ⅱ143頁。

167条）であることとの関係が問題となる。学説上は、特定物のみならず種類売買においても、信義則あるいは旧566条3項または商法526条2項類推適用による期間制限の適用を説くものがあるが[15]、この問題については次項で検討する。

これと関連して第五に、瑕疵担保責任と債務不履行責任との関係につき判例には、不特定物売買において、買主が「瑕疵の存在を認識した上でこれを履行として認容し債務者に対しいわゆる瑕疵担保責任を問うなどの事情」がない限り、買主は受領後もなお債務不履行に基づく権利行使ができる旨を示したものがある[16]。この昭和36年判決は、履行認容＋受領時を基準として債務不履行責任と瑕疵担保責任の適用区分を行ったようにも見えるが、履行認容＋受領がないとして債務不履行に基づく主張（解除）を認めた判決であり、かかる受領後であってもなお追及し得る瑕疵担保責任の意義・内容を明らかにしたものではない。

なお、瑕疵担保責任の特則性につき、この買主の受領の意義に着目しつつ、瑕疵を知らずに目的物を受領した買主の利益と、履行完了による免責に対する売主の期待との調和に求める見解も有力に提唱された[17]。

5　2017年改正の概要――契約不適合への一元化

[1] 前提の修正

2017年改正は、改正前の担保責任の諸類型を、目的物の契約不適合における買主の諸権利に統一化して、これらを債務不履行責任の問題として一般化・一元化した。その前提として、改正前における伝統的理解に対する次のような修正が行われた。

第一に、履行不能は債務の有効な成立・存続を妨げず、履行請求権が排除されるにとどまる（412条の2）。したがって、原始的不能＝無効ではなく、債務不履行として履行請求権以外の契約上の権利・責任の成立は妨げられない。

---

15) 柚木・前掲注1）320頁、広中・各論73頁、近江Ⅴ141頁、など。
16) 最判昭和36・12・15民集15巻11号2852頁（以下、「昭和36年判決」という）。
17) 理論構成を異にするが、森田・債権法296頁以下、306頁以下、北居・前掲注2）81頁以下、同『契約履行の動態理論Ⅱ　弁済受領論』（慶應義塾大学出版会、2013年）205頁以下、内田Ⅱ131頁以下、大村・契約64頁、など。

第二に、特定物・種類物を問わず、売主は、契約の内容に適合する種類・品質・数量において目的物を引き渡す義務を負い、これに反した場合、買主には契約不適合を理由とする諸権利が生じる（562条以下）。なお、特定物の現状引渡しは、契約および取引上の社会通念に照らして品質を定めることができない場合に限定される（483条）。

　第三に、契約不適合を理由とする買主の諸権利は、引渡し後または受領遅滞後における目的物の滅失または損傷について行使することができない（567条）。その反対解釈として、それまでに生じた不適合につき売主は責任を免れない。危険負担に関する債権者主義（534条）を廃止し、契約締結後に目的物が損傷しても、契約内容に適合する物を引き渡す債務が存続することを前提としている。

　以上により、特定物・種類物および原始的瑕疵・後発的瑕疵を問わず、買主には契約不適合を理由とする権利行使が認められる。

[2] 買主の権利

　契約不適合に対する買主の権利として、一次的には追完請求権が認められる（562条）。契約内容に適合する履行の実現を優先させるためである（履行の優位）。もっとも、特定物の場合は代物給付を観念することができないため、追完の内容は修補請求に限定されよう。

　売主が追完しない場合、またはそれが不能もしくは合理的に期待できない場合、二次的な救済手段として、代金減額請求権による対価的調整（563条）または解除権（564条）の行使が認められる。留意すべきは、追完による履行の実現が叶わないことがその要件とされている点である。したがって、売主が速やかに修補または代物給付による対応を申し出たのにもかかわらず、買主がこれを拒んで代金減額請求または解除をすることはできない。

　解除については債務不履行解除に準じる。すなわち、①契約不適合が軽微でない場合において買主が追完を催告しても売主がこれを履行しない場合（541条）に加えて、②追完不能または売主が追完拒絶する意思を明確に表示している場合において、現状では契約目的達成が不能である場合（542条1項3号）、③定期行為において期間内に追完がされず、契約目的達成が不能となった場合（同項4号）、④売主が追完をせず、催告しても契約目的を達成するのに足りる追完がされる見込みがない場合（同項5号）は催告を要せずに解除す

ることができる。代金減額請求と解除の区別は、契約目的達成の可否すなわち不適合の重大性の有無に応じて決せられる。契約目的の達成の可否についてどのように判断すべきかについては、第8章を参照されたい。

さらに買主は、債務不履行に基づく損害賠償請求も妨げられない（564条）。したがって、売主に帰責事由がない場合は認められず、帰責事由の有無を問うことなく対価的不均衡の是正を目的とする代金減額請求とは区別されている。

賠償すべき損害の範囲については、通常損害および予見の当否にしたがって特別損害が含まれる（416条）。その確定についてはすでに第8章において検討したが、目的物が有すべき品質がどのような趣旨において売主の債務内容に取り込まれ、その射程がいかなる利益に及ぶのかに関する解釈が重要となろう。損害賠償と契約内容との関係についても、第8章において分析した。

また、追完請求権・代金減額請求権・解除権の行使は両立しないが、損害賠償請求権はこれらの諸権利と併存して付加的に認められる。

なお、買主の受領の意義に関する昭和36年判決の位置づけを確認すると、契約不適合に統一化した改正法においては、債務不履行責任と瑕疵担保責任との適用区分としての同判決の意義は失われ、契約不適合に基づく買主の権利は、原則として受領後も存続する。その上で、履行認容＋受領が買主の権利に与える影響の有無は、かかる受領の趣旨に応じて判断されるべきことになろう。目的物が契約に適合しない旨を受領後に発見した買主の利益と、履行完了による免責に対する売主の期待との調和は、権利行使期間の制限において図られることになった。この点については次章において確認する。

さらに、特定物に関する原始的な契約不適合につき、買主がこれを知らずに契約を締結していた場合において、法律行為の内容とされた目的物の性状に関する買主の認識と事実の不合致も95条1項2号に含まれると解せば、錯誤取消しと契約不適合に基づく救済が競合する[18]。この場合においては買主の選択的主張が認められてよいであろうが、権利行使期間に関する均衡に配慮して、錯誤取消しを主張するに際して、買主は不適合を知ってから1年以内に売主に対してその旨を通知すべきであろう[19]。

---

18) この問題については、潮見佳男「錯誤と原始的不能・契約不適合――制度間競合」法教454号（2018年）82頁以下。
19) 山本豊＝笠井修＝北居功『アルマ民法5 契約』（有斐閣、2018年）156頁〔北居功〕。

[3] 事例へのあてはめ

　事例 Part. 1(1)において、まずBはAに対して甲の修補を求めるべきであるが、適切な修補がされなかった場合または、修復には建直しを要する場合もしくはAが修補を拒否した場合は、代金減額を求めることができる。なお、Aによる修補が期待できないときは、これに代わる損害賠償として修補費用を請求することもできよう。不具合の程度が大きく現状では居住に堪えないと認められる場合あるいは、建物としての安全性を損なうような重大な欠陥が存するときは、解除することができる。これらに加えてBは、Aが帰責事由の不存在を立証しない限り、入居の遅れ、居住の不便または解除により被った損害の賠償を求めることができる。(2)のように契約締結後に不具合が発生した場合も同様となる。

　事例 Part. 2も基本的に同様となる。Dは乙の修補を求めることができるが、修補が不能または迅速かつ適切にこれを行うことが困難である場合、Dは代物給付を求めることが可能であり、代わりの機械の迅速な調達・給付も不能もしくは困難であれば、乙を受領して代金減額を求めるかまたは、音質不良が著しいときは解除することができる。その他、事業上受けた損失につき、Cに対して賠償請求することも可能である。

6　おわりに

　2017年改正前においては、担保責任に関する諸制度および債務不履行責任や危険負担等との関係について理解を整理するのに大変難儀したが、これらに関する議論の成果を結実させた2017年改正における制度設計は、きわめてシンプルにして明快である。しかしながらそれは、具体的な運用の多くがその後の解釈論に委ねられていることを意味している。したがって、改正前における判例・学説の射程を適切に見極めながら、その手がかりを求める作業が有益となる。本書において、改正前の問題状況と議論の要点を整理した上で2017年改正に言及したのはそのためである。次章ではこれを踏まえてさらに応用編へと展開する。

[第16章]

契約不適合・その2
──応用編(売買における契約不適合各論・請負における契約不適合)

> **本章のテーマ**
>
> 　前章では基本編として、2017年改正前における瑕疵担保責任の意義と問題点の把握を前提としつつ、売買における契約不適合に関する改正法の概要および学習上のポイントを明らかにしたが、本章ではさらなる応用編として、売買における契約不適合について残された各論的論点さらには、請負における契約不適合へと展開する。改正前の議論を通して問題点を掘り下げた上で、2017年改正の意義および要点理解についてプラスアルファを求めよう。

> **事例で考えよう Part.1**
>
> (1)　甲土地を所有するAはBに対して同地を宅地として売却し(以下、「本件売買契約」という)、Bはその引渡しを受けた。甲はそれまで工場用地として使用されており、その土壌にはふっ素が含まれていたが、本件売買契約締結時において未だふっ素は法的規制の対象となっておらず、人の健康を害するおそれのある物質として認識されていなかったところ、その後に制定された条例により有毒物質として認定されたため、同条例に基づいてBが甲の土壌調査を実施したところ、基準値を超えるふっ素が検出された。BはAに対してふっ素の除去費用の賠償を求めることができるか。
>
> (2)　(1)において、本件売買契約締結時すでに上記の条例が施行されていたとして、Bが甲の土壌調査の結果をAに伝えて、その対応をめぐりAB間で協議されたが、除去方法および費用につき折り合いがつかず、調査から

1年以上が経過したところでBが他の業者に除去費用を見積もらせた上でAに対してその賠償を求めた。Aはこれを拒めるか。

1 契約不適合の意味と契約解釈

[1] 瑕疵の意義と契約内容の類型化

　2017年改正において、契約不適合とはいかなる場合を指すのか。それはもっぱら解釈による契約内容の確定に委ねられているため、目的物が一定の品質を有する旨が売主の債務内容とされたことの具体的意味がさらに問われる。その解明については、改正前における瑕疵の意義が手がかりとなろう。

　瑕疵の意義については、取引通念に照らして目的物の性質上通常有すべき性状・品質の欠如（客観的瑕疵）と、契約上保証されたかまたはとくに予定されていた性状・品質の欠如（主観的瑕疵）に分類されていた[1]。2017年改正においても、当事者意思の探究に努めながら取引上の社会通念に照らして契約内容を確定しつつ、その不適合について判断されることになろう。下級審裁判例は、居住用不動産の売買において、過去に自殺があったなど目的物にまつわる嫌悪すべき歴史的背景等に起因する心理的欠陥[2]、近隣の暴力団事務所の存在[3]あるいは売主の説明に反する日照阻害要因の存在[4]などの環境瑕疵など、利用目的の阻害要因および価値の下落要因を広く瑕疵と認定してきた。2017年改正後においても、品質保証のように売主が履行すべき債務内容として明示的または黙示的に契約内容化されるに至ればもちろんのこと、ある品質を有する旨が代金額決定または契約目的達成のための基礎ないし前提として取り込まれたと認定することができる場合を含めて、契約内容およびその不適合の有無につき柔軟に判断されるべきことになろう。その上で、契約内容化の意味につき、その不適合が代金減額請求（対価的調整）を導くにとどまる場合、解除（原状回復）認めてよい場合、それらを超えて履行利益の賠償まで認めるべき場合に分け、効果として認めるべき権利内容に

---

1) 我妻V-(2)288頁、柚木馨＝高木多喜男編『新版注釈民法⑭』（有斐閣、1993年）343頁以下〔柚木馨〕、など。
2) 横浜地判平成元・9・7判時1352号126頁、東京地判平成7・5・31判時1556号107頁。
3) 東京地判平成7・8・29判時1560号107頁、東京地判平成9・7・7判時1605号71頁。
4) 大阪地判昭和61・12・12判タ668号178頁。

応じて弾力的に類型化すべきではないかと思われる。この点について詳しくは第8章を参照されたい。

[2] 瑕疵の存否と契約解釈

瑕疵の存否については、契約解釈との関係において微妙な問題が生じるが、2017年改正における契約不適合の認定についても共通するため、改正前における瑕疵の存否に関する重要判例を素材とする応用事例を通して検討しよう。

上述のような環境瑕疵についても担保責任の適用があり得るとすれば、事例Part. 1(1)においても当然にBが保護されてよさそうであるが、ここでは、本件売買契約締結時において、甲の地中にふっ素が含有されていた事実のみならず、その有害性についてさえも認識されていなかった点が問題となる。

買主の生命・身体の安全を害する物質が土地に含有されていた以上、有害性の認定時期にかかわらず瑕疵にあたる、と解するのが買主保護に資する一方、瑕疵の存否に関する評価が契約後の事情（ex. 法令による規制）によって左右されるとなると、売主は契約時に予見できなかった事情につきいつまでも責任を負うことになりかねず、不安定な地位に立たされる。

この点につき判例[5]は、瑕疵の存否については契約締結時における取引通念および当事者意思を基準として判断すべきであるとした上で、その時点において当事者のみならず社会的にも認知されていなかった欠陥は瑕疵に当たらない旨を示した。法令制定前の本件売買契約締結時において、ふっ素が人の健康を損ねるおそれのある有害物質として社会的に認知されていなければ、基準値を超えるふっ素を含有しないことが当時の取引通念に照らして宅地として通常有すべき性状であるとまでは言い難く、かつ当事者もその存否につき関心を有していなかったとすれば、そのような土地である旨が契約上予定されていたとはいえないため、想定外の後発的事情につき売主が責任を引き受けるべき理由はないであろう[6]。

もっとも、上記の判例が留保するように、本件売買契約においてAが、甲

---

5) 最判平成22・6・1民集64巻4号953頁。
6) 潮見佳男「判批」リマークス43号（2012年）41頁、北居功「瑕疵の概念」法セ693号（2012年）96頁。上記の平成22年判決の事案は、土壌汚染に対する社会的関心が高まる以前に締結された売買契約に関するものであったことも考慮すべきであろう。

には有害物質が一切含まれていない旨の包括的な保証を行っていた場合はこの限りではない。さらにそのような包括的保証または、対象となる有害物質が予め特定されていなくても、土壌汚染に関する社会的関心が高まっている今日では、工場用地としての甲の使用履歴にかんがみて、居住の用に供する宅地として通常有すべき安全性に欠けると評価する余地もあろう。これらの場合、後にふっ素の存在およびその有害性が具体的に判明したとしても決して予定外の事情とはいえず、瑕疵が認定されることがあり得よう。

なお、2017年改正では瑕疵の存否は契約不適合の有無に置き換えられ、もっぱら契約解釈の問題となるが、基本的には改正前における検討が妥当しよう。すなわち、契約締結時においてふっ素が有害物質である旨の認識可能性に欠ける以上、「有害物質であるふっ素を含有しない土地」は当然には合意内容となり得ず、「現時点において認定されている有害物質を含有しない土地」として取引されたにとどまると解釈すべき場合と、「利用目的を妨げる有害物質を含有しない土地」が契約内容または契約の前提とされたと認定できる場合とに分かれよう。

2 買主の受領および権利行使期間の意義

[1] 問題提起——2017年改正前の議論状況

改正前においては、瑕疵担保責任を根拠とする権利行使期間につき、買主は瑕疵を知った時から1年以内に契約の解除または損害賠償の請求をしなければならないと規定されていた（旧566条3項）。目的物を受領した後になって瑕疵が明らかとなった場合における買主の保護と、履行完了による免責に対する売主の期待への配慮との調和が問われる。

第一に、目的物の受領後に瑕疵を知った買主は年以内に何をしなければならないのか？

事例Part. 1(2)において、BがAに対して損害賠償を求めたのが瑕疵を発見してから1年以上経過した後であったため、問題となる。まず、売買の迅速・大量性を根拠とする権利関係の早期確定の要請を徹底すれば、速やかに解除または損害賠償を求めて訴えを提起するなど、裁判上の権利行使が要求される[7]。これに対しては、争訟を好まない国民性とりわけ売買の日常性と訴訟負担の不均衡に照らして買主に酷であるとして、裁判外における権利保

存のための措置で足りるとする見解が示された。これによると、旧566条3項によって保存された権利は、その後さらに一般の消滅時効（旧167条）に服することになる[8]。

　それでは、権利保存のために買主は何をすべきか？　判例[9]は、裁判外の権利行使で足りるとしつつ、その意味を『担保責任を問う意思を明確に告げること』と捉え、損害賠償請求の場合は『具体的に瑕疵の内容とそれに基づく損害賠償請求をする旨を表明し、請求する損害額の算定の根拠を示す』ことを要求する。裁判外で足りるとはいえ、1年以内にどの程度具体的かつ明確な権利行使を求めるかにより、買主保護に大きな差が生じる[10]。判例のように解せば、瑕疵の通知および協議では足りず、**事例 Part. 1 (2)**においてAはBの請求を拒めることになるが、期間経過を理由とする免責の主張がそれまでの協議と相容れない態様であると評価できる場合は、信義則により制限することも考えられよう。さらに進んで、瑕疵があることを知らされた売主はもはや受領による免責を期待してよい立場にはなく、少なくともその手当てをめぐる交渉・協議が進捗している間は、売主につき保護すべき免責期待は認められないと解するなら、買主が講じるべき権利保存方法としては、速やかな瑕疵通知＋対応の申し入れで足りるとみるべきこととなる[11]。このように、瑕疵ある物を引き渡した売主の免責期待の保護の要否という観点からすれば、そもそも瑕疵につき売主悪意の場合は旧566条3項の適用除外とすべきことになる[12]。

　第二に、買主は瑕疵に気がつかない限り、永久に権利を失わないのか？　判例は、権利行使期間の上限として、瑕疵担保責任に基づく権利も引渡し時から10年の一般消滅時効に服する旨を明らかにした[13]。

---

7) 我妻Ⅴ-(2) 279頁、柚木・前掲注1) 409頁。なお、柚木説は期間経過後における買主の抗弁権行使を認める。
8) 半田吉信『担保責任の再構成』（三嶺書房、1986年）56頁、など。
9) 最判平成4・10・20民集46巻7号1129頁。
10) 鎌田薫「判批」ジュリ増刊平成4年度重判解85頁。
11) 潮見・契約234頁。
12) 内田Ⅱ 132頁。
13) 最判平成13・11・27民集55巻6号1311頁。

[2] 2017年改正の概要

　2017年改正においても、権利行使期間の制限は、買主が目的物を受領した後にそれが契約内容に適合しない旨を発見するに至った場合に問題となる。すなわち、売主がその不適合につき悪意重過失であった場合を除き、買主は不適合を知った時から1年以内にその旨を売主に通知しなければならず、これをしないと上記の諸権利を行使することができなくなる（566条）。不適合の通知は買主の権利を保存するための要件であり、このような場合における買主保護と、履行完了による免責に対する売主の期待への配慮との調和を図ろうという趣旨に基づくが、権利保存要件が改正前における判例の見解と異なり、学説の立場が採用された点に注意されたい。

　商人間の売買においては、買主の権利保存のための方法としてさらに、目的物の受領後に遅滞なき検査＋不適合の通知を行うことが求められることについても留意を要する（商526条）。

　かかる通知によって保存された権利は、以後5年の消滅時効に服するが（166条1項1号）、買主が不適合を発見できなかった場合、目的物の受領後いつまでも権利が存続するわけではなく、引渡し後10年の消滅時効（同項2号）が適用されよう。この点については改正前における判例による解決が維持されよう。

3　請負における契約不適合

> **事例で考えよう Part. 2**
>
> 　Cは住居を新築することとしてDとの間で建設請負契約（請負代金3000万円）を締結し、Dは乙建物を建築してCに引き渡したが、その後間もなくして、乙につき窓の開閉不全、居室の床の歪み、壁のひび割れなどが露見した。そこでCはDに対して手当てを求めたが、Dが対応しないため、修補費用を200万円と見積もってこれを請負残代金から控除することで解決しようと提案したところ、Dはこれを拒否し、とくに対案を示すことなくCに対して請負残代金1500万円の支払を求めた。Cはどのような主張・反論をすべきか。

[1] 問題の所在と分析——2017年改正前の議論を通して

続いて、請負人の責任を取り上げる。2017年改正前においては、請負人はその仕事に瑕疵があった場合担保責任を負うが、その適用をめぐり、売主担保責任のさらなる応用編ともいうべき問題が提起されている。その検討および整理は改正法の理解に資するため、ここでも改正法の概要に先立って展開しよう。

(a) 前提の確認

① 担保責任と債務不履行責任の関係

売主と異なり、請負人は仕事完成義務を負うため（旧632条）、瑕疵ある仕事は不完全履行にあたり、担保責任は債務不履行責任の特則と解されていた[14]。それでは、その特則性はどこに求められるのか？　一般債務不履行との関係が問われる。判例・通説は、仕事完成義務の不履行を仕事未完成と瑕疵ある仕事（不完全履行）に分けて、仕事が契約上予定されていた最終工程まで終了したことによる「一応の完成」の前後により両者を区別し、未完成の場合→一般債務不履行責任、一応の完成 but 瑕疵ある場合→担保責任という適用区分を行う[15]。そこでは、瑕疵があるために不完全であるものの一応の仕事完成に達した請負人の利益に配慮して、ⅰ．修補請求の制限（旧634条1項ただし書）、ⅱ．建物建設請負における解除の制限（旧635条ただし書）、ⅲ．権利行使期間の制限（旧637条・638条）が行われていた。

② 修補請求と損害賠償請求の関係

担保責任の内容面における特色は、請負人の仕事完成義務の不完全履行に基づく追完請求権としての修補請求権である（旧634条）。また、損害賠償請求権（旧634条2項）の要件および内容については、これを無過失責任として履行利益の賠償まで認めるのが伝統的理解であるが[16]、請負人は瑕疵なき仕事の完成義務を負うというだけでは、通常の債務不履行より重い責任を課す理由として不十分であるとの指摘があり、損害賠償責任を次のように類型化する見解が台頭した[17]。すなわち、ⅰ．修補に代わる損害賠償としての代金減額的損害賠償または修補費用の賠償は、仕事の瑕疵がある状態と対価

---

14) 我妻Ⅴ-(3)633頁、幾代通＝広中俊雄編『新版注釈民法(16)』（有斐閣、1989年）136頁〔内山尚三〕、など。

15) 東京高判昭和36・12・20判時295号28頁、内山・前掲注14) 146頁、など。

16) 我妻Ⅴ-(3)633頁、内山・前掲注14) 138頁、広中・各論269頁、内田Ⅱ274頁、など。

との間の格差是正のための手段であるとみうる点において共通しており、修補請求との均衡から無過失責任と解されるが、ⅱ．これを超える拡大損害・履行利益の賠償については請負人の帰責事由を要する。

(b) 報酬支払請求と修補に代わる損害賠償請求との関係

① 同時履行の抗弁権行使の可否

事例 Part. 2 においては、Dからの請負残代金の支払請求に対して、Cは修補に代わる損害賠償として修補費用の賠償を求めるとともに、同時履行の抗弁権を行使してこれを拒むことができる（旧634条2項後段）。ところで、請負における報酬債権の弁済期について確認すると、報酬支払は引渡しと同時に行われるべきこととされているが（旧633条）、引渡しは仕事の完成を前提とするため、理論上は仕事完成が報酬支払より先履行の関係に立ち、仕事に瑕疵がある場合はそもそも報酬支払時期が到来していないのではないかとの疑問が生じる。しかしながら、上記の適用区分にしたがえば、「一応の完成」により報酬債権の弁済期が到来し、瑕疵ある場合はもっぱら担保責任の問題となる。Dは乙建物を「一応完成」させてCに引き渡したため、請負残代金の弁済期は到来している。担保責任に基づくCの同時履行の抗弁権の主張はこのような理解を前提とするものである。

それでは、Cは修補費用と対当額の限度で請負残代金の支払を拒むことができるにとどまるのか？　それとも請負残代金全額の支払を拒絶し得るのか？　同時履行の抗弁権の範囲が次に問題となる。

この点につき判例[18]は、ⅰ．原則として修補に代わる損害賠償請求権は報酬残債権全額と同時履行の関係に立つ、ⅱ．ただし、瑕疵の程度・当事者の交渉態度等にかんがみて、報酬残債権全額の支払を拒むことが信義に反すると認められるときは、この限りではない、と説示した。

ⅰ．のように解すべき理由として判例は、修補請求との均衡を挙げる。すなわち、Cが修補を求めた場合、引渡し後であったとしても、Dが修補を完了して引き渡すまでCは請負残代金全額の支払を拒むことができるため、修補請求に代わる修補費用の請求についても同様に扱うのが衡平に適う[19]。

17) 高木多喜男＝久保宏之『不完全履行と瑕疵担保〔新版〕』（一粒社、1998年）158頁、潮見佳男『契約規範の構造と展開』（有斐閣、1991年）248頁以下、平野・契約579頁以下、など。

18) 最判平成9・2・14民集51巻2号337頁。

その例外事由として、ⅱ．においてまず『瑕疵の程度』が考慮されるのは、注文者が軽微な瑕疵を理由として報酬全額の支払を拒むことの不公平に加えて、修補請求ができない場合との均衡に基づいている。すなわち、瑕疵が軽微であって修補に過分な費用を要するときは修補請求が認められず（旧634条1項ただし書）、注文者は上記のような支払拒絶ができないため、修補に代わる損害賠償請求についてもこれに準じるべきことになる。このように修補請求が認められない場合は、その趣旨に照らして修補費用の賠償請求それ自体が否定されよう。

それでは、ⅱ．におけるもう一つの考慮事由である『当事者の交渉態度』とは何を意味するのか？　瑕疵を発見した注文者が、旧634条所定の諸権利のうちのいずれかを選択して行使するにあたっては、まず請負人に瑕疵の存在を通知して何らかの対応を求め、瑕疵の手当てにつき協議を重ねた上で態度決定するのが通常であろう。そうであるとすれば、注文者が報酬全額の支払を拒絶することの許否については、修補費用の賠償を選択するに至った当事者間の経緯が考慮されて然るべきである。たとえば、請負人からの修補の提案を注文者が合理的な理由なく拒み、軽微な瑕疵を口実に報酬全額の支払を引き延ばす目的がうかがえる場合、同時履行の主張は信義に反するといえよう。

事例 Part. 2は瑕疵が軽微とはいえず、むしろ請負人Dの側の態様が不誠実であると評し得るため、Cは請負残代金全額の支払を拒めるであろう。

②　同時履行の趣旨と相殺の関係

Cは請負残代金の支払を拒めるとして、その上で何を主張すべきであろうか？　同時履行の抗弁権の趣旨がさらに問われる。旧634条2項後段が同時履行の主張を認める目的は、互いの弁済促進・確保ではなく、注文者を履行遅滞から免責することに求められている。すなわち、修補に代わる損害賠償が選択された場合は、報酬債権と損害賠償債権とを相互に履行するのではなく、両者につき対等額の範囲において相殺して瑕疵を清算し、これにより注文者が最終的に支払うべき請負残代金額を確定させた上で決済するのが合理

---

19)　なお、北居功「仕事の完成」法セ695号（2012年）82頁は、報酬支払請求と同時履行の関係に立つのは引渡しであり、引渡しは仕事完成を前提とすることに照らせば、仕事完成義務の履行の追完にあたる修補が先履行となるべき旨を指摘される。

的解決といえる。ところが、報酬債権の弁済期が引渡し時に到来した後で、瑕疵の対応に関する当事者間の交渉が長期化し、さらに損害賠償の要否あるいは賠償額をめぐり争いが生じると、その間に注文者の履行遅滞が進行してしまうため、注文者の保護としては、まず報酬全額の支払拒絶を認めてこれを阻止した上で、損害賠償請求権が確定した時点で清算・決済するのが効果的である。このように旧634条2項後段は、相殺による清算まで注文者を遅滞から免責するために同時履行の抗弁権が機能することを予定しているのである[20]。

　このことと関連してさらに問題となるのが相殺の遡及効（旧506条2項）である。相殺の効力が相殺適状時＝引渡時に遡って生じるとすれば、その時点から注文者は遅滞の責を免れず、相殺の準備のための旧634条2項後段の趣旨が損なわれる。そこで判例は、注文者は相殺の意思表示の翌日から請負残代金債権につき履行遅滞となる旨を明らかにした[21]。相殺により注文者が支払うべき請負残代金額が最終的に確定するため、それまでは遅滞が生じないと解するのが旧634条2項後段の趣旨に合致するのであり、これと抵触する限りにおいて旧506条2項の適用は制限されることになる。上の①において、注文者が報酬全額の支払を拒むことが信義に反して許されないのは、このような保護に値しないと評価される場合である。

[2] 2017年改正の概要

　2017年改正においては、請負人の担保責任に関する旧634条は削除され、請負人の仕事の契約不適合を理由とする注文者の諸権利に置き換えられて、売買における契約不適合に関する諸規定（562条～564条）が準用される（559条）。そのため、注文者には追完請求権、報酬減額請求権、解除、損害賠償請求権が認められる。事例Part.2の検討に関連する点について分析しよう。

　第一に、基本的な問題として、改正前における債務不履行責任と担保責任との適用区分は、2017年改正により廃止され、改正前における仕事未完成と瑕疵ある仕事との区別は、履行遅滞と不完全履行（契約不適合）に分類されるにすぎないこととなろう。問題は、報酬債権の弁済期である。2017年

---

20) 八木一洋「判解」最判解民事篇平成9年度[上]186頁以下。
21) 最判平成9・7・15民集51巻6号2581頁。

改正では、改正前と同じく報酬支払は引渡しと同時に行うべき旨が規定されたが（633条）、改正前における「一応の完成」理論は維持されるのであろうか。この点については解釈に委ねられているが、ⅰ. 契約不適合を理由とする買主の権利に関する諸規定は引渡しを契機として適用されること（562条）、ⅱ. 報酬支払は引渡しと同時履行の関係に立ち、引渡しは仕事の完成を前提としていること、ⅲ. 注文者が軽微な契約不適合を口実として、受領とともに報酬全額の支払を拒むのを認めるべきではないことにかんがみれば、「一応の完成」を前提とする引渡しを基準としつつ、その後は契約不適合の問題とすべきであろう。

第二に、修補請求と修補に代わる損害賠償請求との関係につき、改正前は注文者の選択に委ねられていたが、改正後は、追完（修補または仕事のやり直し）による契約の履行・実現が優先し、一次的には追完請求、追完不能または合理的期待に欠ける場合において二次的に報酬減額請求または解除が認められることとなる。なお、旧634条1項ただし書における修補請求の制限につき、2017年改正においては、契約不適合が軽微であるにもかかわらず追完に過分な費用を要するときは、履行不能（412条の2第1項）にしたがい、追完不能として扱われることになろう。

修補に代わる修補費用の賠償請求における帰責事由の要否については、修補請求との均衡をめぐり見解が分かれるが、修補費用の賠償は約定された債務の本旨履行ではなく、新たな債務負担である点において修補請求とは異なり、改正後においても債務不履行に基づく損害賠償の問題となろう。もっとも、修補不能（客観的不能および社会的不能）の場合はこれに代わる費用賠償請求も否定されるべきであり、また、追完請求権の優位により、修補費用の賠償請求は修補拒絶またはその見込みに欠けることを要件とするため、請負人の修補能力をどこまで考慮するかによるものの、多くの場合帰責事由が認められることになろうか。

第三に、修補に代わる損害賠償請求権と報酬支払請求権との同時履行の抗弁権は、2017年改正においても同時履行の抗弁権に関する一般規定によって認められる（533条）。この場合における同時履行の抗弁権の範囲については、改正前における判例法理が維持されるのではないか。すなわち、改正後も、ⅰ. 原則として追完請求権が報酬全額と同時履行の関係に立つこと、ⅱ. 追完不能な場合はこの限りではないこととの均衡が考慮されよう。なお、追

完請求権の優位に照らせば、請負人が修補による対応を速やかに申し出た場合において、注文者がこれを拒んで修補費用の賠償請求を選択することを認めるべきではないため、信義則によって同時履行の抗弁を制限する以前に、修補費用の賠償請求権が成立しないであろう。

第四に、2017年改正により、売買におけると同じく請負についても、債務不履行に基づく損害賠償請求権とは別個に、契約不適合を理由とする報酬減額請求権が導入されるに至ったため、これをもって改正前における損害賠償請求権との相殺に代わる法的手段と解してよいかが問われる。請負人による修補が期待できない場合において注文者が報酬減額請求権を選択したときは、これによって注文者が支払うべき報酬額が最終的に確定するため、報酬減額請求権の行使が履行遅滞に関する違法性阻却事由となると解することができるなら、改正前における同時履行の抗弁＋相殺に拠ることなく、合理的な清算・決済が可能となる。しかしながら、理論的に代金減額請求と追完に代わる損害賠償請求とは区別される上、契約不適合を受け容れた上での減価による調整と、契約に適合する履行の実現に向けられた追完費用の賠償とは機能を異にしており、その額においても差異があるのではなかろうか。後者の場合も相殺によって代金減額と同様の処理がされたに等しい結果に行き着くとしても、なお区別されるべきではないか。代金減額の算定のあり方を含めて課題となろう。

4　おわりに

2017年改正における契約不適合に関する諸制度の解釈・運用にあたり、改正前における担保責任に関する議論が重要な手がかりを与えることについては、これまでも再三指摘してきたが、改正後においても検討を要する課題がなおも残されている。そしてそこには、契約法上の重要問題が多く含まれている。ここでは応用編として、売買における契約不適合に関する各論的問題に加えて、請負における契約不適合へと検討を及ぼしたが、改正前においていかなる点が問題となり、それに対する判例・学説の成果がどのようにして2017年改正に結実され、何が検討課題として残されているのかにつき、理解を深めることが、改正法を学習する上でもプラスアルファとなろう。

[第17章]

契約責任と第三者・その1
―― 履行補助者をめぐる総合的検討

本章のテーマ

　契約責任の問題は当事者間においてのみ生じるとは限らない[1]。債務者が履行の全部または一部を第三者に委ねたところ、その第三者によって債務不履行が生じた場合、このような履行補助者の存在は責任関係にいかなる影響を与えるだろうか。第一に、債務不履行責任の有無への影響が問われる（債権者－債務者間の関係）。一般に「履行補助者の過失」と言われる論点はこの問題類型を指す。第二に、履行補助者自身の責任も問題となる。まず、履行補助者が債務者との内部関係において責任を負う点については論を俟たない（債務者－履行補助者間の関係）。問題は、履行補助者が債権者に対して直接に負う責任の有無および内容である（債権者－履行補助者間の関係）。この場合における履行補助者の責任は、債務者－履行補助者間の関係あるいは債権者－債務者間の関係とは別個独立に検討すべきなのか？　それとも、履行補助者という地位を考慮して調整する必要があるのか？　本章では第一の場合を基本編、第二の場合を応用編として順次検討を進めながら、契約責任についてさらなるプラスアルファを目指す。「履行補助者だからこうなる」と単純に割り切ることなく、しっかり考えよう。

---

[1] 債務不履行責任と第三者に関する諸問題を概観する文献として、平野・プラクティス243頁以下。

1 履行補助者の故意・過失と債務者の帰責事由

> **事例で考えよう Part.1**
> (1) 美術品販売を業とするAはBに対して甲絵画を売却し、甲の引渡しにつき美術品運送を専門とする運送業者であるCに配送を託したが、Cの従業員が配送中に甲を損傷させてしまった。
> (2) Dは自己所有の乙建物をEに賃貸したが、その後EがDの承諾を得て乙をFに転貸したところ、Fの用法違反により乙が損傷した。
> (3) 建設業者であるGが、Hの注文を受けて居住用の丙建物の建設を請け負った後、その工事につきIに下請けさせたところ、Iの仕事に不手際があったため、引渡し後間もなくして丙につき欠陥が露見するに至った。
> (4) J病院はKの胃癌の治療に従事していたが、Kの手術がJの系列下の分院であるL病院において行われたところ、Lの担当医の医療過誤によりKの病状が悪化してしまった。

[1] 伝統的学説および判例の見解

伝統的学説は、債務不履行責任における債務者の帰責事由につき、債務者の故意過失および信義則上これと同視すべき事由と捉え、これに履行補助者の故意過失が含まれると解しつつ、次のように構成していた[2]。まず履行補助者を ⅰ. 真の意味における履行補助者(狭義の履行補助者)と、ⅱ. 債務者に代わって履行の全部を引き受けた履行代行者に分類した上で、ⅱ. についてはさらに、履行代行者を用いることが法律上禁じられている場合(ⅱ-①)、一定の要件の下で法律上許されている場合(ⅱ-②)、法律上は禁止も許容もされていない場合(ⅱ-③)に類型化する。各々における債務者の責任は以下の通りである。

ⅰ. 類型は、債務者の使用人や家族など、債務者の手足として履行に関与した者による不履行を指しており、これについて債務者はつねに責任を負う。これらの者は債務者に従属して一体化しており、債務者自身の不履行と同視すべきだからである。

---

2) 我妻Ⅳ 107頁以下、奥田・総論128頁、林=石田=高木・総論92頁、など。

ⅱ-①類型では、債務者が他人に履行を代行させたこと自体が債務不履行にあたるため、履行代行者の過失を問うまでもなく債務者は有責となる。

ⅱ-②類型においては、債務者は履行代行者の選任・監督につき過失があった場合に責任を負う。2017年改正前においては、代理人が本人の許諾を得て復代理人を選任したときは、その選任および監督につき責任を負う旨の規定があり（旧105条1項）、受寄者が寄託者の承諾を得て第三者に寄託物を保管させた場合に準用されていたが（旧658条2項）、この理を一般化した理解である。ⅰ．類型に比して責任が軽減されているのは、債務の履行を他人に委ねることが法律上正当化されており、かつ債権者の承諾を得ているためと解される。もっとも、2017年改正における債務不履行責任の見直しにともない同条は削除されたため、このような理解も修正を余儀なくされることとなった。

ⅱ-③類型はⅰ．類型と同じく、債務者は履行代行者の過失につきつねに責任を負う。債務者が他人に履行を委ねることを妨げない代わりに、自己の責任においてこれを行うことを求める趣旨であろう。

また、賃貸借における転借人および賃借人と同居の家族など「利用補助者」については、前者（承諾転貸借）における転借人はⅱ-②類型、賃借人の同居者はⅰ．類型にそれぞれ該当する。

なお、判例はⅰ．類型とⅱ．類型のような区別をしておらず、承諾ある転借人の過失につき賃貸人はつねに責任を負うと解している[3]。上記の学説はこうした判例に対する批判に基づいている。

[2] 問題提起

伝統的学説に対しては次のような問題点が指摘された。第一に、上記の類型化は必ずしも十分とはいえない。まず、履行の一部を代行するが債務者と一体関係ないし指揮監督関係にない者（事例 Part. 1(1)）の位置づけが明らかでない。これをⅰ類型にあてはめてAに責任を負わせるとしても、CはAと従属関係にないため、Cの行為をAのそれと同視し得ると解する根拠がただちに妥当しない。さりとて、Bの承諾を得ていた場合はⅱ-②類型にあたるとするとAの責任が軽減されるため、その妥当性が問われる。(3)についても、

---

3) 大判昭和4・3・30民集8巻363頁、大判昭和4・6・19民集8巻675頁。

下請に関する明文規定がない現行法においては ii－③類型に該当しようが、(2)と相違させるべき実質的根拠が不明である上、Hの承諾を得ていた場合は ii－②類型として扱われるとすると、同一の疑問が生じる。さらに(3)と(4)を比較した場合、ii－③類型に属する事例をすべて同様に解してよいかも問題となる。

　第二に、第一の問題点に関連して、そもそも履行補助者を用いることに対する債権者の承諾がつねに債務者の責任軽減を導くのかが、根本的に問われている[4]。減責の可否は承諾の趣旨に応じて決すべきであって、債権者があくまで債務者の責任において他人を履行に関与させることを認めたにすぎないときは、債務者はその他人の行為につき減責されるべきではないというのである。したがって、事例 Part. 1 (2)(3)において、賃貸人あるいは注文者が転貸借または下請につき承諾したとしても、それが賃借人の責任において他人に賃貸不動産を利用させることを認める趣旨であった場合あるいは、請負人の債務内容を変更せずに下請人が工事に関わることを承認する意図に基づくときは、賃借人・請負人は転借人・下請人による不履行についてつねに責任を負うべきことになる。

[3] 使用者責任との比較[5]

　やがて、履行補助者の過失を債務者のそれと同視し得るか否かという観点からではなく、他人の行為に関する責任の問題として直視する見解が提唱された[6]。債務者が履行のために用いた他人の行為についての責任という点では使用者責任（715条）に類似しており、債務者の帰責根拠を報償責任または危険責任に求めることが可能となるが、①履行補助者の範囲は被用者より広く、債務者の指揮監督に服する従属的補助者だけでなく、主体性・裁量性が高い独立的補助者もこれに含まれる点（事例 Part. 1 はいずれも独立的補助者に関する事例である）、②債務者の責任が選任・監督上の過失に限定されない点（もっとも、715条1項ただし書による免責が認められた例はほとんどない）

4）来栖・契約597頁、など。

5）このテーマに関する参考文献として、中舎寛樹「履行補助者と被用者」磯村保ほか『民法トライアル教室』（有斐閣、1999年）190頁以下。

6）星野Ⅲ62頁以下、落合誠一『運送責任の基礎理論』（弘文堂、1979年）30頁以下、平井・総論84頁以下。

に、使用者責任との比較における履行補助者の過失責任の有用性が見出される。他方において、履行補助者の過失は債権者に対する債務の履行行為のみが対象となるのに対して、使用者責任の対象は使用者の「事業の執行」に関する被用者の不法行為[7]でありかつ、被害者が事業上の債権者に限定されない点に注意が必要である。

そうすると、上記のような使用者責任との相違点とりわけ履行補助者の過失責任の有用性をどのように正当化すべきかが問われるところとなり、不法行為責任とは区別された契約責任に固有の説明づけがさらに求められる。

[4] 近時の傾向

こうした問題提起をうけて近時では、債務不履行における帰責事由の意義を見直しつつ、他人による履行の関与がどのような意味を有するかに関する契約ないし債務内容の解釈によって責任の有無を判断すべき旨が説かれている[8]。従来の履行補助者の過失理論は、「過失責任原則」→「帰責事由＝故意・過失」→「債務者の故意・過失と信義則上同視すべき事由」という構成から成り立っているが、これに対しては、契約の拘束力→帰責事由＝契約上約した内容の不履行→免責事由の有無という構成が近時台頭している。この構成は 2017 年改正における債務不履行の基本構造にも整合するものである。この観点からみれば、ⅰ．履行の実現に他人を関与させるリスクが債務内容にどのように取り込まれたのか、ⅱ．他人の関与が免責または減責事由となり得るかが重要となる。第一に、自己が責任を負うべき債務内容の実現につき、その履行を自ら行うか他人に委ねるかによって債務が変容することはなく、債務者は自身が選択した履行方法の結果につき責任を負う。そのため、最終的な結果の実現まで債務者が責任を負うことが債務内容となっている場合、その履行に他人を関わらせたことは免責事由にならない。第二に、履行の全部または一部を他人に委ねることが契約上予定されており、債務内容がかか

---

7) 安全配慮義務などの信義則上の義務違反については被用者の不法行為と重複し得るが、判例は安全配慮義務の履行補助者を限定する（最判昭和 58・5・27 民集 37 巻 4 号 477 頁）。

8) 森田宏樹『契約責任の帰責構造』（有斐閣、2002 年）164 頁以下、潮見Ⅰ 404 頁以下、内田Ⅲ 147 頁、加藤Ⅲ 157 頁、大村・債権 101 頁、平野・債権 114 頁、野澤Ⅱ 55 頁、中田・総論 142 頁以下、中舎・債権 100 頁、河上正二「債権法講義［総則］－12」法セ 699 号（2013 年）103 頁、など。

る他人の選任につき最善を尽くすことにとどまる場合は、債務の本旨に適った選任が行われていればその他人の行為の結果についてまで債務者は責任を負わなくてよい。

このような理解に立てば、債務不履行責任の有無を評価するにあたり、履行補助者という概念は特別な意味をもたないことになるが、問題理解の整理にとってはなお有用であろう[9]。

[5] 事例へのあてはめ

それでは、事例Part. 1の各事例について順次検討していこう。まず(1)においては、甲の引渡しが持参債務であれば、引渡方法の選択だけでなく結果についてもAが責任を負うため、現状引渡しができなかった以上、Cに送付を委ねたことは免責事由にならない。送付債務であった場合はCの選任につき責任を負うにとどまるが、BがCを指定した場合は、AはCに甲の送付を託した段階で免責されよう。

(2)はDE間の賃貸借契約の解釈によって決せられる。Fへの転貸に対するDの承諾がEの減責を意図したものではなく、あくまでEによる使用収益の一方法として乙をFに利用させることを許容する趣旨であった場合、用法違反に対するEの責任は軽減されない。

(3)では、GH間の請負契約において下請けが禁じられていた場合、Hに無断で下請を行ったことがGの債務不履行責任を導く。下請が許容されかつHの承諾を得ていた場合であっても、承諾の趣旨がGの仕事完成義務の内容を変更するものでないときは、その履行をIに委ねたことによるリスクはGに帰責すべきことになる。HはGが責を負うべき仕事完成義務の履行方法としてIを関与させることを認めたにすぎず、その結果に対するGの減責を承認したわけではないからである。

(4)については、JK間の医療契約においてJの債務内容にLの関与が取り込まれていたか否かによって判断されよう。まず、JとLが独立の医療機関であり、KL間の医療契約が別個に締結されたかまたはJL間の契約上の地位の移転により、JがKとの医療契約関係から離脱したと認められるときは、LはJの履行補助者ではなく、Lの担当医による医療過誤の責任は基本的に

---

9) 大村・債権101頁。

Lが負い、JはLの選任上の過失について責任を負うにとどまるといえよう。これに対して、Jの債務内容がLを含めた組織的な医療の提供であった場合、Lにおける医療過誤につき原則としてJは免責されないと思われるが、とくにKの病状に対するLの専門的技能にかんがみてKの承諾を得て転送されたときは、JはLの選任上の過失につき責任を負うと解すべき余地もあろう。

2 履行補助者自身の責任
──債権者・履行補助者間の関係

[1] 問題の所在

履行補助者の過失が債権者に対する関係において不法行為を構成する場合、その責任内容につき履行補助者としての地位が考慮されるのか？ 債務者－履行補助者間の契約あるいは債権者－債務者間の契約において責任制限条項が存する場合に問題となる。前者において、履行補助者は内部的に債務者に対して負うべき責任とは関係なく、債権者に対してより重い責任を負うのか？ また後者につき履行補助者は、債務者が負うべき責任内容を超えて債権者に対して責任を負うのか？

[2] 債務者－履行補助者間の責任制限条項と債権者に対する効力[10]

> **事例で考えよう Part. 2**
>
> Mは高級腕時計αを100万円でNに売却し、その引渡しにつき運送業者であるOに配送を託したところ、Oの従業員が配送中にαを紛失してしまった。MO間の運送契約においては、運送品の損傷・盗難・紛失に関する補償に関しては30万円を限度とし、運送品の価格がこれを超過する場合は発注者が予めその旨を明告すべきことを定めた責任制限条項（以下、「本件条項」という）が設けられていたが、MはOに対してこわれやすい物として申告したにとどまっていた。NがOに対してαの時価相当額について賠償を求めた場合、Oは30万円を超える部分につき支払を拒絶するこ

---

10) 免責条項の第三者に対する効力につき、山本豊『不当条項規制と自己責任・契約正義』（有斐閣、1997年）201頁以下、潮見Ⅰ532頁以下、平野・債権142頁以下など。

ができるか。

(a) 前提の確認
(i) 債権者－債務者間の責任
　αの紛失がMの債務不履行にあたり、引渡しをOに委ねたことは免責事由とならないと評価され得ることについては、**事例 Part. 1**(1)における検討があてはまる。さらに、Mはαの送付をOに発注するにあたり、αがOの責任限度額を超える高価品である旨の明告を怠ったのであるから、善管注意義務違反が認められよう。

(ii) 債務者－履行補助者間の責任
　MはNに対する債務不履行責任を免れないとしても、内部的にOに対して運送契約上の債務不履行責任を追及することは妨げられない。もっとも、Oは抗弁として本件条項を主張し、30万円を超える賠償請求を拒絶することができる。

(iii) 債権者－履行補助者間の責任
　事例 Part. 2では、履行補助者の過失により損害を被った債権者がかかる履行補助者に対して直接責任を追及した場合が問題となる。法律構成としては、荷受人は運送契約の当事者ではなく、運送品の到達時まで荷送人が有する運送契約上の権利を取得しないため（商583条1項）、不法行為責任によることになる。運送人がおよそ他人の物の管理につき必要な注意を欠いた場合、その他人が荷送人でなかったときであっても不法行為上の過失を構成しよう。それでは、OがNに支払うべき賠償額は本件条項の範囲に制限されるか？運送契約上の免責条項または責任制限条項の第三者（荷受人）に対する効力の有無が問われるが、以下の点が問題となる。第一に、かかる契約条項は債務不履行責任のみならず不法行為責任にも適用されるのか？　第二に、その効力が当然に荷受人にも及ぶとすると、運送契約の当事者でない荷受人が、自己が同意していない契約条項によって制約をうけることになり、契約の相対効原則に反するのではないか。第三に、荷受人は運送契約の履行にとって不可欠な存在であるため、その効力がつねに及ばないとすると、かかる条項の実効性が損なわれることにならないか。運送人の責任を制限することに合理的理由が認められる場合であればなおさらである。

(b) 平成10年判決の意義

この問題に対して最高裁は、宅配便における運送人の荷受人に対する責任につき次のような判断を示した(最判平成10・4・30判時1646号162頁〈以下、「平成10年判決」という〉)。①運送契約上の責任制限条項は債務不履行責任のみならず不法行為責任を含む運送人の責任について適用されると解するのが、当事者の合理的意思に合致するとともに、そのように解しても運送人の故意重過失については適用が排除されるため、荷送人に不当な不利益を課すことにはならない。②荷受人に対する責任については、ⅰ．荷送人－荷受人間の取引において宅配便が継続的に利用されていたこと、ⅱ．荷受人が責任制限条項を認識しつつ、目的物の引渡しに際して宅配便の利用を容認していたこと、ⅲ．低価格で大量かつ迅速な運送サービスを提供する目的に照らせば、利用者に対する運送人の責任を制限することにつき合理的な理由があることにかんがみれば、荷受人が運送人に対して運送契約上の責任限度額を超える損害賠償を求めることは信義則上許されない。

(c) どのように考えるべきか？

平成10年判決は、標準宅配便約款につき信義則を根拠として荷受人に対する運送人の不法行為責任の範囲を制限した事例判決であったため、この判断をもって運送契約における運送人－荷受人間の責任関係に一般化するのは困難である。それでもなお、同判決を素材として次のように考察することが可能であろう。

荷受人は運送契約「締結」の当事者ではないが、その「履行」にとって不可欠な存在であり、運送契約の目的達成において当事者に準じる地位にあるといってよい。それだけでただちに荷受人を運送契約に拘束することが正当化されるわけではないが、荷送人－荷受人間の契約の履行方法として当該運送契約を利用することが合意され、荷受人が責任制限条項を容認していたときは、信義則上、運送人－荷受人間の責任は荷送人に対するそれに準じると解してよいのではないか。もっとも、このような分析の射程は、運送品の所有者が荷受人以外の第三者である場合には及ばないため、約款による合理的な責任制限の対外的効力を一般化するためのさらなる工夫が求められよう[11]。

---

11) 半田吉信「判批」リマークス19号(1999年)59頁、大村敦志『もうひとつの基本民法Ⅱ』(有斐閣、2007年)121頁。

[3] 債権者－債務者間の責任制限条項と履行補助者に対する効力[12]

> **事例で考えよう Part. 3**
> 事例 Part. 2 において、ＭＯ間の運送契約においては責任制限条項が存在せず、ＭＮ間の売買契約において、Ｍがαを Ｎに送付する際における責任限度額を 30 万円とする旨の特約（以下、「本件条項」という）が設けられていたとして、ＮがＯに対してαの時価相当額の賠償を求めた場合、Ｏは 30 万円を超える部分につき支払を拒絶することができるか。

(a) 問題の所在

債権者－債務者間の契約において債務者の責任が制限されている場合、履行補助者の債権者に対する責任もこれに準じて減責されるべきなのか？

判例には、運送人の責任が法律上制限されている場合（ex. 商 578 条・国際海運 13 条）において、運送人の履行補助者である荷役業者が荷送人に対して負うべき責任につき、上記の責任制限は運送人の契約責任のみを対象としており、不法行為責任には適用されない旨を説示したものがある[13]。この理にしたがうと、運送人の契約責任に対する制限は履行補助者の不法行為責任にも影響しない。

これに対してその第一審判決は、かかる責任制限により運送人の不法行為責任が排斥されると解するのがその制度趣旨ならびに運送契約上の当事者意思に適うとしつつ、運送人に従属する履行補助者も免責されると判示していた[14]。

(b) どのように考えるべきか？

履行補助者という地位にかんがみれば債務者以上の責任を負わせるのは過大である上、債務者本人に過失があった場合と比較して債権者を厚く保護する必要はない（債権者が履行補助者の関与を予定していたときはなおさらである）と考えれば、履行補助者は債務者が負うべき契約責任の限度で責任を負えば足りるといえよう[15]。

---

12) 「履行補助者保護効」とよばれる問題である。これについても前掲注 8) 参照。
13) 最判昭和 44・10・17 判時 575 号 71 頁。
14) 東京地判昭和 41・1・21 下民集 17 巻 1・2 号 7 頁。
15) 川又良也「判批」海事百選〔増補〕101 頁、など。

これに対して、履行補助者は債権者－債務者間の契約当事者ではないため、責任制限条項の対象に含まれていない場合において、債権者の権利を制限して故意・過失ある履行補助者を利するべきではなく、仮に履行補助者が債務者より重い責任を負うことになったとしても、債務者－履行補助者間の内部関係において事後に清算すればよいと考えることもできる[16]。
　上述の通り、履行補助者の地位は債権者－債務者間の契約における債務内容への取り込まれ方に応じて決すべきであるとすれば、債権者－債務者間の責任制限条項の趣旨に照らして、ⅰ．それが履行補助者の関与を織り込んだ上で同人も含めて包括的に減責することを予定したものなのか、ⅱ．債務者に対する不訴求を約したにすぎず、履行補助者に対する責任追及および債務者－履行補助者間の事後的調整を妨げる趣旨ではないと解されるかによって分かれよう。履行補助者が債務者に従属して一体とみることができる場合は、契約解釈によりⅰ．に属すると認定されるのが通常であろう。

3　おわりに

　履行補助者をめぐる諸問題を総合的に検討すると、債務者の帰責事由の評価にとどまらず、履行補助者の地位と契約の相対効との関係をめぐる難問が含まれていることがわかる。これらの問題については、債務者以外の他人の履行への関与に関する債権者－債務者間の契約ないし債務内容の解釈によって判断すべしというのが近時の傾向であるが、この観点は、債務不履行責任の有無だけでなく、履行補助者自身が債権者に対して負うべき責任についても応用し得るように思われる。すなわち、**事例 Part. 2** では、運送契約（債務者－履行補助者間の契約）の荷受人（債権者）に対する効力（契約条項ないし約款の対外的効力）が問われるが、債権者－債務者間の契約の履行方法として、履行補助者ひいては債務者－履行補助者間の契約がどのように取り込まれたかに応じて、その契約上の規律にしたがって債権者の履行補助者に対する権利行使が信義則上制限されることがあり得るのではないか。また**事例 Part. 3** においても、債権者－債務者間の契約における責任制限の趣旨によって履行補助者の減責の可否が決せられるといえよう。

---

16) 潮見Ⅰ 533 頁。

次章では、債務不履行によって契約当事者以外の第三者が損害を被った場合に関する諸問題について、総合的に検討する。

[第18章]

契約責任と第三者・その2
――債務不履行の被害者としての当事者・第三者

> **本章のテーマ**
>
> ある契約上の債務不履行によって相手方以外の第三者にも損害が及んだ場合、その第三者に対する債務者の責任のあり方が問われる。これについては、契約当事者間－契約責任・対第三者間－不法行為責任と割り切るのが一般的であり、確かにそれは誤りではない。しかしながら、両者の責任内容が異なるとすれば、同一の義務違反から同一の損害が生じたにもかかわらず、被害者が契約当事者であるか否かによって有利不利が生じ得るが、そのような解決がつねに衡平といえるか？ とはいうものの、債務者が負うべき責任について統一化すべく、契約責任を第三者に対しても拡張すると契約の相対効原則に反する上、被害者も自己が同意していない契約上の規律（ex. 責任制限条項）に服することになる。然らば不法行為責任を広く認めればよいかというと、債務者の責任が契約上予見できた範囲を超えて無限に拡大するおそれがある。本章のテーマは契約責任と不法行為責任の交錯・調和・再構成であり、プラスアルファの鍵は、被害者保護の要請と債務者の契約上の予見確保の必要性との対立・調整である。

1　保護義務の対第三者効

事例で考えよう Part. 1
(1)　Aは自己所有の甲建物をBに賃貸し（以下、「本件賃貸借」という）、

Bが家族とともに居住を開始したが、当時より甲の２階ベランダの手すりに欠陥があったため、Bの妻Cが転落して重傷を負った。CがAに対して損害賠償を請求する場合、どのように法律構成すべきか。なお、転落したのがBを訪ねてきた友人Dであったとしたらどうか。

(2)　(1)において、転落して重傷を負ったのがBであり、Bは勤め先のE社において長期欠勤を余儀なくされた場合、EはAに対して、Bに支払った休業期間中の賃金およびB不在に起因する営業上の損失につき賠償請求することができるか。

[1] 前提の確認——契約上の保護義務とは？

　契約当事者は、合意に基づく給付義務だけでなく、信義則にしたがって、互いに相手方の生命・身体・財産を侵害しないよう配慮すべき義務を負うとの理解が今日確立されている[1]。このような義務は契約上の保護義務と称されている。たとえば、**事例 Part. 1** のような賃貸借契約において賃貸人は、目的物の使用収益を提供するに際して、賃借人の生命・身体・財産を害しないよう、賃貸不動産の安全性を確保すべき義務を負う。もっとも、賃貸不動産の安全性の確保は、用法にしたがって賃貸人が負うべき使用収益提供義務の内容に含まれると解することもできよう。いずれにしても、(1)において甲建物の欠陥によって重傷を負ったのが賃借人Bであった場合、BがAに対して債務不履行責任に基づいて損害賠償を請求できることは明らかであろう。それでは、被害者が本件賃貸借の当事者でないCあるいはDであった場合はどうか。これらの者も甲建物の欠陥によって人身損害を負った以上、保護すべきであることについては異論をみないであろうが、その法的性質および内容につきBとの間に差異を設けるべきであろうか。

[2] 不法行為構成と保護義務の拡張構成

　CおよびDに対するAの責任が不法行為責任（709条）であるとすると、

1）奥田・総論18頁、163頁、林＝石田＝高木・総論113頁、潮見Ⅰ161頁以下、大村・債権16頁、野澤Ⅱ34頁、円谷・総論21頁、中田・総論113頁、など。こうした傾向に対して、平井・総論49頁、淡路・総論97頁、内田Ⅲ129頁、加藤Ⅲ62頁以下は、契約内容を柔軟に解釈しながら債務の本旨に適った履行の有無を判断すれば足り、保護義務を特別な義務として給付義務と区別する必要はないと解する。

Bが受傷した場合に比して何が異なるであろうか。債務不履行と不法行為の主な相違点として一般に、①被害者の立証責任、②消滅時効期間（166条or724条　生命・身体侵害につき167条or724条の2）、③賠償すべき損害の範囲（弁護士費用）、④遅延損害金の起算点（請求日の翌日〈412条〉or不法行為時）、⑤遺族の慰謝料請求権の有無、⑥過失相殺の要否（418条or722条2項）、⑦加害者による相殺の可否（509条）などが挙げられている。そこで、債務不履行構成と不法行為構成との間にアンバランスが生じないよう、問題類型の特色に応じて解釈・運用上の柔軟な調整に努めることが求められる。①については、債務不履行構成でも保護義務違反の主張立証を要する一方、不法行為構成においても欠陥の存在から過失を推定することが可能であり、②では信義則上の主張制限による調整などがあり得よう。③以下についても、本来の給付義務の不履行ではなく完全性利益に関する信義則上の義務違反であることにかんがみて、不法行為規範が類推適用されてよいであろう。人身損害に対するB・C・Dの救済を等しくするには、さしあたりこうした手当てをすれば足りるともいえる。

　もう一歩進めて、被害者が契約当事者であるか否かを問わず法律構成を統一化しようとするなら、保護義務の対象範囲を拡張する構成が考えられる。製造物責任法制定以前における下級審裁判例には、売主の保護義務に関連して、このような契約上の責任は、『信義則上その目的物の使用、消費等が合理的に予想される買主の家族や同居者』に対しても及ぶと解したものがある[2]。保護義務の対象は必ずしも契約の相手方にとどまらず、その性質・内容に照らして契約上合理的に予見される範囲において第三者にも及ぶという考え方であり、不動産賃貸借における保護義務であれば、賃借人の家族・同居者さらには賃借人の意思に基づく来訪者にも及ぶと解される。この構成は本来の給付義務と区別して保護義務のみを拡張するものであるため、実質的に契約の相対効原則に反しておらず、むしろ保護義務の内容と当事者の予見に合致するとみることもできよう[3]。事例Part. 1(1)においてAはBのみならずC・Dに対しても保護義務を負うとしても、あくまで損害賠償責任を導くにとど

---

2) 岐阜地判昭和48・12・27判時725号19頁、神戸地判昭和53・8・30判時917号103頁、横浜地判平成3・3・26判時1390号121頁、など。

3) 少なくとも第三者への契約責任の拡張という観点からみれば、本来の給付義務とは別個に保護義務を観念することに一定の意義があるといえよう。

まり、C・Dの賃料債務の負担あるいはAに対する修繕義務の履行請求などが認められるわけではない点に留意を要する。

[3] 保護義務違反の間接被害者

事例 Part. 1(2)においては(1)と異なり、甲建物の利用に関係しないEまでが本件賃貸借において予定されていたとはいえないであろうから、契約外責任の問題として考えるべきことになる。そこで、不法行為における間接被害者の法理を転用することが考えられる。すなわち、Bの休業期間中の賃金手当てにつき、Aが賠償すべき損害をEが代わって填補したと評価し得る場合、それが労働法または雇用契約上のBに対する義務の履行として行われたか否かを問わず、EのAに対する求償を認めるべきであろう[4]。法律構成としては、賠償者代位[5]（422条）または弁済による代位[6]（499条1項）、事務管理[7]（702条）、不当利得（703条）などが考えられるが、事務管理構成はAのためにする旨のEの管理意思の有無が問題となろう[8]。

Eの営業上の損失についてはA自身の不法行為責任の有無が問われるが、判例は被害者と企業との間に経済的一体性が認められる場合に限定して肯定する[9]。間接被害者に対する不法行為を容易に認めると加害者の責任が合理的に予見可能な範囲を超えて無限に拡大するおそれがある一方、雇用者としては労働者の疾病や受傷による事業への影響を予め織り込むべきであると考えられるからである。なお、加害者に故意が認められる場合は企業に対する不法行為が成立しようが、設例からそこまで汲み取るのは困難であろう。

---

4) 内田Ⅱ 555 頁。
5) 労働基準法79条に基づく遺族補償につき422条類推適用を認めたものとして、最判昭和36・1・24民集15巻1号35頁。
6) 休業手当につき、札幌地判昭和44・12・26判タ242号139頁。
7) 法律上の義務によらない報酬支払につき、弁済者代位と事務管理の法理を類推したものとして、東京地判昭和58・7・25判タ517号207頁。
8) この問題に関する参考文献として、好美清光「間接被害者の損害賠償請求」判タ282号（1972年）22頁以下。
9) 最判昭和43・11・15民集22巻12号2614頁。

2　契約連鎖における不法行為責任の意義

> **事例で考えよう Part. 2**
> (1)　Fは、建設業者Gとの間で、自己所有の土地上に本件建物を建設する旨の本件請負契約を締結し、これに基づいて本件建物が完成して引き渡された後にFはこれをHに売却した（以下、「本件売買契約」という）。やがて、本件建物の廊下・壁のひび割れ、床のたわみ、梁の傾斜、配水管の亀裂、バルコニーのぐらつきなどが判明するに至り、Hがバルコニーから転落して重傷を負うに至った。HはGに対して損害賠償請求することができるか。なお、Gが本件建物をFに引き渡してから10年余りが経過しているものとする。
> (2)　(1)において転落事故がなかったとして、HはGに対して修補費用の賠償を求めることができるか。
> (3)　本件建物がFおよびHに引き渡されてから間もなくして、本件建物内の引き戸の開閉不完全およびエレベーターの機能不全が判明した場合、HはGに対して修補費用の賠償を求めることができるか。

[1]　問題の所在

　事例 Part. 2において、Hは本件建物の譲受人であり、FG間の本件請負契約とFH間の本件売買契約が連鎖しているが、両者はあくまで別個独立の契約であってGH間には契約関係がないため、基本的には不法行為責任の成否が問われよう。ところで、(1)および(2)ではGによる本件建物の引渡しから10年以上が経過しているため、本件建物の欠陥が建物の構造耐力上主要な部分に関するものであったとしても、特約がない限り、少なくともGは担保責任について免責されよう（品確法[10]94条1項）。Hへの本件建物の引渡しから10年が経過していれば、Hも担保責任を追及することができない[11]（品確法95条1項）。これに対して不法行為責任については、本件建物の欠陥が

---

[10]　「住宅の品質確保の促進等に関する法律」（平成11年）。

[11]　なお、引渡しから10年の一般消滅時効の適用を認める最判平成13・11・27民集55巻6号1311頁も参照。

判明してから3年（身体侵害の場合は5年〈724条の2〉）または建築工事から20年以内であれば追及可能である。このように、契約責任・担保責任の法理にしたがえば、請負人は注文者に対して責任を負わず、買主も売主に対して責任を問えないにもかかわらず、請負人－買主（譲受人）間に不法行為責任の法理を適用することによってこれが等閑視されてよいか？　仮に不当であるとすれば、請負人はもっぱら契約責任・担保責任の限度で責任を負えばよいのか？　具体的にみていくと、(1)は拡大損害（人身損害）が問題となっており、本件請負契約の当事者であるか否かを問わずに被害者を保護する必要性が高いため、このような場合にまで契約責任・担保責任の限界に服することにつき疑問が生じよう。これに対して、(2)(3)では契約責任・担保責任に親和的な修補費用の賠償が問われているところ、請負人は注文者以外の第三者に対して不法行為責任に基づいてこれを負担しなければならないのか？　注文者に対する関係において契約責任・担保責任から免責される場合はどうか？　不法行為責任と契約責任・担保責任との関係が問題となる。

[2] 第三者の生命・身体・財産の侵害に対する請負人の責任

　この問題につき最高裁は、建物の欠陥による第三者（注文者からの建物譲受人）の生命・身体・財産の侵害に対する請負人の責任について、次のように判断した（最判平成19・7・6民集61巻5号1769頁〈以下、「平成19年判決」という〉）。

　『建物は、そこに居住する者、そこで働く者、そこを訪問する者等の様々な者によって利用されるとともに、当該建物の周辺には他の建物や道路等が存在しているから、建物は、これらの建物利用者や隣人、通行人等（以下、併せて「居住者等」という）の生命、身体又は財産を危険にさらすことがないような安全性を備えていなければならず、このような安全性は、建物としての基本的な安全性というべきである。そうすると、建物の建築に携わる設計者、施工者及び工事監理者（以下、併せて「設計・施工者等」という）は、建物の建築に当たり、契約関係にない居住者等に対する関係でも、当該建物としての基本的な安全性が欠けることがないように配慮すべき注意義務を負うと解するのが相当である。そして、設計・施工者等がこの義務を怠ったために建築された建物に建物としての基本的な安全性を損なう瑕疵があり、それにより居住者等の生命、身体又は財産が侵害された場合には、設計・施工者

等は、不法行為の成立を主張する者が上記瑕疵の存在を知りながらこれを前提として当該建物を買い受けていたなど特段の事情がない限り、これによって生じた損害について不法行為による賠償責任を負うというべきである。居住者等が当該建物の建築主からその譲渡を受けた者であっても異なるところはない。』

　このように平成19年判決は、建物の基本的安全性につき請負人は注文者以外の居住者等に対しても責任を負うべき旨を明示した。生命・身体の安全に関する被害者保護の必要性に照らせば、請負人の責任それ自体に対しては異論がなかろう。事例 Part. 2(1)において人身損害を被ったHに対してGは、担保責任に関する期間制限および契約責任の一般消滅時効に服することなく、本件建物の引渡し後10年経過していたとしても、欠陥が判明してHが「損害および加害者を知った時」から3年以内（2017年改正においては身体侵害につき5年）であれば損害賠償責任を負うべきであろう。そしてこの理は、被害者が本件請負契約の当事者Fであった場合にも妥当しよう[12]。平成19年判決における不法行為構成の意義は、契約法理による請負人の責任制限にもかかわらず、建物の欠陥に起因する生命・身体・財産の侵害に対する被害者保護を一貫して図る点に求められよう。

[3] 第三者による修補費用の賠償請求の可否と不法行為構成の意義
(a)　契約法理による解決と不法行為責任の意義

　事例 Part. 2(2)においてHはGに対して修補費用の賠償を求めているが、これについても(1)と同様に考えてよいか？　平成19年判決における主要な争点は拡大損害ではなく、修補費用および逸失利益の賠償の可否であったため、同判決の意義をさらに掘り下げて検討する必要がある。前述したように、修補あるいは修補費用賠償は本来であれば契約責任・担保責任の範疇に属する法的保護であるところ、建物譲受人が売主ではなく請負人に対し、不法行為責任を根拠としてこれを請求した場合、両責任間のバランスに配慮しなくてよいかが問われるからである[13]。

---

12) 高橋譲「判解」最判解民事篇平成19年度(下)514頁。
13) 平野裕之「判批」民商137巻4＝5号（2008年）441頁以下、新堂明子「判批」NBL890号（2008年）61頁、古積健三郎「判批」法セ増刊速判解8号（2011年）125頁、笠井修「判批」NBL963号（2011年）46頁。

この問いに対して平成19年判決の原審[14]は次のように判示した。①請負人の担保責任の問題に不法行為責任を持ち込むと、契約法理に見合った権利行使期間の趣旨が没却され、請負人の責任が無限に（時間的範囲および人的範囲において）拡大してその地位が不安定となるおそれがある。②翻って買主は売主に対して契約責任・担保責任を追及すればよく、請負人の責任を拡大しなくてもその保護に欠けるところはない。③以上より、請負人は建物に瑕疵が存するというだけで当然に不法行為責任を負うわけではなく、契約責任・担保責任を超えて不法行為責任が加重されるのは、違法性が強度である場合（請負人が害意を有していた場合、瑕疵の内容が反社会的・反倫理的である場合、瑕疵の程度が重大で社会的に許容し難い危険が認められる場合）に限定されるべきである[15]。

　こうした判断は次のような問題提起を含んでいる。すなわち、請負人は第三者に対して直接に契約責任・担保責任を負わないとしても、不完全な仕事をした請負人が注文者による建物譲渡によって責任を免れるのは妥当とはいえないため、譲受人に対して不法行為責任を負うことはあり得るが、その内容については原則として契約責任・担保責任の限度にとどめるべきであって、請負人の契約上の予見を超えてその責任を過度に拡大すべきではない。これを譲受人の側からみれば、原則として売主に対する責任追及で十分であり、それが奏功しないとしても当然に契約関係にない請負人への責任追及によって補充すべき理由はない。したがって、こうした契約法理による解決を尊重しつつ、それが妥当しない場合にのみ不法行為責任の加重を認めるべきである。

　それでは、それはどのような場合か？　上記のような原審判決に対して平成19年判決は以下のように述べた。『建物としての基本的な安全性を損なう瑕疵がある場合には、不法行為責任が成立すると解すべきであって、違法性が強度である場合に限って不法行為責任が認められると解すべき理由はない。』同判決は、請負人の契約上の予見確保より被害者保護を優先すべき場合すなわち、契約責任・担保責任の枠組を超えて請負人の不法行為責任を認容すべ

---

14) 福岡高判平成16・12・16判タ1180号209頁。
15) 同様の判断を示した裁判例として、神戸地判平成9・9・8判時1652号114頁、大阪地判平成12・9・27判タ1053号138頁。

き基準点を、『建物としての基本的な安全性を損なう瑕疵』の存否に求め、原審が示した『違法性が強度な場合』より緩和した。建物の安全性確保に対する昨今の強い社会的要請を反映した判断といえよう[16]。

そこで、建物の基本的安全性を損なう瑕疵およびそこから生じる損害の意義がさらに問われることになる。事例 Part. 2(1)における生命・身体に対する拡大損害は当然に含まれようが、(2)(3)の修補費用のような建物それ自体の価値ないし契約適合性に関する損害はどうか[17]。平成19年判決はこの点の審理につき原審に差し戻し、差戻審判決に対してさらに第二次上告審判決が出されたため、以下に確認しよう。

(b) 建物の基本的安全性に関する瑕疵および損害の意義

平成19年判決の差戻審[18]は、『居住者等の生命、身体又は財産に対する現実的な危険性を生じさせる瑕疵』と解し、請負人の不法行為責任を拡大損害の発生またはこれに準じる場合（現実的・具体的危険の存在）に限定する旨を示した。

これに対してその第二次上告審判決（最判平成23・7・21判時2129号36頁〈以下、「平成23年判決」という〉）は、『建物の瑕疵が、……現実的な危険をもたらしている場合に限らず、当該瑕疵の性質に鑑み、これを放置するといずれは居住者等の生命、身体又は財産に対する危険が現実化することになる場合』と述べ、将来において居住者等の生命・身体・財産が侵害されるおそれを生じさせる潜在的・一般的危険が存する場合に広く請負人の不法行為責任を肯定すべき旨を説示した。その上で、『建物の構造耐力に関わらない瑕疵であっても、これを放置した場合に、例えば、外壁が剥落して通行人の上に落下したり、開口部、ベランダ、階段等の瑕疵により建物の利用者が転落するなどして人身被害につながる危険があるときや、漏水、有害物質の発生等により建物の利用者の健康や財産が損なわれる危険があるときには』、建物としての基本的な安全性を損なう瑕疵が認められ、その修補費用相当額が建物譲受人の損害に含まれると解した。建物の基本的安全性それ自体を保護法益と捉え、これに対する侵害の除去費用を損害と認定する構成と目され

---

16) 円谷峻「判批」ジュリ増刊平成19年度重判解90頁、鎌野邦樹「判批」NBL875号（2008年）16頁。
17) 笠井修「判批」判評616号（2010年）33頁。
18) 福岡高判平成21・2・6判時2051号74頁。

るが、第一次上告審判決である平成 19 年判決に整合的な見解である[19]。

平成 23 年判決のこのような理解にしたがえば、**事例 Part. 2(2)**においてHはGに対して不法行為責任として修補費用の賠償を求めることができよう。

(c) 再び契約法理との差異について

平成 19 年判決および平成 23 年判決のように請負人の不法行為責任を広く認めると、契約法理による解決との差異について再確認する必要が生じる。第一に、請負人の契約責任・担保責任を第三者に拡張する構成[20]と異なり、建物譲受人が直接に請負人に対して修補そのものを請求することはできない反面、損害賠償請求が請負契約上の責任制限に服することもない。なお、建物の基本的安全性を損なう瑕疵であっても、拡大損害でなく修補費用の賠償が問題となる場合、かかる費用負担が予定されていない利用者や通行人には認められないであろう[21]。第二に、建物の基本的安全性を損なう瑕疵＝建物の契約不適合ではない。この点につき平成 23 年判決は、『建物の美観や居住者の居住環境の快適さを損なうにとどまる瑕疵は』請負人の不法行為責任の対象に含まれない旨を確認した。

これによれば、**事例 Part. 2(3)**のような建物の不具合については、ＦＧ間の本件請負契約およびＦＨ間の本件売買契約における契約責任・担保責任のみが問題となり、ＧはＨに対しては不法行為責任を負わないことになろう（ＨがＦに代位するかまたは、Ｈに対して責任を負ったＦがＧに求償し得るにとどまる）。

3 おわりに

契約上の債務不履行によって相手方以外の第三者が損害を被った場合、①被害者が契約当事者であるか否かにしたがってもっぱら契約責任によって解決すべき場合（**事例 Part. 2(3)**）、②被害者が契約当事者であるか否かを問わず、契約責任におけると同様の保護を不法行為責任または契約責任の拡張によっ

---

19) 高橋・前掲注 12) 515 頁、円谷・前掲注 16) 90 頁、鎌野・前掲注 16) 14 頁、新堂・前掲注 13) 60 頁、高橋寿一「判批」金商 1291 号（2008 年）6 頁、山口成樹「判批」判評 593 号（2008 年）26 頁、など。
20) 契約法理の拡張による保護に言及するものとして、山口・前掲注 19) 189 頁、平野・前掲注 13) 452 頁以下、など。
21) 笠井・前掲注 17) 35 頁。

て認めるべき場合（事例 Part. 1(1)）、③被害者が契約当事者であるか否かを問わず、契約責任の枠組を超えて不法行為責任によって救済すべき場合（事例 Part. 2(1)(2)）、④債務者が契約責任のみならず原則として不法行為責任も負わなくてよい場合（事例 Part. 1(2)）があり得る。なお、③は判例の見解に沿う整理であるが、ここに契約上の保護義務の拡張構成を持ち込み、担保責任における期間制限その他契約上の責任制限の適用を排除するなどの調整を図れば②と統一化されよう[22]。

本章のテーマについては、契約責任・担保責任と不法行為責任に関する規範上の異同、被害者が契約当事者であるか否かによる区別の当否、債務者の義務内容および被害者の保護法益ならびに損害の性質などに留意しながら、被害者保護の要請と債権者の契約上の予見確保の必要性との調和をどのように図るべきかを考察することが求められる。

---

[22] 本来の意味における契約責任との区別化を強調するなら③のように不法行為責任として統一すればよいという見方もできようが、給付それ自体の安全性は契約責任の範疇に含まれると解しつつこれを第三者に拡張するとすれば、保護義務構成にも意義があろう。

[第19章]

賃貸借における法律関係・その1
——当事者の交代

> **本章のテーマ**
>
> 不動産賃貸借のような長期間にわたる継続的契約においては、中途で当事者が交代することがしばしばあり、これに起因してさまざまな問題が生じる。これについては、賃貸人・賃借人どちらの側の交代なのかにより、問題状況が大きく異なるが、その検討に際しては、理論的な基礎づけと利益衡量の両面に亘る多角的な分析を要する点に十分留意されたい。本章はこれらに関する主要な問題を総合的に取り上げる。とくに最後の「賃貸人の地位の留保」は、両者が入り組んだ応用問題である。

1 賃借権の無断譲渡

[1] 賃借権の無断譲渡と信頼関係破壊の法理

> **事例で考えよう Part. 1**
>
> Aは自己所有の甲建物をBに賃貸し(以下、「本件賃貸借」という)、Bは自己が経営するフランス料理店Cの店舗として甲を利用していたが、Aに無断でCの子会社であるイタリア料理店Dに甲の賃借権を譲渡し、Dが若干の改装を施して甲に店舗を開業した。後にこの事実を知ったAは、本件賃貸借を解除するとともにDに対して甲からの明渡しを求めることができるか。

(a) 信頼関係破壊の法理とは？

　賃借権の無断譲渡および賃借物の無断転貸は賃貸人に対抗することができずかつ、賃貸借の解除事由とされている（612条2項）。賃貸借は信頼関係を基礎とする継続的契約であり、賃借物を誰がどのように使用収益するかは賃貸人にとって重要な要素であるから、同人に無断で使用収益主体を変更する賃借人の行為は、原則として賃貸借関係を維持し難い程の背信行為にあたると解されるためである。

　判例はこのような理解を前提としつつ、個別具体的に賃借人の無断譲渡・転貸が賃貸借関係を維持し難い程の背信行為と認めるに足りない特段の事情が存在する場合、612条2項の適用を否定する[1]。したがって、解除の可否は無断譲渡・転貸の有無によって形式的に決まるのではなく、それが信頼関係を破壊する程度のものか否かに関する実質的な評価に委ねられる。

　大切なのは、信頼関係の破壊すなわち、背信行為にあたらないと認められる特段の事情として、賃借人が何を主張・立証すべきか[2]に関する事実評価であり、「信頼関係破壊の法理」という用語のみから機械的に解答が導かれるわけではない。判例は、①使用収益主体間における実質的同一性または一体性の有無[3]、②使用収益の態様における実質的変更の有無[4]、③譲渡・転貸の場所的範囲[5]などを考慮している[6]。

(b) 設例へのあてはめ

　事例Part.1では、DはCの子会社であり、かつ用法においても大きな変更がされていないため、Aに無断で改装が行われたことを加味しても、特段の事情を認めてよいであろう。なお、判例は、無断譲渡による解除が認めら

---

[1] 最判昭和28・9・25民集7巻9号979頁、最判昭和30・9・22民集9巻10号1294頁。

[2] 最判昭和41・1・27民集20巻1号136頁、など。

[3] 前掲・最判昭和30・9・22は、賃借人において法人格の変動があったが、構成員が同一であり、使用方法も同一のまま継続されている点が考慮されたものである。このほか、最判昭和38・10・15民集17巻9号1202頁、最判昭和39・11・19民集18巻9号1900頁、など。

[4] 最判昭和39・1・16民集18巻1号11頁、最判昭和40・9・21民集19巻6号1550頁、最判昭和44・4・24民集23巻4号855頁など、親族間の賃借権譲渡が多く、実質的には①の要素と重複して認められる場合が多い。

[5] 最判昭和31・5・8民集10巻5号475頁、最判昭和46・6・22判時636号47頁、など。

[6] 山本・契約467頁も参照。

れない場合、譲受人は賃貸人に対して占有権原を対抗することができ[7]、以後は譲受人のみが適法な賃借人となると解している[8]。したがって、信頼関係の破壊に至らない無断譲渡は結果的に承諾ある場合と同一に扱われることになる。賃貸人が無断譲渡による賃借人の交代に拘束されるのは不当であるようにもみえるが、新賃借人のその後の態様を理由とする解除は妨げられない。

2 賃貸借の解除と転借人の地位

> **事例で考えよう Part.2**
> 　Aは自己所有の甲建物をBに賃貸したが（以下、「本件賃貸借」という）、BはAの承諾を得て甲をCに転貸した（以下、「本件転貸借」という）。
> (1)　その後間もなくして、従前から病気を患っていたAの父親の介護のために甲を使用する必要が生じたとして、AがBの了解を得て本件賃貸借を合意により解除し、Cに対して甲の明渡しを求めた。
> (2)　Cは本件転貸借に基づく転貸賃料を滞りなくBに支払っていたが、Bが事業不振に陥ってAに対する賃料支払を延滞したため、AはBに催告の上で本件賃貸借を解除する旨を通知するとともに、Cに対して甲の明渡しを求めた。

[1] 合意解除と転借人の地位

賃借権の消滅により転借権はその基礎を失う。それは、転貸借は賃借権に基づく使用収益の一環として行われるところ、賃借権が消滅した以上、もはや転借人は賃貸人に占有権原を対抗することができなくなることを意味する[9]。

ところが判例は、賃貸人は賃貸借の合意解除をもって信義則上転借人に対

---

7) 最判昭和39・6・30民集18巻5号991頁、最判昭和42・1・17民集21巻1号1頁、前掲・最判昭和44・4・24、など。
8) 最判昭和45・12・11民集24巻13号2015頁。
9) 転貸借の終了時につき判例は、賃貸人からの返還請求時に転貸借の履行不能が確定し、これにより終了すると解している（大判昭和10・11・18民集14巻1845頁、最判平成9・2・25民集51巻2号398頁）。

抗することができないと解している[10]。その理由として、合意解除は賃借権の放棄にあたり、民法398条および538条の法理に照らして許されない旨を説いていた[11]。とくに賃貸人の側からみれば、転貸借を承諾しておきながら後にこれをくつがえす合意をすることは矛盾態様にあたると評価され得る。2017年改正によりこの判例法理が明文化された（613条3項）。

　もっとも、**事例Part.2(1)**におけるＡＢ間の合意解除はやむを得ない事由によるものであり、Ａの自己使用に関する高度な必要性と緊急性が認められる場合は必ずしも信義に反しないといえようが、父親の介護を以前から予見しながらＡが転貸を承諾し、その緊急性が高いとはいえない場合であれば、転貸後間もなくして明渡しを求めることは許されないであろう。その場合、ＡＢ間では本件賃貸借の解除を認めた上でＣの転借権が維持される結果、Ｂは賃貸借関係から離脱し、本件転貸借がＡに承継されることになろうか。期間・用法は本件賃貸借の範囲内に制限されるため、Ａに不利益はないであろう[12]。その上で、期間満了後の更新拒絶の可否がＡＣ間においてあらためて問われることになろう。

[2] 債務不履行解除と転借人の地位

　見解が分かれるのは、**事例Part.2(2)**におけるような債務不履行解除の場合である。賃貸人の承諾には、賃借人の帰責事由によって信頼関係が破綻した場合においてまで転貸借の存続を認める趣旨は含まれていないため、合意解除の場合と異なり、賃貸人は賃借権の消滅を転借人に対抗できてよい。そうであるとしても、転借人保護のために利用機会の確保について考慮しなくてよいか？　かねてより賃料不払を理由とする解除における転借人に対する催告の要否が問われてきた。

　学説上は、催告がなければ賃貸人は解除をもって転借人に対抗することができない、と解する催告必要説が有力である[13]。その理由は以下の通りである。ⅰ．賃貸人は承諾した以上、帰責事由のない転借人の利益に配慮すべきである。ⅱ．転借人は賃貸人に対して直接に賃料を支払う義務を負っており（613

---

10) 大判昭和9・3・7民集13巻278頁、最判昭和38・2・21民集17巻1号219頁、など。
11) 前掲・最判昭和38・2・21。
12) 逆にＢＣ間の特別な関係により転貸賃料が著しく廉価であった場合などは、Ｂと別個にＣを保護すべき必要性に乏しく、合意解除の対抗を認めても信義に反しないといえようか。

条1項)、催告は賃貸人にとって過大な負担とならないばかりか、転借人から賃料を回収できれば利益に資する。ⅲ．解除原因（合意or賃料不払）は賃貸人－賃借人間の内部事情であり、転借人には立証困難であるため、その地位の安定化を図るべきである。

これに対して判例は催告不要説に立つ[14]。その根拠は次のようなものである。ⅰ．賃貸人の承諾は賃借人の使用収益の一環として転借人による利用を認めたものにすぎず、転借人に対する新たな義務の負担を予定していない。ⅱ．転借人に対する賃料請求は賃貸人の権利であって義務ではなく、催告するか否かは賃貸人の自由である。ⅲ．転借人の従属的地位に照らせば、賃借人の帰責事由による終了を当初から甘受すべき立場にある。なお、催告不要説であっても、とくに賃貸人－転借人間において転借人が催告を期待してよいと認められる事情があれば、信義則による調整がされてよいであろう。

2017年改正は債務不履行解除について合意解除と異ならせる旨を明文化し、転借人に対する関係において特別な要件を定めていないため（613条3項ただし書）、不要説に親和的であるともいえるが、解釈論としてなお問題となろう。

3 賃貸人の地位の移転

[1] 賃貸不動産の譲渡と賃貸人の地位の移転

> **事例で考えよう Part.3**
>
> Aは自己所有の乙土地を建物所有目的でBに賃貸し（以下、「本件賃貸借」という）、Bは同地上に丙建物を建設した後、長男C名義で所有権保存登記を行った。その後Aは乙をDに売却して所有権移転登記が経由された。その際にDは現況確認を行い、丙の存在およびBの居住を確認の上、借地権の負担分を減価した価格で乙を買い受けていた。DはBに対し、B名義で丙の建物登記がされていないことを理由として建物収去ならびに土地明

---

13) 星野英一『借地借家法』（有斐閣、1969年）375頁以下、鈴木禄弥『借地法上巻〔改訂版〕』（青林書院新社、1980年）574頁以下、幾代通＝広中俊雄編『新版注釈民法(15)〔増補版〕』（有斐閣、1996年）288頁、744頁〔篠塚昭次〕、960頁〔原田純孝〕、など。

14) 最判昭和37・3・29民集16巻3号662頁、最判平成6・7・18判時1540号38頁。

> 渡しを求めることができるか。

　判例は、特段の事情がない限り、賃貸不動産の譲渡により当然に賃貸人の地位も譲受人に移転すると解している[15]。『当然に』とは、譲渡当事者間の特段の合意および賃借人の承諾が不要であることを意味している。ⅰ．賃貸人の地位はその権限すなわち所有権と密接不可分の関係に立ち、譲受人が賃貸人の地位を承継する方が賃借人の利益に適うこと、ⅱ．賃貸人の債務内容は非属人的であるから賃借人の承諾を求める意義に乏しいこと、が理由として挙げられる。賃借権の譲渡・転貸と対照的である。この理は2017年改正において明文化された（605条の2第1項）。なお、『特段の事情』については後述する（[3] 参照）。

　この理は賃借権が対抗要件を備えていることを前提としており、譲受人に対する賃借権の対抗が賃貸借関係の承継を意味する旨を示している。そして、借地権の対抗要件は建物登記で足りるとされている（605条の2第1項→借借10条1項）。その趣旨は次の2点に求められる。ⅰ．賃借権登記（605条）と異なり賃貸人の協力が不要であるため、借地人保護に資する。ⅱ．土地所有者と異なる所有名義の建物登記により、建物所有名義人の借地権の存在を推認できるため、譲受人の取引安全を害しない。それでは、それは**事例 Part. 3**のような他人名義の建物登記でもよいか？

　判例は、借地権者と異なる他人名義の建物登記につき対抗力否定説に立つ[16]。この見解は、ⅰ．他人名義の建物登記からは借地人を推認することができない上、不実登記を行った借地人を保護することは借地借家法10条1項の趣旨に合致しない、ⅱ．他人名義の登記では建物所有権すら対抗することができないのに、敷地利用権を対抗し得るというのは均衡を失する、ⅲ．場合に応じて他人名義の登記に対抗力を認めてよいとすると、実務上混乱を来すおそれがある、などを根拠とする。これに対し学説上は、ⅰ．建物登記の意義を柔軟に解して借地人保護を図ることが借地借家法の趣旨に適う、ⅱ．土地と建物の所有名義が異なっていれば土地の譲受人において何らかの借地権の存在を推認することができる上、現況確認により借地人を容易に知り得

15）大判大正10・5・30民録27輯1013頁、最判昭和39・8・28民集18巻7号1354頁。
16）最大判昭和41・4・27民集20巻4号870頁。

る場合が多い、ⅲ．少なくとも借地人と建物名義人との間に実質的一体性が認められるときは、自己名義で建物登記がされた場合に比して借地人保護の必要性に変わりはなく、その未登記が必ずしも非難に値するとはいえない、などの理由から、対抗力肯定説を支持するものが多い[17]。この点は平成29年改正後においても解釈上の問題として残されている。

事例 Part. 3 において、判例の見解を形式的にあてはめれば建物収去土地明渡請求が認められそうであるが、現況確認を通してBによる土地利用の事実を知り、かつ借地権の存在を前提として買い受けたことが認められる事情の下では、DがBの対抗要件の欠缺を主張することは信義に反すると解すべきではないか[18]。

[2] 賃貸人の地位の移転と敷金関係

> **事例で考えよう Part. 4**
> Aは自己所有の甲建物をBに賃貸し（以下、「本件賃貸借」という）、Bは敷金として500万円をAに預託した（以下、「本件敷金」という）。その後AはCに甲を売却して所有権移転登記が経由された。本件賃貸借が期間満了により終了した場合、Bは明渡時においてCに対して本件敷金の返還を求めることができるか。ちなみに、本件敷金はAからCに引き渡されていない。

敷金とは、賃貸借契約に付随してこれとは別個に締結された敷金契約に基づいて、賃借人の金銭債務のための担保として賃貸人に交付される金銭をいう（622条の2第1項）。賃貸借終了後・明渡し時において、それまでに生じた賃貸人の被担保債権の一切を控除して残額がある場合、賃借人は敷金返還請求権を有する[19]。

それでは、賃貸不動産の譲渡によって賃貸人が交代した場合、敷金関係は

---

17) 星野・前掲注13) 404頁、幾代＝広中・前掲注13) 851頁〔広中俊雄〕、副田隆重「判批」民法百選Ⅰ〔第7版〕119頁、大村・契約117頁、野澤Ⅰ217頁、石田剛「他人名義の登記と借地権の対抗力」水野＝古積＝石田・民法341頁以下など。

18) 谷口知平＝石田喜久夫編『新版注釈民法(1)〔改訂版〕』（有斐閣、2002年）185頁、広中・前掲注17) 852頁、など。なお、大阪地判平成2・7・2判時1411号96頁も参照。

どうなるか[20]。敷金契約は賃貸借とは別個の契約であるが、両者は目的と手段の関係にあるため、随伴性により賃貸人の地位とともに敷金関係も当然に移転する、と解するのが敷金の趣旨に適う。

　もっとも、**事例 Part. 4** がそうであるように、新・旧賃貸人間において敷金の引渡しがされていない場合にまで敷金関係が当然承継されると、新賃貸人に過大な負担を課すことにならないか？　もし敷金関係が承継されないとすれば、賃借人は旧賃貸人との間で敷金の清算を行う一方で、新賃貸人に対して別に敷金を差し入れるべきことになる。しかしながら、判例は敷金引渡しの有無を問わず当然承継説を採用し[21]、敷金は旧賃貸人に対する債務に当然に充当されてその残額が新賃貸人に承継されると解している[22]。

　その根拠としては、賃貸借関係に対する敷金関係の随伴性に加えて、さらに次のような賃借人と新賃貸人との利益衡量が挙げられる。ⅰ．賃貸人の地位の移転は賃借人の承諾を要しないため、賃借人において自己が関知し得ない賃貸人の交代および新・旧賃貸人間の事情により、賃貸借関係からすでに離脱した旧賃貸人から敷金を回収するリスクに加えて、新賃貸人に対して新たに敷金を差し入れる負担を負わせるのは不当である。ⅱ．これに対して新賃貸人は賃借権の存在を前提として不動産を譲り受けるのであるから、譲渡当事者間において敷金の引渡しないしはこれに代わる対価的調整を行うべき立場にある。これらの点にかんがみれば、敷金につき具体的な調整がされないまま賃貸借が終了した場合、すでに離脱している旧賃貸人から敷金回収を図るリスクは、賃借人でなく新賃貸人に負わせるのが衡平である。

　なお、**事例 Part. 4** において、もしBがAの承諾を得て賃借権をDに譲渡した場合、その時点でBはAに本件敷金の返還を求めることができるか？敷金関係の当然承継を認めれば本件賃貸借の終了前にこのような請求はできないが、判例は当然承継を否定してBの請求を認めており[23]、2017年改正により明文化された（622条の2第1項2号）。その理由として、賃借権譲渡により旧賃借人との間では利用関係が終了しているのに加えて、同人が差し入

---

19) 最判昭和48・2・2民集27巻1号80頁。
20) この問題については、森田・債権法143頁以下を参照。
21) 大判昭和18・5・17民集22巻3号373頁、最判昭和39・8・28民集18巻7号1354頁。
22) 最判昭和44・7・17民集23巻8号1610頁。
23) 最判昭和53・12・22民集32巻9号1768頁。

れた敷金をもってその後も当然に他人（新賃借人）の債務をも担保することの不当性が挙げられている。賃借権の譲渡には賃貸人の関与を要するため、その際に敷金をどうするかに関する三当事者間の調整が可能であり、賃貸人の交代とは状況を異にする点に留意が必要である。

[3] 賃貸人の地位の留保

> **事例で考えよう Part. 5**
>
> 　Aは自己所有の甲建物をBに賃貸し（以下、「本件賃貸借」という）、BはAに敷金500万円（以下、「本件敷金」という）を預託して引渡しを受けたが、その後甲をCに売却して所有権移転登記が経由された。その際にAC間において、本件賃貸借における賃貸人の地位をAに留保し、AはBから収受した賃料の50％を毎月Cに支払う旨の合意（以下、「本件合意」という）が行われた。
> (1)　Bは賃料を誰に支払えばよいか。
> (2)　Aが本件合意に基づくCへの支払を滞納したため、Cは本件合意を解除した。CはBに対して甲の明渡しを求めることができるか。
> (3)　本件賃貸借が期間満了により終了した場合、Bは明渡し時において誰に対して本件敷金の返還を求めることができるか。

(a)　問題の所在

　すでに紹介したように、判例は賃貸不動産の譲渡により所有権とともに賃貸人の地位も移転することを原則としつつ、その例外として『特段の事情』を留保するが、**事例 Part. 5** におけるような譲渡当事者間の合意がこれにあたるか？　判例がかつて否定説を示したのに対して、改正法においては肯定されるに至ったが（605条の2第2項）、それはなぜか？　このような合意による賃貸人の地位の留保を認めた場合、賃借人の利益にどのような影響を及ぼすか？　2017年改正の理解の深化とさらなる思考力の涵養を期して、否定構成から順次分析していこう。

(b)　留保否定構成
(i)　意義

　改正前の判例は、譲渡人に賃貸人の地位を留保する旨の合意をもって直ち

に『特段の事情』ありとはいえない、として留保否定構成を示した[24]。その理由として、このような譲渡当事者間の合意により賃借人は転借人と同様の地位に転落してしまい、譲渡人の帰責事由によってその地位を失うなど（上記２［2］）の不利益を被るおそれが生じる旨が指摘された。所有権を失った譲渡人に賃貸人の地位を留保するには、譲渡人に使用収益権限を付与し、これに基づいて賃貸借関係を維持する構成が必要となり、それが転貸借に準じるため賃借人にとって不当な結果を招く、という理解である。

そうすると、賃貸人の地位は譲受人に承継され、留保合意は譲渡人が賃貸人に代わってその事務処理（ex. 賃料取立、賃貸不動産・敷金の管理）を行う旨の内部的な委任契約として解釈できる限りにおいて効力を有することになろう。所有者と賃貸人の地位との合致を貫き、留保合意に関与していない賃借人の利益を重視しつつ、これに適合する限度で譲渡当事者の私的自治を尊重する点に、留保否定構成の意義が認められよう。

(ii) 設例へのあてはめ

事例 Part. 5(1)については、本件賃貸借における賃貸人はＣとなるが、本件合意に基づいてＡに賃料の取立権限が付与されたとみることができよう。

(2)では、ＡＣ間内部の委任が解除されたにすぎないため、ＢＣ間の本件賃貸借には影響しない。留保否定構成の眼目はこの点にある。

(3)においては、賃貸人の地位とともに敷金関係も承継されると解する以上、ＡＣ間の引渡しの有無にかかわらず、ＢがＣに本件敷金の返還を求めることは妨げられない（上記［2］）。もっとも、本件敷金はＡに預託されたものであり、賃貸不動産の譲渡後もその保管が義務づけられている点に照らせば、本件合意に基づいてＡも併存的に敷金返還義務を負うと解することも可能ではないか[25]。

このように、否定構成には理由があり、十分に妥当な解決が得られるが、これに対して肯定構成はどのように考えるのであろうか？

(c) 留保肯定構成

(i) 意義

賃借人の利益が適切に保護されるであれば、譲渡当事者の合意にしたがっ

---

24) 最判平成11・3・25判時1674号61頁。
25) 敷金関係の承継と旧所有者の債務引受につき、森田・債権法184頁以下。

て賃貸人の地位の留保を認めてもよいのではないか[26]？　賃貸人が変更しないのなら原則として賃借人の利益状況は変わらない。問題は留保合意が解除された場合における賃借人の使用収益権の確保であるが、賃借権に従属する形で新たな利用権を設定する通常の転貸借の場合とは反対に、留保合意は、既存の利用権を維持するために譲渡人に使用収益権を付与するものである以上、たとえ譲渡人がこれを失っても既存の利用権をそのまま存続させるのがその趣旨に適うのではないか。判例には、サブリースのような当初から転貸による収益を目的として行われた賃貸借につき、賃貸人は信義則上、更新拒絶による賃貸借の終了をもって転借人に対抗することができないと解したものがある[27]。そもそも賃貸不動産の譲渡により賃貸人の地位も移転するのが原則であり、留保合意はその例外的制限なのだから、賃貸不動産の譲渡は維持したままで留保合意のみが解除されれば、上記の制限が除去されて原則に立ち戻るのであり、賃借権が対抗要件を備えている以上、賃貸借関係が承継されると解すべきであろう。このように考えるなら、譲渡当事者の意思に適うことはもちろん、賃借人の地位も維持されるため、留保肯定構成が志向されてよいであろう。2017年改正では、賃貸不動産の信託的譲渡にともなう取引実務上の要請にも配慮しつつ、この見解が採用された（605条の2第2項）。

(ii)　設例へのあてはめ

　事例 Part. 5(1)では、賃貸人は依然としてＡのままであるから、Ｂは引き続きＡに賃料を支払うべきことになる。(2)については、上述の通り本件合意の解除によって賃貸人の地位がＣに移転するから、同人の請求は認められない。

　(3)はどうか。賃貸人がＡのままであれば敷金関係も移転せず、Ａがその返還義務を負うことについては論を俟たない。Ａが無資力の場合Ｂは損失を被るが、当初からの賃貸人であるＡの無資力リスクは賃貸借一般に内在するものであり、賃貸不動産の譲渡を理由に賃貸人でないＣに責任を負わせてＢを利する必要はないともいえる。しかしながら、本件合意の目的に本件賃貸借の収益をＡＢ間で分配することが含まれていたとすれば、甲の収益管理に関する共同事業としての組合契約類似の要素を看過すべきではなく、Ｃが間接

---

[26] 磯村保「判批」判評491号（2000年）36頁以下、北居・民法96頁以下〔北居功〕、など。

[27] 最判平成14・3・28民集56巻3号662頁。

的に賃貸人としての収益に与りながらその責任からは免れるというのは不公平である。そこで、敷金関係については留保合意の効力を制限して、Cも本件敷金返還につき併存的に債務を負うと構成することも不可能ではなかろう[28]。

4 おわりに

　賃貸借における当事者の交代は、賃貸人と賃借人の地位および利益状況の相違を出発点として、継続的契約関係の特色、契約解釈および信義則の適用、利用者保護の要請、複合契約の法理、さらには不動産物権変動などが横断的に関わる総合問題である。その仕上げとして、賃貸人の交代と転貸借の法理が関連する応用問題である「賃貸人の地位の留保」を取り上げた。2017年改正によって立法的な手当てが行われたが、その肯否をめぐってどのような問題があり、それがいかにして解決されるに至ったのかについて理解を深めた上で、残された解釈上の検討課題につき思考を巡らせることが重要である。

---

28) サブリースにつきこの視点を指摘するものとして、北居・民法98頁以下。

[第20章]

賃貸借における法律関係・その2
—— 賃貸借の終了

本章のテーマ

　賃貸借の特色は、不動産賃貸借の終了をめぐる諸問題を通して色濃く現われる。このうちすでに触れた論点については重複を避け、本章では第一に、期間満了による終了の可否を取り上げる。ここでは、借地借家法上の賃借人保護の意義と賃貸人との利益調整のあり方が問われる。第二に、賃貸不動産の損傷により使用収益が妨げられた場合における賃料債務の存否と、賃貸借の終了のための法律構成について検討する。これについては、危険負担および解除に関する諸規律がそのまま妥当するのか、妥当しないとすればどのような工夫を要するかが主に問題となる。第三に、終了後に返還されるべき敷金の範囲につき考察する。何が敷金から充当されるべき費用にあたるかについては、賃借人の賃料債務および原状回復義務ならびに賃貸人の修補義務との関係、さらには当事者間の合意に対する評価のあり方がポイントとなる。

1　期間満了による終了と更新の有無

事例で考えよう Part.1

　Aは自己所有の甲建物において飲食店を営んでいたが、遠方に住む父親の介護のためにしばらく甲を離れなければならなくなったため、介護から解放されたら戻ってくることを予定して、その間甲をBに賃貸することと

した（以下、「本件賃貸借」という）。本件賃貸借の締結に際してＡはＢに上記の事情を説明して了解を得た上で、ⅰ．期間５年・更新なく期間満了により終了すること（定期借家条項）、ⅱ．使用目的はレストラン経営とし、それ以外の用途で使用しないこと、ⅲ．Ａに無断で増改築・改装をしないことなどが約定され、賃貸借契約書に記載された。また、賃料は近隣の類似の建物からみて比較的安く設定された。４年後にＡの父親が死亡したが、その介護に多額の負担を要したため、Ａは早速帰京して飲食店を再開すべく、Ｂに対して期間満了により本件賃貸借が終了する旨を通知したが、Ｂはレストランの経営が順調であったことから甲の利用継続を希望した。なお、Ｂは甲の一部を改装して食品販売ブースとしていたが、Ａの同意を得ていなかった。

やがて本件賃貸借の期間が満了するに至ったが、その後もＡはＢに立退料の支払を提案するなどして交渉したものの、Ｂは本件賃貸借の更新を希望して譲らない。本件賃貸借を終了させるためにＡはどうすればよいか。

[1] 問題の所在

事例 Part. 1 において、Ａが主張すべき本件賃貸借の終了事由としてどのようなものが考えられるか？

第一に、Ａは本件賃貸借を更新が予定されていない期間限定の契約と認識していたことに照らして、定期建物賃貸借（借借38条）または一時使用目的の建物賃貸借（借借40条）およびその期間満了を主張することが考えられる。

第二に、上記の主張が認められない場合は普通建物賃貸借となるが、期間満了を理由として終了させるには更新拒絶の可否が問われるため、その要件について検討する必要が生じる。

第三に、期間満了とは別の観点から、本件賃貸借を直ちに終了させるための法的手段として、Ｂの債務不履行を理由とする解除についても考えてみる余地がある。

それでは、それぞれの終了事由について以下に検討していこう。

[2] 定期建物賃貸借の成否

本件賃貸借が定期建物賃貸借に該当すれば、期間満了により直ちに終了する。Ａの希望に最も沿うのがこの主張であるが、定期建物賃貸借は法定更新

の例外にあたり、利用継続に関する借地借家法上の賃借人保護を排除するものであるため、賃借人が不測の損失を被らないよう、厳格な手続要件が課されている。借地借家法38条によれば、ⅰ．公正証書等の書面による契約締結（1項）、ⅱ．更新がなく期間満了により終了する旨を記載した書面の作成・交付＋説明（2項）、ⅲ．期間満了の1年前から6ヶ月前までの間の通知（3項）が求められている。本件賃貸借につき契約書が作成され、予めAがBに終了通知をしているため、ここではⅱ．の書面の作成・交付要件が主として問題となる。本件賃貸借においては、予めAがBに対して事情を説明して了解を求め、契約書にも定期借家条項が明示的に盛り込まれたため、期間満了による当然終了の旨につきBの認識を確保するための手当ては十分に行われたようにも思える。確かに、賃借人が定期建物賃貸借である旨を実際に認識・了解して契約を締結していたか否かが重要であるとすれば、書面の作成・交付の有無は、契約締結に至る経緯、契約内容に関する賃借人の認識の有無・程度等の諸事情に応じて「実質的・個別具体的」に判断されるべきことになろう。

　ところが判例[1]は、書面作成・交付の意義については「形式的・画一的」に解すべきであり、賃借人の個別具体的な認識の有無に関わらず、つねに賃貸借契約書とは別個独立の書面の作成・交付を要する旨を明らかにした。そのねらいは、条文の文言に加えて、書面交付に関する明確な手続の徹底化により賃借人の理解を担保するとともに、賃借人の認識・理解の有無および程度の認定・評価をめぐる紛争を予防することによって、賃借人の地位の安定化を図る点に求められよう。したがって、本件賃貸借は定期建物賃貸借とはいえないことになる。

[3] 一時使用目的の建物賃貸借の成否

　それでは、本件賃貸借は一時使用目的の建物賃貸借であるといえるか。これが認められれば同じく利用継続に関する賃借人保護は適用除外となり、しかも借地借家法40条は定期建物賃貸借のような手続要件を定めていないため、Aにとっては都合がよい。問題はここにいう「一時使用目的」の意味であるが、定期建物賃貸借にあたらない場合にこれを広く認めてしまうと、厳格な

1）最判平成24・9・13民集66巻9号3263頁。

手続要件を課して賃借人の不利益防止を図る同法38条の趣旨が損なわれるおそれがある。したがって、利用期間を限定する旨の合意がされただけなく、法定更新の例外として借地借家法上の保護を排除することを正当化する合理的理由が求められよう。そうすると、同法40条の適用対象は、賃借人側の利用目的から期間を限定する旨が明らかである場合（ex. イベント会場、選挙事務所としての建物使用）に限られ[2]、賃貸人側の事情によって期間限定とする場合は、もっぱら定期建物賃貸借によるべきであろう。そのため、本件賃貸借は一時使用目的の建物賃貸借にあたらないといえよう。

[4] 普通建物賃貸借における更新拒絶の可否
(a)　正当事由の有無

本件賃貸借が普通建物賃貸借であるとすれば、期間満了に加えて更新拒絶の要件を充たさなければならない。まず、期間満了の1年前から6ヶ月前までの通知を要する（借借26条1項）。次いで、更新拒絶につき正当事由が必要である（借借28条）。**事例 Part. 1** において問題となるのは正当事由の有無である[3]。以下に借地借家法28条所定の判断要素について検討してみよう。

第一に、賃貸人・賃借人双方の使用の必要性が比較衡量される。一般に居住目的の使用が営業目的の使用に優先し、営業目的においても利潤追求にとどまらず生計維持を目的とする場合が優先すると解されている。**事例 Part. 1** においてはＡＢどちらも営業目的であるが、Ａは自己使用の必要性として、ⅰ．生計維持のための営業であること、ⅱ．Ａの経済状況から飲食店再開の必要性と緊急性が認められることを主張すべきであろう。これに対してＢは利用継続の必要性として、ⅰ．Ａと同じ目的であること、ⅱ．甲における営業の必要性と移転にともなうリスクの過大性を挙げるべきであろう。

使用の必要性に関する比較衡量により正当事由の有無を決定し難い場合、本件賃貸借においては第二に、建物賃貸借に関する従前の経過が判断要素となる。ここでは次のような事情が考慮されてよいであろう。ⅰ．賃料が比較的安価であることにかんがみれば、同一条件で賃貸借を延長することにつき、

2）幾代通＝広中俊雄編『新版注釈民法(15)〔増補版〕』（有斐閣、1996年）989頁〔広中俊雄＝佐藤岩夫〕、など。

3）広中＝佐藤・前掲注2）937頁以下参照。

Bの要保護性は減少しよう。ⅱ．期間満了により終了する旨の事情説明および定期借家条項の存在は、それだけでは定期建物賃貸借にあたらないとしても、実質的にみて更新に対するBの期待を保護すべき必要性を減少させる事情として、正当事由の一要素にはなり得よう。ⅲ．Bの無断改装および用法違反（食品販売）は、それが軽微であるために解除事由を構成するに至らないとしても、Bの要保護性を減少させる事情として、なお正当事由の一要素として考慮する余地があろう。

(b) 立退料提供の意義

本件賃貸借についてはさらに第三に、財産上の給付の申出すなわち立退料の提供が判断要素となり得る。立退料の提供は、他に正当事由が一定程度存在することを前提として、それが必ずしも十分でない場合における補完的要素として考慮される。

ところで、**事例 Part. 1** においてAは、期間満了後になってから立退料の提供を申し出ているが、そのような場合でも正当事由の考慮要素となり得るか？　一般に正当事由は更新拒絶の通知または解約申入れ時に存在しなければならず、期間経過または満了後に生じた事情は考慮すべきでないと解されている[4]。利用継続の可否に関する賃借人の予見を確保し、その地位が不安定となることを回避するためである。ところが判例は、立退料提供の時期については弾力的に解しており、上記の基準時を緩和している[5]。上述した立退料の補完的機能にかんがみれば、ⅰ．その提供の要否ないし提供額の適否については、更新拒絶の通知後に正当事由の有無を基礎づける当事者双方の事情が明らかとなり、交渉を重ねた上でなければ判断し難いこと、ⅱ．立退料は明渡しにともなう賃借人の損失塡補を目的としており、明渡しと引き換えに提供されれば足りることから、提供期限を厳格にすると賃貸人に困難を強いる反面、柔軟に解しても賃借人の不利益にならないからである。

上記の諸事情を総合的に判断すると、本件賃貸借においては更新拒絶につき正当事由が認められる可能性が高いといえよう。

4）最判昭和28・1・30民集7巻1号99頁、最判昭和33・1・23民集12巻1号96頁。
5）解約申入れ後における立退料提供または増額の申出をもって正当事由の考慮事由となり得る旨を認めたものとして、最判平成3・3・22民集45巻3号293頁。

[5] 債務不履行解除の可否

　本件賃貸借においてはBに用法違反および無断改装が認められるため、債務不履行解除による終了も考えられる。しかしながら判例は、債務不履行が軽微であって当事者間の信頼関係を破壊するに至らない場合、解除権の行使を信義則上制限する[6]。したがって、この事実のみを理由として本件賃貸借を終了させるのは難しいと思われるが、前述したように、更新拒絶のための正当事由の一要素にはなり得よう。

事例で考えよう Part. 2

　Cは自己所有の乙建物をDに対し居住用家屋として賃貸した（以下、「本件賃貸借」という）。本件賃貸借においては、ⅰ．期間4年、ⅱ．賃料月額30万円（前月末日払いとする）、ⅲ．敷金100万円（以下、「本件敷金」という）、ⅳ．Dはいつでも解約申入れをすることができ、本件賃貸借は解約申し入れから1ヶ月後に終了すること、ⅴ．乙の明渡し後、本件敷金から壁紙の張替えおよび清掃費用を控除した残額をDに返還すること（以下、「本件特約」という）、などが約定された。ところがその翌年の2016年8月末、台風の襲来により乙が損傷し、壁・床・家具その他付属設備等の著しい汚損、上下水道・ガスの使用不能などの被害を受けたため、Dは乙から一時退去したが、復旧は11月以降となる見通しである旨をCから聞いたため、同年10月1日、Dは本件賃貸借を解除する旨をCに通知し、同月末までに乙を明け渡した。なお、Dは9月・10月分の賃料（以下、「本件賃料」という）を支払っていない。
(1) CがDに本件賃料を請求した場合、Dはこれを拒むことができるか。
(2) Cは、乙の壁紙の張替えおよび清掃費用として100万円を要するとして、本件敷金を返還しない旨をDに通知した。これに対してDは本件敷金の返還を求めることができるか。

---

6) 最判昭和39・7・28民集18巻6号1220頁、最判昭和59・12・13民集38巻12号1411頁、など。

2 賃貸不動産の使用収益と賃料債務の関係[7]

[1] 問題の所在

　事例 Part. 2(1)については、乙の使用収益が妨げられていた期間分についてまでDが賃料を払わなければならないのはおかしい、と誰もが考えるであろう。結論としてはその通りだが、どのような理論構成によってこれを導けばよいのか？　色々と考えていくと、賃貸借の終了原因および効果、危険負担との関係、履行不能の意義、賃料債権の発生時期などに関わる難問であることに気づく。以下に整理しよう。

[2] 本件賃貸借の終了

　まず、本件賃貸借の解除は認められるか？　解除事由として考えられるのは、①本件賃貸借に基づく解約申入れ、②611条2項、③修繕義務の不履行であるが、解除の効果は将来効であるため（620条）、本件賃貸借の終了までに発生した賃料債権は存続するのではないかとの疑問が生じる。なお、数か月間にわたる居住不能をもって契約目的達成不能と認められれば②は可能であるが、③については当然に認められるとは限らない（後述）。

　また判例は、使用収益全部が確定的に不能となった場合、賃貸借は当然に終了すると解しており[8]、2017年改正によりその旨につき明文規定が設けられた（616条の2）。もっとも、これが認められるには、滅失または建物としての効用を喪失する程度に損壊した場合でなければならないところ、**事例Part. 2**において乙は、復旧に長期間を要するとはいえ修補不能とまではいえず、使用収益が一時的に不能となっているにとどまるため、本件賃貸借が台風襲来時に履行不能により終了したとして本件賃料債権の不存在を主張することは困難であろう。

　そうすると、本件賃貸借の解除からただちに本件賃料債権の不存在が導かれるわけではなく、さらなる検討を要することになる。

---

7) この問題については、森田・債権法107頁以下を参照されたい。
8) 最判昭和32・12・3民集11巻13号2018頁、最判昭和36・12・21民集15巻12号3243頁、など。

[3] 賃料債権の消滅 or 不発生

　Dが主張すべき本件賃料債権の不存在とはどのような意味なのであろうか？発生＋消滅なのか、それとも不発生なのか？

　第一に、次のような考え方が挙げられる。賃貸借は諾成契約（601条）であるから、本件賃貸借の成立時にDの賃借権とCの賃料債権が発生しており、賃料支払に関する民法614条および「前月末日払い」の旨の約定は、すでに発生している賃料債権の履行期および履行方法に関する定めというべきである。そして、使用収益が後発的に不能となった場合、それが一時的な不能であれば、使用収益が妨げられた期間における賃料債権は危険負担（536条1項）によって消滅する[9]。具体的には、Dは乙の使用収益の提供がないことを理由として月末に翌月分の賃料支払を拒絶することができ、その後使用収益不能の状態が継続している間、期間経過とともに履行不能が確定し、その対価としての賃料債権も消滅する、という理論構成になろうか。ただし、2017年改正により、危険負担の効果は反対債務の履行拒絶とされ（536条1項）、その消滅には解除を要することとなったため、賃貸借契約を維持しつつ一部の賃料債務のみを消滅させる構成が困難となろう。

　第二に、賃料債権は継続的な使用収益の享受にともなって順次発生するという考え方があり得る。この考え方に立てば、614条は賃料債権の発生時期を定めた規定であり、「前月末日払い」の約定は、将来賃料債権の前払いを約した特別な合意と解すべきことになろう。そして、使用収益が妨げられている間はそもそも賃料債権が発生していないことになる[10]。

　このような議論をうけてさらに、継続的契約関係としての賃貸借の特色を重視して、賃料債権の構造を「基本権的賃料債権」と「支分権的賃料債権」とに分けて理解すべきことを提唱する見解もある[11]。すなわち、前者は賃貸借契約の成立により発生し、賃料を請求・収受し得る賃貸人の地位を指すのに対して、後者は前者に基づいて、使用収益の享受にともなって具体的・継続的に発生する個別の金銭債権を示しており、月毎に行われる賃料請求は支

9）我妻V-(2)469頁、星野英一『借地借家法』（有斐閣、1969年）219頁以下、鈴木禄弥『借地法 下巻』（青林書院、1971年）787頁、広中・各論177頁、内田II 204頁、など。

10）大判大正4・12・11民録21輯2058頁、最判昭和36・7・21民集15巻7号1952頁、幾代＝広中・前掲注2）228頁〔渡辺洋三＝原田純孝〕、山本・契約432頁、など。

11）三宅(下)679頁、森田・債権法118頁以下参照。

分権的賃料債権の行使を意味する。使用収益の全部が確定的不能となった場合は基本権的賃料債権そのものが消滅し、支分権的賃料債権もその基礎を失って以後発生しないこととなるが、一時的不能にとどまる場合、基本権的賃料債権は当然には消滅せず、不能となった期間に応じて支分権的賃料債権のみが不発生となる。この理解に立てば、本件賃料債権は発生していないことになる。

以上のような構成にしたがってDは、本件賃料債権の消滅または不発生を主張することができよう。

3 賃借人の権利義務と敷金による負担の関係

[1] 問題の所在

本件賃貸借が終了した場合、敷金の清算はどうなるか？　敷金は賃借人が賃貸人に対して負うべき債務の担保を目的とするため、事例 Part. 2(2)におけるDの本件敷金返還請求の可否について検討するに際しては、第一に、賃借人の賃料支払義務・用法遵守義務・原状回復義務と敷金の機能との関係を確認する必要がある。これを前提として第二に、敷金充当に関する特約の意義と効力が問われる。その上で最終的に、目的物の復旧に要した費用負担は賃貸人・賃借人のどちらに帰すべきなのかが決定されなければならない。

[2] 賃借人の義務と敷金の機能

(a) 賃料債務・原状回復義務と敷金の関係

賃借人の用法違反による建物の損傷に関する補修費用が敷金によって塡補されるべきことは明らかであるが、通常の使用収益に起因する原状回復義務と敷金との関係はどうであろうか。この点につき判例は、特約がある場合を留保しつつ、通常損耗（通常の使用収益にともなう劣化・減価・汚損・経年変化など）の回復は、敷金によって負担されるべき原状回復義務に含まれないと解する[12]。この理は 2017 年改正により明文化された（621 条）。賃料債務には、使用収益にともなって通常生じる損耗に対する手当ても織り込まれていると解されるため、賃料支払に加えて敷金による負担を求めることは、賃借人に

---

12) 最判平成 17・12・16 判夕 1200 号 127 頁。

とって二重負担になるというのがその理由である。したがって、使用収益不能の期間を除いてＤが賃料支払を怠っていなければ、本件敷金による充当は許されないことになる。

しかしながら、天災による汚損に起因する壁紙の張替えおよび清掃は通常損耗に含まれないと目される上、本件賃貸借においては敷金負担に関する本件特約が存するため、賃料債務とは別個に敷金によって負担すべき原状回復義務の意義がさらに問われる。

(b) 特約の効力制限とその論理

Ｄによる本件敷金返還請求を正当化するためには、本件特約の適用を排除しなければならない。特約の適用排除のための法律構成としては一般に、①民法90条または消費者契約法10条に基づく無効、②解釈による適用範囲の制限、③信義則・権利濫用に基づく主張制限が考えられる。①→③の順に画一的・絶対的→個別具体的・相対的な処理となっていくが、問題類型に応じて適切な構成を選択することが求められる。①は適用場面を問わずラディカルに特約の効力を否定する構成であるが、壁紙の張替えと清掃費用を賃借人の負担とする旨の本件特約が当然に不当条項にあたるとまではいえないであろう。そこで、本件特約を有効としつつ、それがどのような終了事由および局面における原状回復に適用されることを予定したものなのかに関する解釈により（②構成）、または、損耗の程度、費用額、賃借人の利用態様、賃貸借終了に至る経緯等に照らして（③構成）、適用または主張を制限すべきことになろう。判例には、震災を契機として賃貸借が終了した場合における敷引特約の適用につき、当事者が予期していない原因および時期において賃貸借が終了した場合をも予定して約定されたものではないとして、②構成によって適用除外を導いたものがある[13]。

本件特約についてみれば、これをもっぱら期間満了など通常の終了事由における原状回復を予定して設けられたものと解釈した上で、ⅰ．天災により使用収益が妨げられたことが実質的な終了原因であること、ⅱ．Ｄの利用期間が短かったことにかんがみれば、このような場合における費用負担を賃借人に帰することはその内容に含まれていない、と評価することができよう。

---

13) 最判平成10・9・3民集52巻6号1467頁。

(c) 賃貸人の修繕義務および所有者として負うべき負担との関係

このようにして本件特約の適用を排除した上で、あらためて当事者間の負担分担のあり方について検討しよう。**事例 Part. 2**(2)において問題となっている壁の張替えおよび清掃は、実質的にみれば、賃貸借期間中に生じた天災による汚損の除去および損傷の補修を目的とするであると目されるところ、その費用負担は、本件特約がなくても賃借人の原状回復義務に含まれるのかといえば、賃借人の使用収益による汚損・損傷でないため、むしろ賃貸人の修繕義務（606条1項）の範疇に属するものではないか？

ただし、賃貸人がいかなる場合にどこまで修繕義務を負うべきかについては、損傷の程度、回復に要する費用・期間、賃貸借の目的・期間等に応じて合理的な範囲に限定されるべきであるから、**事例 Part. 2**のようなケースにおいて、Cは速やかに乙を復旧させる義務をつねに負うとはいえないであろう。そうだとしても、少なくとも乙の復旧に関する最終的な負担は所有者であるCに帰すべきであって、本件賃貸借の存在および終了を理由としてこれをDに転嫁することは許されないというべきであろう。

いずれにせよ、Dの使用収益による損耗に対する原状回復を目的とする清算ではなく、天災に起因する汚損の除去あるいは損傷の補修に関する負担は、Cが賃貸人または所有者として負うべき性質のものであり、その費用は本件敷金に充当されるべきではないから、Dの返還請求が認められてよいであろう。

4　おわりに

本章では、不動産賃貸借の終了を素材として、継続的な役務提供契約の特色について分析した。**事例 Part. 1**のテーマの目的は、期間満了に際して賃貸借の終了or継続をめぐって賃貸人と賃借人の利益が対立する場合を対象として、賃貸借の終了事由を総合的に検討することであった。ここでは、個々の終了原因について検討するだけでなく、それらの相互関係にも配慮しながら理解を整理することが重要である。**事例 Part. 2**(1)では、継続的に行われるべき履行がやむを得ない事由により「中断」した場合における法律関係として、契約の終了原因と対価的関係に立つ反対債務の帰すうにつき、やや掘り下げて分析した。(2)においては、目的物の損傷回復に関する賃貸人・賃借

人の権利義務関係について展開した。いずれにおいても、不動産賃貸借の特色を踏まえた応用的考察が求められるが、契約法のプラスアルファとしていただければ幸いである。

[第21章]

留置権の行使と人的範囲

> **本章のテーマ**
>
> 　留置権の成否に関連して学習上混乱を来しやすいのが、誰に対して行使することができるか（人的範囲）に関する諸問題である。留置権の肯否は債務者に対する関係（債務者＝所有者同一型）だけでなく、債務者以外の所有者による返還請求（債務者≠所有者異別型）に対しても問題となる。「留置権は物権だから誰に対しても主張できる」とつねに割り切れれば苦労はないが、事柄はそれ程単純ではなく、検討課題は複雑かつ多様である。ところが、民法295条は留置権の成立要件について簡潔に定めるにとどまる上、その制度趣旨が公平という極めてシンプルなものであることから、そこから直ちに具体的な解釈基準を導くのが困難となっている。
>
> 　本章の目的は、これらの難問を掘り下げて整理することにある。

1　問題の所在

　問題全体に通じる考察の前提をはじめに確認しておこう。留置権は物権であるから、ひとたび成立すれば、留置権者が占有を継続している限り債務者以外の誰に対しても当然に主張することができると解するならば、留置権の成否と行使の可否とを区別して考える必要はない。そのため、いかなる場合に誰に対して留置権を主張することができるかという問題は、もっぱら留置権の成立要件とくに物と債権の牽連性の有無に集約される。これが伝統的な判例・通説の理解である。

しかしながら近時は、留置権行使の可否をめぐる多様な問題のすべてを「物に関して生じた債権」要件のみを通して解決することに対する限界が指摘されており、留置権の成立要件と効力が及ぶ範囲すなわち、第三者に対する対抗の可否とを分けて整理すべき旨を説く見解が台頭している[1]。

これに対しては、このように対人的な主張の可否を相対化することは留置権の債権化に等しいという批判があり得るが、物権であっても無条件であらゆる第三者に対して主張することができるわけではなく、対抗要件の有無にかからしめられるのが原則であるから、留置権についても、それが成立するか否かと、いかなる場合にどのような第三者に対して対抗することができるかとを区別して考えることも可能であろう。もっとも、留置権は公平に基づく債権者保護のための法定担保物権であり、対抗要件の有無・先後による解決が直ちに妥当しない点に留意を要する。

そうであるとしても、留置権の行使を認めるのが公平に適うのかについては、留置者と各返還請求者間の関係ごとに異なるというべきであり、それは抽象的な命題から一義的に導かれるものではなく、被担保債権の性質・目的、目的物を占有する留置権者と返還請求者との利益衡量、関連する諸制度との整合性などを考慮しながら個別具体的に判断すべきであろう。

以下に、理解しやすい問題類型を出発点として順次展開していこう。

2　留置権成立後の譲受人

事例で考えよう Part. 1
　Aは自己所有の事業用機械甲の修理をBに依頼してこれを引き渡し、Bは修理を終えたが、Aは請負代金を支払わないうちに甲をCに売却した。Cから甲の引渡しを求められたBは請負代金未払を理由としてこれを拒むことができるか。

「留置権は物権だから債務者以外の第三者に対しても当然に主張すること

---

[1] 道垣内・担物18頁以下、31頁以下、松岡・担物252頁、田髙・物権167頁、後藤巻則ほか編『プロセス講義民法Ⅲ』（信山社、2015年）244頁〔田髙寛貴〕、など。

ができる」という命題（？）の典型例として挙げられるのが、**事例 Part. 1** のようなケースであり、これを同時履行の抗弁権（533 条）との相違点の一つとして理解するのが一般的である。判例も、債務者との間で留置権が成立した後に目的物が譲渡された場合（債務者＝所有者同一型→異別型）、譲受人に対する留置権の行使を肯定する[2]。したがって、Ｂは留置権をＣに対抗することができ、Ｃは留置権の負担付きの所有権を取得することになる。甲の修理に係る請負代金債権が「その物に関して生じた債権」にあたることは明らかであり、留置権の成立後に債権者が占有を継続しているにもかかわらず、債務者が目的物を処分するとその効力が失われるというのでは、留置権者の地位が不安定となって妥当でないのに対して、譲受人は目的物を占有していない債務者からこれを取得する以上、留置権の負担を知り得る立場にある、と評価し得るからである。

3 対抗関係において優先する譲受人

事例で考えよう Part. 2
(1) 甲土地を所有するＡは同地をＢに売却してこれを引渡したが、所有権移転登記手続未了の間にＡは甲地をさらにＣに対して二重に売買し、Ｃが所有権移転登記を備えるに至った。ＣがＢに対して甲地の明渡しを求めたのに対して、ＢはＡに対する損害賠償請求権の存在を理由としてこれを拒むことができるか。
(2) Ａが所有する乙土地をＢが賃借して引渡しを受けた後、Ａは同地をＣに売却して所有権移転登記が経由された。Ｂが賃借権登記および建物登記手続を了していないため、ＣがＢに対して乙地の明渡しを求めた場合、ＢはＡに対する損害賠償請求権の存在を理由としてこれを拒むことができるか。
(3) Ａは丙土地をＢに売却してこれを引渡したが、同地はＣの所有に属しており、ＡはＣに無断で売却していた。ＣがＢに対して乙地の明渡しを求めた場合、ＢはＡに対する損害賠償請求権の存在を理由としてこれを拒む

2）最判昭和 47・11・16 民集 26 巻 9 号 1619 頁。

ことができるか。

[1] 不動産の二重譲渡と留置権

　事例 Part. 2(1)のような、対抗関係における優劣が争われた譲受人間の留置権の行使につき、判例は、Bの損害賠償請求権はその物に関して生じた債権とはいえないとしてこれを否定した[3]。学説も、所有権に基づく明渡請求を行うのはCのみであり、留置権の成否はもっぱらCとの関係において問題となるところ、Bの損害賠償請求権はCへの譲渡によりAに対して新たに発生した債権であり、Cの明渡請求権と同一の法律関係において生じたものではない、と解してこれに賛同する[4]。

　これに対しては、結論に賛成しつつも、法律構成につき次のような指摘がされている。すなわち、Bの損害賠償請求権は甲地の履行に代わる賠償を目的とするものであり、Cの明渡請求権とともにAの処分によって生じた債権であるから、甲地に関して生じた債権であるといってよい。また、Bが履行不能を理由として解除した場合、Aは売主としてBに対して甲地の返還を求めることができる（545条1項本文）。このときCは損害賠償の支払あるまで同時履行の抗弁権を主張し得るが（546条）、留置権の成立も妨げられないとすれば、物と債権の牽連性要件を欠くとしてこれを否定するのは不公平といえよう[5]。

　そうだとすれば、これを留置権の成立要件の問題として捉えるのではなく、Aとの関係では留置権が成立するがCに対しては対抗することができない、と構成するのが妥当といえよう。その理由は以下の通りである。ⅰ．177条にしたがい甲地の物的支配につきCが優先する以上、Bが甲地の明渡しを拒めるとすると同条に抵触する。ⅱ．Bの被担保債権の目的はⅰ．を前提とする損害の塡補に求められるから、BがCに甲地を明け渡した上でAB間において事後的に清算すればよく、Cがそのための担保を負担すべき理由はない。ⅲ．Cに対する留置権の行使がBの弁済を促進するとはいえず、留置権の趣旨に適合しない。

3） 最判昭和 43・11・21 民集 22 巻 12 号 2765 頁。
4） 我妻Ⅲ 34 頁、内田Ⅲ 505 頁、近江Ⅲ 26 頁、生熊・担物 243 頁、など。
5） 高橋・担物 17 頁、松岡・担物 246 頁、252 頁など。

[2] 小括

　上記のような分析は、事例 Part. 2 (2)(3)にも妥当しよう。判例は、いずれの場合も物と債権との牽連性がないことを理由として留置権の成立を否定するが[6]、ＢはＣに対して留置権を対抗することができないと構成した上で、その根拠を模索すべきであろう。すなわち、(2)においては、ＢはＣに対して乙地に関する占有権原を対抗することができない以上、留置権もこれに従うべきであり、Ｂの損害賠償請求権はＡとの関係における事後的な清算を目的とするものであるから、Ｃがそのための担保を負担すべき理由はない。(3)においても、Ｂは無権利者からの譲受人であり、丙地の物的支配を真正所有者Ｃに主張し得る立場になく、Ｂの損害賠償請求権はＡとの関係において事後的に清算すべき権利にすぎない。

　事例 Part. 1 と事例 Part. 2 との相違点としては、債務者との間で留置権が成立した後に所有者となった者（債務者＝所有者同一型→異別型）に対しては、留置権の負担を前提とした所有権取得が認められるのに対して、当初から債務者と所有者が異なる場合（債務者≠所有者異別型）においては、所有者が後から発生した他人の債務のための担保を負担すべき理由はないから、留置権を否定すべきである、という整理が行われている[7]。

4　債務不履行における目的物の譲受人

> **事例で考えよう Part. 3**
> (1)　Ａは自己所有の甲土地をＢに売却し、Ｂは手付金の支払と引換えに所有権移転登記を了したが、残代金の支払がなかったためＡは売買契約を解除した。ところが、Ｂは甲地をＣに転売してしまい、所有権移転登記が経由された。ＣがＡに対して甲地の明渡しを求めたのに対して、ＡはＢに対する損害賠償請求権の存在を理由としてこれを拒むことができるか。
> (2)　Ａは自己所有の乙土地をＢに売却し、Ｂは手付金の支払と引換えに所

---

6) (2)につき、大判大正 9・10・16 民録 26 輯 1530 頁。(3)につき、最判昭和 51・6・17 民集 30 巻 6 号 616 頁。

7) 高木・担物 25 頁、高橋・担物 17 頁、内田Ⅲ 505 頁、道垣内・担物 31 頁以下、生熊・担物 243 頁、安永・物権 461 頁以下、平野・担物 258 頁など。

有権移転登記を了し、Aに残代金を支払わずに乙地をCに転売して所有権移転登記が経由された。CがAに対して乙地の明渡しを求めたのに対して、AはBに対する残代金債権の存在を理由としてこれを拒むことができるか。
(3) Aは自己所有の丙土地をBに売却し、手付金の支払と引換えに丙地をBに引き渡したが、Bが残代金を支払わないためAは売買契約を解除して丙地をCに売却し、所有権移転登記が経由された。CがBに対して丙地の明渡しを求めたのに対し、BはAに対する支払済代金返還請求権の存在を理由としてこれを拒むことができるか。

[1] 判例の見解

判例は、事例 Part. 3(1)につき、Aの損害賠償請求権はBの返還債務の履行不能によって生じたものであり、物に関して生じた債権とはいえないとして留置権を否定する一方で[8]、(2)については、Aの残代金債権は乙地の明渡請求権と同一の契約によって生じたものであり、Cは留置権成立後の譲受人であるとして留置権を肯定し[9]、さらに(3)についても、Bの支払済代金返還請求権は丙地に関して生じたものであるとして留置権を認めた[10]。

判例の見解は、(1)を事例 Part. 2、(2)を事例 Part. 1 に準じて処理するものといえる。確かに(1)では、Cは対抗要件を備えた解除後の第三者として甲地の物的支配においてAに優先し、Aの損害賠償請求権はBとの間で行うべき事後的な清算を目的とするものといえる。また、(2)におけるAの残代金債権はCへの譲渡前から生じているため、残代金の支払を受けるまでBに対して主張できたはずの留置権の効力が、Cへの処分によって失われるというのは妥当でないようにも思える。

[2] 検討

ところで、解除の有無・時期によってAとCの保護のあり方に差異を設けるべきであろうか。(2)においてAが後にBの代金不払を理由として売買契約

---

8) 最判昭和62・7・10 金法1180号36頁。
9) 前掲・最判昭和47・11・16。
10) 最判昭和38・2・19 集民64号473頁。

を解除した場合、Ｃは545条１項ただし書の第三者として保護されようが、対抗要件を備えたＣの地位を解除の前後で区別すべきでないとすれば(1)と同様になり、ＡとＣの立場が逆転する。Ａの残代金債権は（あるいは乙地の返還請求権が）損害賠償請求権に転化するが、いずれも目的物の代価ないし代償を目的とするものである点で共通しており、Ｂの代金不払におけるＡの要保護性につき、Ｃに対する関係において均衡を図る必要はないだろうか。そうだとすれば、Ａが自ら所有権移転登記を先履行した点にもかんがみて、Ｂの代金不払のリスクによってＣの地位が害されるべきではなく、ＣがＢの代金支払まで引渡しを受けられないことを前提として乙地を譲り受けた等の事情がない限り、ＡはＣに留置権を対抗することができないと考えることもできよう。

(3)において、判例のようにＢの代金返還請求権が丙地に関して生じた債権であるというだけで留置権の主張を認めてよいか？　Ａに対する関係においては留置権の成立が認められようが、Ｃに対する対抗の可否については別個の判断を要しよう。すなわち、Ｃは丙地の所有権を適法に取得したにもかかわらず、ＡＢ間の清算が完了するまで引渡しを受けられないとすれば、545条１項ただし書本来の意味とは異なるが、解除に基づく原状回復によってその地位が害されることになる。履行遅滞に陥ったＢの保護のためにＣに留置権を負担させるのが公平であるともいえまい。Ｂは留置権をもってＣに対抗することができないと解すべきであろう。

そうすると、留置権成立後の目的物の譲受人であるか否かのみによって留置権の肯否を決すべきではなく、債務不履行のリスクに対する第三者の地位が考慮されてよいであろう。

5　譲渡担保権者からの譲受人

> **事例で考えよう Part. 4**
> (1)　Ａは自己所有の甲土地につきＢのために譲渡担保に供したが、Ｂは被担保債権の弁済期到来前に甲地をＣに売却してしまい、所有権移転登記が経由された。ＣがＡに対して甲地の明渡しを求めたのに対し、ＡはＢに対する損害賠償請求権の存在を理由としてこれを拒むことができるか。

(2)　Aは自己所有の乙土地につきBのために仮登記担保に供したが、被担保債権の弁済期が到来してもAの弁済がなかったため、清算期間経過後にBが乙地につき本登記手続を行い、これをCに売却して所有権移転登記手続が経由された。CがAに対して乙地の明渡しを求めたのに対し、AはBに対する清算金請求権の存在を理由としてこれを拒むことができるか。

　(3)　Aは自己所有の丙土地につきBのために譲渡担保に供したが、被担保債権の弁済期が到来してもAの弁済がなかったため、Bは丙地をCに売却して所有権移転登記が経由された。CがAに対して丙地の明渡しを求めたのに対し、AはBに対する清算金請求権の存在を理由としてこれを拒むことができるか。

[1] 判例の見解

　事例 Part. 4 の問題類型につき判例は、(1)については、Bの債務不履行と甲地との間には牽連性がなく、Aの損害賠償請求権はCに対抗し得ないとして留置権を否定したが[11]、(2)(3)に関しては、Aの清算金請求権は乙地に関する契約から生じた債権であるとしてCに対する留置権行使を肯定した[12]。

　(1)では、所有権的構成によればCは甲地の所有権取得を妨げられず、これによって発生したAの損害賠償請求権はAB間の事後的な清算を目的とする権利であると考えれば、事例 Part. 2 に準じる。これに対して(2)は、仮登記担保における清算金請求権の発生時期は清算期間の経過時であるから（仮登法3条1項）、Cは留置権成立後の譲受人として事例 Part. 1 に準じる。(3)においても同じように、譲渡担保における清算金請求権がBの処分前にすでに発生していると解するなら、(2)と整合する。

[2] 検討

　AB間において留置権が成立することは明らかであるから、Cに対する対抗の可否が問題となる。(1)と(2)(3)との差異については、被担保債権はいずれも目的物を失った設定者の損失填補を目的とする点において共通しているた

---

11) 最判昭和34・9・3民集13巻11号1357頁。
12) (2)につき、最判昭和58・3・31民集37巻2号152頁。(3)につき、最判平成9・4・11集民183号241頁、最判平成11・2・26判時1671号67頁。

め、Cへの処分が被担保債権ないしは留置権の成立の前後いずれであったかを基準にすれば、これを正当化することができる。しかしながら、設定者Aと譲受人C間の利益衡量の見地からみれば、弁済期前に違法処分された場合（(1)）においてはAの要保護性が高いのに対して、Aの履行遅滞後に適法な担保実行が行われた後の清算（(2)(3)）によりCの利益が害されるべきでない、という見方もできよう[13]。また、譲渡担保における清算金請求権の発生時期を譲渡担保の実行時とする判例法理[14]によれば、(3)はむしろ(1)に準じる類型となり、判例の整合性が問われることになる[15]。

したがってここでも、Cへの処分が被担保債権ないしは留置権の成立の前後いずれであったかによって形式的に留置権の肯否を決すべきではなく、譲渡担保設定者の保護と譲受人の取引安全との調和をどのように図るかに関する実質的な考察が求められよう。第一に、譲受人の所有権取得を確保する一方で設定者にも留置権を認めるのが公平に適う上、このように解しても譲受人に過度な負担を課すものではない、という構成があり得る[16]。これに対して、(1)については、譲渡担保の存在に関するCの善意悪意に応じて、Cの所有権取得を認めた上で留置権の負担を甘受させるという調整が考えられるが、(2)(3)に関しては、CがAB間の担保目的を知りかつ、清算未了を前提として譲り受けた場合を除き、譲渡担保実行後の清算は当事者間で図るべきであり、Cの物的支配が害されてはならない、と考えることも可能であろう。

6　債務者≠所有者異別型——「他人の物」の意義

事例で考えよう Part. 5

　　Aが所有する事業用機械甲をBが賃借したが、その使用中に甲が故障したため、BはCにその修理を依頼して引き渡した。Cは修理を終えたが、Bは事業が倒産してしまい、請負代金を支払っていない。AはBの賃料不払を理由として甲の賃貸借契約を解除した上で、Cに対して甲の返還を求

13）道垣内弘人「判批」リマークス20号（2000年）17頁、田髙・前掲注1）239頁。
14）最判平成8・11・22民集50巻10号2702頁。
15）道垣内・担物25頁、など。
16）松岡・担物253頁、安永・担物409頁。

> めたのに対し、CはBの請負代金の支払がないことを根拠としてこれを拒むことができるか。

　295条1項における「他人の物」については、留置権は物権であるから、債務者の物（債務者・所有者同一型）に限定されず、所有者が誰であるかを問わない、と一般に解されてきた。もっとも、**事例 Part. 2**のような問題類型を念頭に置いて、被担保債権ないしは留置権成立の当初から債務者と所有者が異なる場合（債務者・所有者異別型）には留置権を否定すべき旨を先に確認した。それでは、**事例 Part. 5**の問題類型についてはどうか。

　学説上は、**事例 Part. 2**と区別する肯定説が多い[17]。その理由は以下の通りである。ⅰ．BC間で留置権が成立した以上、所有者Aに対しても主張し得る。ⅱ．物に関する債権を有するCの地位が、債務者が所有者であるか否かによって左右されるというのでは、留置権者の保護に欠ける。ⅲ．Aは自らの意思に基づいてBに占有を移転したのであるから、留置権の負担を甘受すべきである。ⅳ．Cの債権はAに対する劣後を前提とする事後的清算を目的とするものではなく、**事例 Part. 2**とは異なる。

　これに対しては、次のような制限説も説得的に唱えられている[18]。ⅰ．Aに対する留置権の行使を認めてもBの弁済が促進されるわけではない。ⅱ．留置権を肯定するとAはBの債務につき代位弁済を間接的に強制され、後から成立した他人の債務のために物上保証人に準じる地位に立つことになるため、所有者の保護に欠ける。そのため、CがAに対して費用償還請求権を有する場合あるいは、Aが予めCの修理を認容していた場合に限定して留置権を肯定すべき旨が説かれている。もっとも、Bの用法違反によって甲が故障した場合などはCの修理による増価は認められず、また、AB間において甲の管理をBの負担とする旨の約定がされていた場合もあり得る。とりわけ、Bの弁済を期待できない場合に留置権を認めると、Aの代位弁済を間接的に強制しかねず、その結果としてB無資力のリスクが実質的にAの負担に帰することとの均衡に照らして、AC間で転用物訴権が成立する場合との整合性

---

17) 我妻Ⅲ35頁、内田Ⅲ505頁、近江Ⅲ29頁、高橋・担物14頁、道垣内・担物20頁、生熊・担物239頁、安永・物権457頁、など。
18) 高木・担物28頁、清水・担物177頁、平野・担物258頁、など。

に着目する見解[19]が注目に値する。

7 抵当権と留置権の優劣

> **事例で考えよう Part. 6**
> (1) Aが所有する甲建物につき、Bのために抵当権が設定され、その旨の設定登記が経由された後、AがをCに売却してこれを引き渡した。その後、Bの抵当権を解消する旨のAC間の約定にAが違反したため、Cは売買契約を解除して損害賠償を求めた。Bが上記の抵当権を実行してDが買受人となり、Cに対して甲の明渡しを求めたのに対し、CはAに対する損害賠償請求権の存在およびその支払がないことを理由として、これを拒むことができるか。
> (2) Aが所有する乙建物につき、Bのために抵当権が設定され、その旨の設定登記がされた後、CがAから依頼されて乙の耐震補強工事を行った。Bが上記の抵当権を実行してDが買受人となり、Cに対して乙の明渡しを求めたのに対し、CはAに対する請負代金債権の存在およびその支払がないことを理由として、これを拒むことができるか。

　事例 Part. 6 については、留置権の成否のみならず抵当権との優劣という観点も必要となり、両者を対抗関係とみて抵当権設定登記と留置権成立の先後で決すべきようにも思える。(1)におけるCは抵当権の負担を甘受すべき第三取得者であり、Aに対する債権は甲を失ったことによる事後的調整を目的とするものであるため、事例 Part. 2 に準じて、CはAおよびBに対して留置権をもって対抗することができないといえよう。また、そもそもCの債権が「甲に関して生じた債権」であるとして、留置権の成立を認めるべきかどうかも疑問となろう。
　もっとも、占有を本質的要素として登記を要しない法定担保物権であるところの留置権と、登記を対抗要件とする約定担保物権である抵当権とが、当然に時間的先後による優劣決定になじむわけではない。(2)において乙につきC

---

[19] 山野目・初歩 187 頁、松岡・担物 243 頁。

の留置権が成立しているとすれば、それがBの抵当権設定登記の前後いずれであるかを問わず抵当権実行後も存続し、買受人Dは被担保債権を弁済する責任を負わなければならない（引受主義〔民執59条4項〕）。確かに、Cの被担保債権は目的物の保存・増価を目的とするものであるため、それが所有者および抵当権者の利益に資するときは、たとえその成立が抵当権設定登記後であっても留置権を肯定するのが債権者間の公平に適うともいえよう[20]。他方において、被担保債権がそのような性質のものでない場合にまでつねに留置権が認められるとすると、抵当権者の担保評価を不当に害することになりかねないことから、上記の民事執行法における引受主義にもかかわらず、抵当権者に対する留置権の対抗可能性を制限する構成が必要となってこよう[21]。

8 おわりに

いかなる場合に誰に対して留置権を行使することができるかについては、債務者・所有者異別型に属する問題類型を中心として難問が山積している。今回はこれらについて順次検討してきたが、その可否については、①留置権者の地位の安定化に対する配慮、②所有者において留置権の負担を引き受けるべき態様の有無、③留置権の原因・基礎にある法律関係における債権者と所有者の優劣との均衡、④被担保債権による所有者の受益の有無、⑤債権者間の公平などに応じて判断すべきであろう。こうした考慮要素を基礎に据えながら、個々の問題類型に応じた分析と相互間の整合性に留意して考察を深めていこう。

20) 田高・物権162頁、168頁。
21) 留置権と抵当権の競合・優劣については、土地に抵当権が設定された後に同地上に建物が建設されたが、土地所有者が請負人に対して請負代金を支払えなくなったという問題類型において、①建物の敷地につき建物建築請負人の留置権（商事留置権〈商521条〉を含む）が成立するか、②留置権を認めると、引受主義により土地抵当権者の担保評価が不当に害されることになるため、これを否定すべきではないか、③留置権の成立を否定するかまたは抵当権に劣後するとすれば、請負人の保護はどうすればよいのか、といった検討課題が実務上および理論上も深刻化するに至った。これにつき裁判例・学説は分かれており、平成15年の担保・執行法改正の際には留置権に関する法改正も検討された。この問題につき詳しくは、松岡久和「留置権に関する立法論　不動産留置権と抵当権の関係を中心に」『倒産実体法改正のあり方を探る』別冊NBL69号（2002年）88頁以下などを参照されたい。

[第22章]
転用物訴権

本章のテーマ

契約上の給付が相手方だけでなく第三者の利益となった場合において、給付者がその第三者に対して利得の償還を求めることを目的とする直接請求権を指して、「転用物訴権」という。このような権利を認めるべきか、仮に認めるとすれば、いかなる場合にどのような根拠に基づいて肯定すべきなのか？　この問題については主に不当利得返還請求権（703条）の成否が問われてきたが、いわゆるブルドーザー事件判決[1]が利得と損失の因果関係の直接性を広く認める肯定説を示したことを契機として、学説上さまざまな問題提起が行われ、やがて平成7年判決[2]が、利得に対応する対価関係の有無に応じて絞りをかける限定的肯定説を明示するに至って最高裁の立場が確立され、一件落着した感がある。とくに平成7年判決が明快で説得的であるためか、学生の中には、その判旨を暗記するだけで思考を停めてしまい、問題の所在および肯定説・否定説の根拠を踏まえた上で、最高裁がなぜそのような見解を採用するに至ったのかについて理解を及ぼしているとはいえない者が、少なからず見受けられる。

判例は単に当然の理を確認したにとどまるものではなく、学説上は平成7年判決以降もなお見解が分かれている。転用物訴権については、不当利得返還請求権の要件分析に関連して、①中間者無資力のリスク配分に関す

---

1) 最判昭和45・7・16民集24巻7号909頁。
2) 最判平成7・9・19民集49巻8号2805頁。

る適切な利益衡量、②契約法理による解決との調和、③占有者の費用償還請求権（196条）や添付における償金請求（248条）などの物権法理との優劣、④給付者の優先的保護の要否に関わる債権者代位権（423条）さらには留置権・先取特権などの担保法理との均衡など、財産法全体に亘る総合・応用問題として、理論的整合性と具体的妥当性の両面からの検討が求められる。考えるほどに難問であるが、プラスアルファを目指してこの機会に追及してみよう。

1　問題の所在──当事者の主張を通して

事例で考えよう Part.1

　Yは、自己所有の土木用機械である甲をMに賃貸し（以下、「本件賃貸借契約」という）、Mはその引渡しをうけて使用を開始した。なお、本件賃貸借契約においては、甲の維持・管理についてはMの負担とする旨の特約が付された。その後、XがMから甲の整備を請け負い（以下、「本件請負契約」という）、甲に新たなコーティングを施し、最新の部品に取り換えるなどして仕事を完成させた上で甲をMに引き渡したが、Mは請負代金を支払わないまま倒産してしまい、無資力状態となった。他方、MはYに対しても賃料を滞納したため、Yは本件賃貸借契約を解除して甲の返還を受けた。そこで、XはYに対して上記の請負代金相当額の支払を求めた。この請求は認められるか。

[1] 前提の確認

　事例 Part.1 においてMが無資力であるなら、Xは債権者代位権に基づいてYに費用償還を求めることが可能であるが、Mの一般債権者と競合する上、そもそもYM間において民法608条の適用を排除する特約が存するため、その前提に欠ける。それでは、Mの無資力リスクはXが常に負担すべきなのか。YM間－請負契約・MX間－下請契約のように、同一目的の実現に向けて複数契約が従属的に連鎖している場合、下請人Xは請負人Mの履行補助者的地位に立ち、注文者Yのために行った仕事に関して、元請人Mと異なる権利関係を主張し得る立場にない（Yに対してMが主張できない場合はXもこれに準

じる)、というのが判例の見解であるが[3]、本件賃貸借契約と本件請負契約は目的を異にする別個独立の契約であるため、異なる配慮が求められる。だからといって、各々の契約関係を超える直接的請求権を容易に認めてよいということになるわけではない。

まずは、当事者が行うべき主張・反論を通して考察すべき検討課題を焙り出してみよう。転用物訴権については最初から平成7年判決に飛びつくのではなく、これに先立って肯定説・否定説の論拠をしっかり理解することが、応用的思考を促す。

[2] Xの主張

Xは、転用物訴権につきブルドーザー事件判決およびこれに賛成する肯定説[4]に拠りながら、不当利得返還請求権の成立について次の通り論証すべきである。Xは、甲の維持・増価のために労務を提供したにもかかわらず、その対価の支払を受けていないため、損失がある。XはMに対して請負代金債権を有しているものの、Mが無資力である場合その債権は実質的に無価値となる。他方において、YはXの労務によって増価した甲を所有しているにもかかわらず、その対価を出捐していないため利得しており、損失との間には因果関係が認められる。Yが中間者Mを経由して給付を受けたことは因果関係の直接性を妨げるものではない。本件賃貸借契約においてYは対価の出捐を免れているが、YM間の特約にすぎず、契約の相対効原則により第三者であるXはこれに拘束されない。さらに、XY間においてかかる利得を基礎づける法律関係が存しないため、法律上の原因も認められない。

以上により、甲の増価分にあたる請負代金相当額につき、不当利得としてXY間において清算するのが衡平に適っており、それが占有者の回復者に対する費用償還請求権(196条)あるいは、付合・加工における償金請求(248条)の趣旨にも合致する[5]。

---

3) 最判平成5・10・19民集47巻8号5061頁。
4) 我妻V-(4)1039頁以下、松阪佐一『事務管理・不当利得〔新版〕』(有斐閣、1973年)98頁、など。
5) 占有法理による解決につき大阪地判昭和61・4・22判タ629号156頁、添付法理による解決につき東京地判昭和33・6・30判時161号22頁、東京地判昭和45・6・15判時610号62頁、大阪高判昭和63・11・29判タ695号219頁。

[3] Yの反論

　肯定説は簡明であるが、転用物訴権に関する議論の発展は、ブルドーザー事件判決を批判する否定説[6]の台頭によってもたらされたといってよい。肯定説に対する問題提起を兼ねて、Yが行うべき反論を通して以下に確認してみよう。

　Xの損失は債務者Mの無資力によるものであり、Mが請負代金の支払不能に陥ったことは甲の増価とは別問題であるから、Yの利得との間に直接の因果関係は認められない。また、Yの利得は本件賃貸借契約における適法な合意に基づくものである以上、法律上の原因が存する。

　もとより一方当事者の無資力のリスクは契約の相手方が負担するのが原則であり、Mの支払不能のリスクは本件請負契約に内在的なものであって、不当利得返還請求権を認めることはこれを第三者であるYに転嫁するに等しい。Xの保護としては、MがYに対して費用償還請求権（608条）または、Mによる出捐がないために未発生であるとすれば代弁済請求権（650条2項類推適用）[7]を有する場合において、その代位行使を認めれば十分である。**事例Part. 1** においては被代位債権が特約により排除されているため、そのような場合にまでXの直接請求権を肯定すると、YM間の契約上の調整が害され、Yは自己が関与しない他人の契約に基づいて新たな責任を負わされる。

　要するに、Xの損失およびYの利得は、XM間とYM間における各契約においてそれぞれ別個に手当てされるべきものであり、Xの保護は、上記の債権者代位権あるいは、YM間の合意がXを害すると認められる場合における詐害行為取消権（424条）、さらには留置権（295条）などによって図れば十分であって、これを超えてXY間の直接請求権を安易に認めるべき理由はない。ちなみに、196条は、無権利者からの譲受人などが目的物を所有者に返還しなければならない場合において、自己のために投下した維持・増価費用の清算を目的とするものであり、所有者以外の他人のための契約に基づいて占有を開始した者がその履行リスクを所有者に転嫁することを広く認めるた

---

6) 四宮和夫『事務管理・不当利得・不法行為 上巻』（青林書院、1981年）242頁、北川・各論218頁以下、など。なお、広中・各論405頁以下。平成7年判決後においても、磯村保「判批」ジュリ増刊平成7年度重判解70頁、内田Ⅱ592頁、など。否定説を明示する裁判例として、東京地判昭和30・10・18下民集6巻10号2194頁。

7) 鈴木・債権770頁、内田Ⅱ593頁。

めの制度ではない。また、248条は任意規定であるから、上記のような契約法理に基づく解決が優先する。

2 分析および展開

　反対説からの問題提起をうけて、さらに次のような限定的肯定説が提唱された[8]。これが平成7年判決に影響を与えたと評されているため[9]、以下にその概要を示しておこう。限定的肯定説によれば、転用物訴権の問題類型は次の3つに分かれる。YM間に利得に関する反対債権がある場合（第1類型）、次いで反対債権がない場合において、なおもYM間の契約全体としてみて、Yの利得が有償と評価される場合（第2類型）および無償と認められる場合（第3類型）である。そうすると、**事例 Part. 1** は第2類型と第3類型に分けて検討すべきことになる。以下に限定的肯定説および平成7年判決の見解を示した上で、分析を加えよう。

[1] 第1類型

　本件賃貸借契約においてMがYに対して費用償還請求権（MのXに対する支払を成立要件と解すれば問題とならない）または代弁済請求権を有している場合、Yはすでに請負代金相当額の債務を負っており、転用物訴権を認めても、YとしてはMかXのいずれかに弁済すれば免責されるため、少なくともYの利益が害されることはない。

　ところが、Mの一般債権者の利益という観点からみれば、XがMの反対債権を代位行使する場合に比して、Mを経由することなくYに対する直接請求権を認めると、XはMの一般債権者との競合を回避して弁済を受けることができるため、これらの者の利益を害する。債権者平等の原則に反してXを優先させるべき理由はないため、第1類型においては転用物訴権を否定すべきである、というのが限定的肯定説の理解である。

---

8) 本稿では、限定的肯定説として加藤雅信教授の見解を検討の対象とする。加藤説については、加藤雅信「転用物訴権と有償・無償契約の保護」法教205号（1997年）30頁以下、同V 108頁以下。詳細については、同『加藤雅信著作集 第3巻 不当利得論』（信山社、2016年）675頁以下。

9) 田中豊「判批」最判解民事篇平成7年度(上)912頁、磯村・前掲注6）70頁。

もっとも、Mの一般債権者との関係においてXの債権を優先的に保護する理由はないのであろうか[10]。たしかに、甲はYの所有物であって債務者Mの財産ではないため、先取特権が成立しないにもかかわらず、Xの債権に優先的地位を付与するのは、法定されていない先取特権を新たに承認するのに等しいようにも思える。とはいうものの、甲がMの所有物であった場合においてXに動産保存の先取特権（320条）が認められるのは、Xの債権が甲の維持・増価に寄与しており、甲の価値に対して他の一般債権者より優先的に扱うのが公平に適うからである。この価値判断は、目的物が債務者以外の第三者の所有に属している場合であっても、その債務者が所有者に対して維持・増価のための費用に関する権利を有している場合に妥当しないのであろうか。かかる費用は最終的にはXに帰属させるべきであることにかんがみれば、費用償還請求権を目的物の維持・増価分の価値の変形物と捉えて、これとは無関係の一般債権者よりXを優先させたとしても、先取特権の趣旨に反するとはいえないのではないか。その意味では、第1類型において転用物訴権を肯定する余地はあろう[11]。

[2] 第2類型

> **事例で考えよう Part. 2**
>
> 事例 Part. 1の本件賃貸借契約において、甲の維持・管理をMの負担とする代わりに、通常の相場に比して甲の賃料が減額されていた場合、Xの請求の可否につき違いが生じるか。

事例 Part. 1のように、甲の維持・増価に関するMの反対債権が特約によって排除されていた場合であっても、YM間の本件賃貸借契約を全体としてみて、Yが利得に相応する対価的負担をすでに負っていると評価することができる場合、Yの利得は有償と認められ、限定的肯定説はこの第2類型においても転用物訴権を否定する。YがM・Xの双方に対して二重の経済的負担

---

10) 松岡久和「判批」民法百選Ⅱ〔第7版〕155頁。先取特権との共通性を否定する見解として、加藤・前掲注8）『不当利得論』688頁。

11) 先取特権に基づく物上代位との均衡に配慮すれば、Xは差押えを要しない代わりに、Mの一般債権者による差押えに先立ってYに請求すべきであろうか。

を負うべき理由はないからである。契約関係を全体としてみることの意味は、甲の維持・増価費用の負担に関する特約の有無だけでなく、本件賃貸借契約において他にYの利得に相応する利益調整がされたか否かを考慮すべき旨を示している。たとえば、賃料減額あるいは敷金・礼金・権利金の支払免除など、Yが甲の維持・増価に関する負担を免れる代わりに、その対価としてMに対して通常有する権利を放棄または縮減していた場合、Yの利得は有償であるといえる。平成7年判決は、この場合におけるYの利得を法律上の原因に基づくものとして構成する。

ブルドーザー事件判決の差戻審[12]においては、YM間における賃貸借契約締結当時において甲が修理を要することが予見されており、管理費用をMの負担とする代わりに賃料が安価に定められ、費用増価に応じてさらに賃料を減額する旨が合意された旨の事実が認定されていたことから、第2類型に属すると解されるにもかかわらず、肯定説にしたがってXの請求が認容された。これに対して、平成7年判決は、YM間における事業用ビルの賃貸借契約において、工事費用をMの負担とする代わりに権利金の支払が免除されていたため、Yの利得を法律上の原因に基づくものと認め、転用物訴権を否定した。

以上より、事例 Part. 2においては、Xの労務に基づく甲の維持・増価によってYが利得しているとしても、それは法律上の原因に基づく利得であるといえよう。そしてこのような契約上の利益調整は、否定説の根拠として上に指摘したように（1 [3]参照）、196条および248条の適用をも排除しよう[13]。

[3] 第3類型

> **事例で考えよう Part. 3**
>
> 事例 Part. 1の本件賃貸借契約において、甲の維持・管理をMの負担とする代わりに、Mが事業の必要性に応じて自由に甲を調整・改造することを認める旨の特約が存する場合、Xの請求の可否につき違いが生じるか。

---

12) 福岡高判昭和47・6・15判時692号52頁。
13) 加藤V 131頁、安永・物権149頁、など。

(a) 限定的肯定説の立場

　甲の維持・増価に関するMの反対債権が特約によって排除されていた場合であって、かつ、Yが利得に相応する対価的負担を負っていない場合は、Yの利得は無償であると認められるところ、限定的肯定説はこの第3類型においてのみ転用物訴権を肯定する。平成7年判決も、「Yが法律上の原因なくして右修繕工事に要した財産及び労務の提供に相当する利益を受けたということができるのは、YとMとの間の賃貸借契約を全体としてみて、Yが対価関係なしに右利益を受けたときに限られるものと解するのが相当である。」と説示している。この説示部分については、これをもって平成7年判決が第3類型においてのみ転用物訴権を肯定する旨を示したものと解するのが素直であろうが[14]、同判決の事案が第2類型に属するものであったことを重視して、第3類型に関する説示は一般論にとどまるとの指摘もある[15]。

　ところで、Yの利得保有に関する有償・無償が法律上の原因の有無にどう結びつくのであろうか。否定説が説くように、Yの利得が適法に成立した本件賃貸借契約に基づくものである以上、法律上の原因は有償・無償を問わず認められるはずである。これに対して、平成7年判決は法律上の原因の意義を相対的に捉え、Yの利得の正当性につきYM間とXY間とで別個に評価する趣旨であると解されよう。すなわち、第3類型におけるYの利得保有は、YM間においては合意によって正当化されるが、この理は契約関係にないXY間にも直ちに妥当するものではなく、Xに対する関係におけるYの利得はその有償性によって正当化される、という理解である。Yの二重負担防止という具体的妥当性の観点を不当利得返還請求権の要件構成に反映させるなら、法律上の原因の有無において実質的に判断されることになろう[16]。

(b) 無償利得の要保護性

　そうであるとしても、利得の無償性が転用物訴権を根拠づけるのはなぜか。確かに、第3類型においては第2類型のようなYの二重負担は問題とならないが、その場合におけるMの無資力リスクをX・Yのどちらに負担させるべ

---

14) 田中・前掲注9) 912頁、加藤V 125頁。
15) 磯村・前掲注6) 70頁。
16) これに対して加藤・前掲注8) 法教205号34頁は、不当利得法における「財貨移転を基礎づける法律関係の存否という一般的形式的視点」を重視され、このような要件判断に疑問を呈される。

きかをめぐり、Ｙの利得の無償性に対する評価がさらに問われるところとなり、それが限定的肯定説と否定説との分岐点となっている。

第２類型・第３類型を問わずに否定説を貫く見解は、以下の点を論拠とする。①適法な契約に基づく給付は無償であっても尊重されるべきであり、Ｍの無資力リスクをＹに転嫁することを正当化するものではない[17]。②転用物訴権を認めることはＹＭ間の給付を有償化するに等しく、このようなＸによる契約介入は相対効原則に反する[18]。③Ｙの利得に相応する対価的負担の存否に関する判断基準が明らかではなく、ＸＹの地位を不安定にする[19]。

これに対して限定的肯定説の根拠は次のようなものである。①有償契約に比して無償契約に基づく利益の要保護性が低下するのはやむを得ない。②無償の利得が当事者間においては合意によって正当化されるとしても、このような合意が第三者の犠牲において保護に値するとは言い難い[20]。③第三者の側からみれば、他人の財産の維持・増価に寄与した者は、たとえその所有者と契約関係がない場合であっても保護されてよく、①②を加味すれば、Ｍが無資力の場合においてＹに利得の償還を求めることは決して不合理ではない。

なお、転用物訴権を認めるとＹの一般債権者の利益が害されるが、Ｘの債権はＹの所有物である甲の維持・増価に寄与しており、Ｙがその債務者であれば動産保存の先取特権を有すべき地位にあるため、Ｙに対する直接請求権が正当化される限りにおいて肯定されよう。そうすると、Ｙに対する転用物訴権の肯定は先取特権による保護と結びつく[21]。

(c) 有償・無償の認定

限定的肯定説と否定説の実質的差異は、第３類型をどの程度認めるかにおいて現れる。それは、有償・無償の解釈・認定をどのようにして行うかにかかっている。すなわち、第２類型に属するというためには、客観的にみてＹの利得と等価性が認められる程度の負担を負っていなければならないとすれば、両説の差異が大きくなるが、ＹＭ間において主観的に等価と判断されていれば足りると解して[22]、Ｙの利得を正当化する合意を広く認めるなら、両

---

17) 四宮・前掲注６) 242頁。
18) 北川・各論219頁、磯村・前掲注６) 70頁。
19) 内田Ⅱ592頁。
20) なお、好美清光「判批」リマークス14号（1997年）59頁。
21) 松岡・前掲注10) 155頁。

説は近似する。ちなみに平成7年判決は、第3類型は「Yが対価関係なしに右利益を受けたときに限られる」と説示しており、転用物訴権が肯定される第3類型が例外である旨を示唆していようか[23]。Yの利得がもっぱらMの好意によるものであり、対価関係の不存在が明らかである旨につきXが立証した場合にのみ不当利得返還請求権が認められるとすれば、第3類型はさらに限定されよう。

それでは、**事例Part. 3**はどうなるであろうか。YM間の特約が、もっぱらMにとって有用となる特殊な改造をYの承諾なしに認めることと引換えに管理の負担をMに課す趣旨であれば、第2類型に属するといえようが、客観的な増価をもたらす改良につき、もっぱらMの好意に基づいて費用負担する趣旨であった場合は、Mが無資力に陥ったときにおいてまでYが恩恵に与るべき合理的理由はなく、第3類型に該当しようか。

なお、利得の算定についても触れておくと、正確にいえばYの利得は甲の客観的増価額であり、それは必ずしも請負代金債権相当額とイコールではない。甲の流通性の高低などをも勘案した市場価格が基準となろう。

[4] 留置権との関係

> **事例で考えよう Part. 4**
>
> 事例Part. 2において、Mが請負代金を支払わないため、Xは仕事を終えた後も甲を返還せずに保管していたところ、YがXに対して甲の返還を求めた場合、Xはこれを拒むことができるか。

事例Part. 4は第2類型に属するため、XY間に直接請求権が成立しないとしても、Xは、Mに対する請負代金債権を被担保債権として留置権を行使することができるか。Xが甲を保持している場合は、転用物訴権の成否にとどまらず留置権の肯否も問題となる。民法295条1項における「他人の物」につき、当初から債務者の所有に属しない物(債務者-所有者異別型)も含めるべきかに関しては、前章において取り上げたが、転用物訴権との関係を

---

22) 加藤V 122頁。
23) なお、田中・前掲注9) 915頁、平田春二「判批」民商115巻6号(1997年)947頁。

視野に入れてさらに検討しよう。

　肯定説の論拠は以下のようなものである。①債務者Mが所有者であるか否かによって留置権の成否が左右されるというのでは、Xの地位が不安定となり、債権者保護に欠ける。②YはMが甲の修理等を第三者に発注することについて予見可能であり、Mが債務不履行に陥った場合における留置権の行使可能性につき認識し得る立場にある。この見解に立てば、Xは契約関係にないYに対して直接に費用償還請求することはできないとしても、自身が労力を投下してその維持・増価に寄与し、占有を継続する甲について留置権による保護を受けることまでが妨げられるわけではなく、Xにとっては留置権が転用物訴権否定の場合における補充的役割を果たすことになる。

　これに対しては、次のような否定説も十分に成り立つ。①合意なくして成立する留置権によって所有者に過大な負担を課すことは公平に反しており、関連する諸制度・法理との均衡に十分配慮すべきである。②留置権を肯定すると、YがMの債務につき物上保証人に準じる地位に立たされるが、YM間の特約はむしろYがそのような負担を引き受けない趣旨を含むものであり、Yにとって予期しない不利益となる。③Mの弁済はもはや期待できず、留置権者に競売権（形式競売）が認められていること（民執195条）を考慮すれば、Yが甲の支配を回復するためにはXに対して代位弁済せざるを得ず、転用物訴権を否定する意義が実質的に損なわれる。

　以上のような両説を比較検討すると、原則としてXは、Mの支払があるまでYに対して留置権を行使することはできてよいと思われるが、Mが無資力となった場合においてまでこれを肯定すると、Yの弁済を事実上強制しかねず、債務を負担させるに等しくなる点を重視すれば、転用物訴権の成否との均衡を図るべく、転用物訴権が肯定される場合においてこれを被担保債権とする留置権を認めるにとどめるべきであろう。

　こうしてみると、転用物訴権については、甲がYに引き渡されている場合は先取特権、Xが占有を継続している場合は留置権との比較検討が有用であることが看取できよう。

3 おわりに

　転用物訴権すなわちＸＹ間の直接請求権の有無は、不当利得返還請求権の要件に関する論理的帰結として直ちに導かれるものではなく、具体的妥当性が追求されなければならない。といっても、ＸＹ間の素朴な利益衡量あるいは漠然とした衡平の観念から場当たり的に結論を出すのではなく、財産法全体に亘って関連する諸制度につき横断的に目を配りながら、各制度の基礎にある実質的価値判断を踏まえた判断基準を立てた上で、事案に即した応用的考察を行うことが肝要である。

[第23章]
債権譲渡における取引安全

> **本章のテーマ**
>
> 　不動産・動産物権変動における取引安全については、相容れない権利取得の優劣決定に関する対抗問題と、無権限取引における信頼保護とに大別されるが、債権譲渡についてはどうか？　第一に、債権譲渡においても、同一債権の譲受人相互間に対抗問題が生じるが、物権変動の法理がそのまま妥当するか？　第二に、有価証券と異なり、債権は登記あるいは占有のような信頼の対象となる権利の表象を伴わず、後述するように公示方法も不十分であるため、譲受人の取引安全は、外観信頼保護があまり前面に出ることなく、譲受債権に関する抗弁対抗の可否を通して債務者との関係において問われるが、それはどのような場合か？

　本章においては、債権譲渡における取引安全につき、譲受人相互間および債務者－譲受人間に分けて検討する。

1　二重譲渡における譲受人の主観的態様

> **事例で考えよう Part. 1**
>
> 　Aは事業資金を調達するため、Bに対して有している売掛代金債権（以下、「本件債権」という）をCに売却したところ、その直後にAに対して貸金債権を有しているDがこの事実を知るや、上記貸金の返済に代えて本

件債権を自己に譲渡するようAに対して強く求め、やむなくAは本件債権をDにも譲渡した。本件債権に関する各譲渡についてはそれぞれ内容証明郵便によりBに通知されたが、DがAに働きかけたためにAD間の譲渡通知がAC間のそれより先にBに到達した。この場合、Cは誰に対してどのような主張ができるか。

[1] 問題の所在

　同一債権の二重譲渡において、その排他的帰属を争う譲受人相互間の優劣は対抗要件の有無によって決せられる点につき、債権譲渡は物権変動と共通する。事例 Part. 1 において本件債権の各譲渡につきCDともに確定日付ある通知（467条2項）を具備しているところ、両者の優劣はその到達時の先後によって決せられる[1]。そうすると、Cは少なくとも対抗要件の具備においてDに劣後するが、不動産物権変動においては177条の第三者の善意悪意が問われ、判例法理として背信的悪意者排除論が確立されているところ、それは467条2項にも妥当するであろうか。そうだとすれば、Dにおいて、本件債権がCに譲渡されている事実を知りかつ、その譲渡通知のBへの到達が自己より遅れた旨を主張することが信義に反すると認められる事情を主張立証することにより、本件債権の自己への帰属をDに対して対抗することができる。

　しかしながら、判例・学説ともに債権譲渡の対抗関係においては譲受人の主観的態様を問わないのが一般的である。それはなぜか？　不動産物権変動に比して何が相違するのか？

[2] 譲受人の主観的態様とその法的評価

　直感的には、対抗要件の先後による優劣決定＋信義則による利益調整という理論構成は、債権譲渡にも妥当しそうに思える。事例 Part. 1 では、債権回収における自由競争を考慮してもなお、実質的な利益衡量においてDをCに優先させて保護すべき合理的理由に乏しいように見受けられる。それでは、Dは467条の第三者から排除すべきなのか。不動産物権変動であればCはDに対して自己への移転登記手続請求をすることができるであろうが、債権譲

---

1) 最判昭和49・3・7民集28巻2号174頁（以下、「昭和49年判決」という）。

渡においては次の点に留意が必要である。

第一に、理論的には、債権譲渡においては譲受人のみならず債務者の存在が不可欠であり、第三者に対する対抗すなわち債権帰属の優劣決定は債務者に対する権利行使の可否に結びつく。そしてその対抗要件制度は、昭和49年判決が示した通り、債務者の認識付与を基軸とするシステムによって成り立っている。したがって、債務者への通知・承諾以外に譲受人の主観的態様を優劣決定基準に取り込むことは、上記のような対抗要件の構造に抵触するとともに、債務者の認識外の要素によって弁済すべき相手方が左右されかねず、その地位を不安定にするおそれがある。そのため、債権の二重譲渡に背信的悪意者排除論を取り入れるためには、債権準占有者への弁済（478条）さらには、対抗要件具備において優先する譲受人の背信的悪意を主張する劣後譲受人による債務者の支払差止あるいは供託請求などの法的手段を手当てすることなどが考えられるが、対抗要件手続に現れない譲受人相互間の事情に債務者を巻き込むことの当否が問題となろう。そうすると、通知・承諾において先んじた譲受人に対する弁済による債務者の免責がまずもって確保されるべきであろうが、債務者に対する権利行使に影響しないとすれば、背信的悪意者排除構成の実効性が問われよう。

第二に、実務上の観点からみると、金銭債権の二重譲渡は、資産状況が悪化した譲渡人が同一債権につき代物弁済としての譲渡および担保設定を重ね、ここにさらに差押えが競合するなど、多数の利害関係人が債権の優先的帰属を争う形で具現化することが多い。このような紛争類型において各譲受人相互の主観的態様を個別具体的に問うことは、通知の同時到達または先後不明の場合[2]に加えて権利関係の確定をより一層困難ならしめるであろう。

こうした留意点にかんがみれば、債務者と通謀して債権譲渡が行われたような特段の事情がある場合を除き、対抗要件において優先する譲受人に対する弁済により債務者を免責した上で、弁済を受けた同譲受人の債権侵害を理由とする不法行為責任を認めることによって事後的に調整するほかないであろう。債権帰属の優劣に関する対抗関係は債務者に対する権利行使と密接不可分であるため、原則として通知・承諾の先後によって決定しつつ、優先譲

---

2) 対債務者間につき、最判昭和55・1・11民集34巻1号42頁、譲受人相互間につき、最判平成5・3・30民集47巻4号3334頁参照。

受人の背信的悪意に対する法的評価は、債務者を巻き込まずに譲受人相互間の責任追及に反映させればよい。467条2項と709条との評価矛盾を回避するためには、467条2項における「対抗」の意味を対債務者間と譲受人相互間とで分けて、債務者に対する権利行使に関する優劣については確定日付ある通知・承諾の先後によって決しつつ、背信的悪意ある譲受人はその給付の保持を他の譲受人に対抗することができない、と構成することになろうか。

2 債務者の抗弁事由と対抗の可否・その1

> **事例で考えよう Part. 2**
> (1) 甲土地を所有するAは、Bから信用を得るために資産を所有しているように見せかける必要があるとして協力を求められ、甲につきBと通謀して仮装売買を行ったが、事情を知らないCに売買代金債権を譲渡し、その旨がBに通知された。BはCの代金支払請求を拒むことができるか。
> (2) 贋作である乙絵画を所有するDは、Eを欺もうして乙を売却した上、事情を知らないFに売買代金債権を譲渡し、その旨がEに通知された。その後詐欺に気づいたEはFの代金支払請求を拒むことができるか。
> (3) 丙建物を所有するGは、Hに対して丙を売却した上、売買代金債権をIに譲渡し、その旨がHに通知された。ところが、丙には構造上の欠陥が存することが後に判明したため、Hが丙の売買契約を解除した場合、HはIの代金支払請求を拒むことができるか。

[1] 問題の所在

次に、債務者との関係における譲受人の取引安全について検討しよう。債権譲渡においては、債権はその同一性を保ったまま譲受人に移転するため、原則として債務者は、対抗要件具備時までに「譲渡人に対して生じた事由」をもって譲受人に対抗することができる（468条1項）。自身が関与していない債権譲渡によって債務者の地位が害されるべきではないからである。それでは、これに対する例外的調整として、譲受人の取引安全との調和をいかにして図るべきか？　かかる抗弁事由には債権の発生原因である契約の無効・取消し・解除も含まれるが、これらの諸事由には固有の第三者保護規定（ex.

94条2項、96条3項、545条1項ただし書）が存するところ、468条1項に優先して適用されるべきなのか？　第三者保護規定がない抗弁事由に対する債権譲受人の保護はどのようにして図られるのか？

[2]　無効・取消しの場合

　事例 Part. 2(1)では、Bが譲受債権の原因関係に関する虚偽表示無効を理由としてCの請求を拒むことが考えられるが、判例は、94条2項の第三者に債権譲受人も含まれると解している[3]。仮装債権の作出が債務者の意思に基づくものである以上、善意の譲受人を犠牲にして保護すべき理由はないであろう[4]。そうすると、468条1項の例外として94条2項の適用を優先させるべきことになる。

　次に、**事例 Part. 2**(2)において、468条1項の適用にあたり、通知までに取消しの事実が生じていなくても取消原因が発生していれば足りると解した上で、EはFに対して、譲受債権の原因関係に関する詐欺取消しを理由として代金支払を拒絶することができるか。96条3項の第三者に債権譲受人を含めれば[5]、(1)と同様に、Eは善意のFからの請求を拒むことはできない。たしかに、債務者には虚偽表示におけるような帰責事由が存しない点において(1)と異なるが、①表意者である債務者に落ち度があること、②譲受人は詐欺に関与していないこと、③詐欺の事実は譲受債権の本来的属性とはいえず、譲受人が甘受すべきリスクではないことに照らせば、94条2項と同じく、96条3項も468条1項に優先して適用されてよいであろう。

[3]　解除の場合

　それでは、**事例 Part. 2**(3)はどうか。468条1項の適用につき、通知までに解除原因が発生していなくても、抗弁事由発生の基礎が存在していれば足りるとの理解を前提にすると[6]、HによるIの請求拒絶の可否は、545条1項ただし書の第三者に債権譲受人が含まれるか否かによって決せられる。同項ただし書は94条2項および96条3項と同一の趣旨に基づく制度であると

3）大判大正3・11・20民録20輯963頁。
4）平野・債権325頁。
5）奥田・総論441頁、潮見Ⅱ634頁、中田・総論537頁、など。
6）奥田・総論441頁、など。最判昭和42・10・27民集21巻8号2161頁も参照。

解する肯定説もあるが[7]、判例・通説は否定説に立つ[8]。その根拠は、①譲受債権が双務契約上の債権である場合、反対債務の不履行を理由とする解除のリスクはそのような債権の本来的属性であり、譲受人はこうした性質を前提として債権を取得したにすぎない、②545条1項ただし書の趣旨は第三者が取得した権利の追奪防止にとどまり、権利それ自体の消滅を妨げるものではない、という点に求められよう。

　もっとも、(2)と(3)を比較した場合、詐欺と債務不履行または担保責任（契約不適合）との差異をいかにして正当化することができるか？　債務者からすれば、詐欺の事実を主張立証するとかえって保護が薄くなるのはおかしいともいえるが、譲受債権の本来的属性として甘受すべき事由か否かという譲受人の側の観点からみれば、反対債務の履行の有無と詐欺の有無とは異なるといってよいのではないか。

　ところで、このような第三者保護規定が存しない抗弁事由に対する債権取引の安全はどのようにして図られるであろうか。2017年改正前においては、債権譲渡に固有の譲受人保護のための規定が存在した（旧468条1項）。これによれば、債務者が債権譲渡に対して「異議を留めない承諾」を行った場合、債務者は譲受人に対して抗弁事由をもって対抗することができない。抗弁事由が存するにもかかわらず、これを留保することなく債権譲渡を承諾した債務者の態様と、譲受人の取引安全との調和を図るための制度であった。この規定は2017年改正により削除されたが、改正法の理解を深めるために、改正前における譲受人の取引安全およびその問題状況を分析した上で、改正法の特色について整理・検討しよう。

3　債務者の態様と譲受人の取引安全

事例で考えよう Part. 3

　貸金業者であるAは、Bに対して有する貸金債権（以下、「本件貸金債権」

7）潮見Ⅱ 635頁、など。
8）大判大正7・9・25民録24輯1811頁、など。我妻Ⅴ－(1)198頁、奥田・総論442頁、谷口知平＝五十嵐清編『新版注釈民法(13)』（有斐閣、1996年）726頁〔山下末人〕、平野・債権325頁、近江Ⅴ 103頁、など。

という）を同業のCに譲渡した（以下、「本件債権譲渡」という）。本件貸金債権については、Bが制限超過利息（利息制限法1条1項所定の制限利息を超える利息）を支払っていたため、過払金が元本に充当されて元本額は50万円に減少していたが、本件債権譲渡はみなし弁済が認められることを前提として、本件貸金債権の元本額100万円とされていた。Aは受取証書を交付していなかったため、本件貸金債権にはみなし弁済規定（貸金業規制法43条1項2号）の適用がなかったのであるが、Bは本件債権譲渡につき異議を留めずに承諾した。Cの支払請求に対して、Bは抗弁として上記過払金の充当による元本減少を主張することができるか。

[1] 問題の所在

事例 Part. 3は、最近の判例[9]の事案を素材としたものである。平成27年判決においては、債務者の過払金の支払に対するみなし弁済の適用否定＋元本減少という抗弁事由の対抗の可否につき、旧468条1項が適用されることを前提として、譲受人の善意無過失の要否が争点となった。判例は古くから抗弁事由につき悪意の譲受人の保護を否定してきたが[10]、無過失の要否につき学説上は、①債権譲渡自由の尊重、②抗弁事由の有無・内容につき譲受人に高度な調査確認義務を課すことの不当性を理由とする無過失不要説[11]と無過失必要説[12]に分かれていた。この点につき平成27年判決は、①一般債権取引の安全を図る必要性が大きくないこと、②抗弁事由の存否確認につき通常の注意を払わなかった過失ある譲受人の要保護性に対する疑問、③債務者の帰責性が小さいこと（譲渡事実に対する単なる承諾）と効果として受ける不利益（抗弁喪失）の重大性との間の不均衡を理由として、無過失必要説の採用を明示した。

平成27年判決の考え方は、抗弁事由に対する譲受人の要保護性の後退を促し、ひいては改正法における保護規定の削除へと連なるのであるが、その前に重要なことは、無過失必要説を権利外観法理の要請として漠然と割り切

---

9) 最判平成27・6・1民集69巻4号672頁（以下、「平成27年判決」という）。
10) 大判昭和9・7・11民集13巻1516頁、など。
11) 林＝石田＝高木・総論507頁、平井・総論143頁、淡路・総論464頁、加藤Ⅲ316頁。
12) 我妻Ⅳ538頁、内田Ⅲ236頁、潮見Ⅱ643頁、川井③264頁、近江Ⅳ270頁、中田・総論397頁。

るだけでなく、さらに踏み込んで無過失要件の実質的意義を分析する作業である。このような問題意識は債権譲渡にとどまらず、他の第三者保護規定についても妥当するため、第2章において94条2項と110条を対象として取り上げたが、総合問題としてさらに展開しよう。

[2] 無過失要件の意義と機能

　無過失の要否あるいは折衷的な善意無重過失説の当否を決する前提として、ここにいう無過失の具体的内容を明らかにする必要があろう。一口に無過失要件といっても、抗弁事由の存否につき譲受人は常に高度な調査確認義務を負うという意味なのか、それとも、取引上要求される最低限の注意を払わなかった譲受人まで保護する必要はない、という趣旨にとどまるのか、その理解のしかたによって結論が大きく変わってくる。「無過失要件の加重は譲受人にとって酷である。」と解しがちであるが、そのような評価の当否は無過失要件の意味内容にかかっている。そこで、考察すべき留意点を挙げてみよう。

　第一に、基本的な方向性としては、無過失の内容を予め一義的に画定すべきでなく、抗弁事由の内容、債務者および譲受人の地位・属性、譲受債権の性質等に応じて弾力的かつ個別具体的に判断すべきであろう[13]。債務者と譲受人のどちらを保護すべきかについては、善意・悪意に加えてさらに、無過失要件の柔軟な解釈・運用によって判断すべきことになる。かつて94条2項において、第三者の信頼を基礎づける客観的事実および本人が虚偽表示に至った事情を紛争類型に応じてきめ細かく判断する点に無過失要件の意義を見出すべき旨が指摘されたが[14]、このような観点が債権譲渡にも妥当すると考えれば、無過失要件の目的は、譲受人保護に歯止めをかけることではなく、債権譲渡における問題類型の多様性に応じて、さまざまな考慮要因を総合的・相関的に判断しながら、債務者を犠牲にして譲受人を保護するのが妥当か否かを決する点にあると解すべきことになろう。

　第二に、無過失の判断基準として平成27年判決は「通常払うべき注意」を示唆したが、上記の観点を踏まえつつその内容の具体化を試みてみよう。

---

13) 奥田・総論446頁。
14) 幾代・総則257頁。

まず、抗弁事由の内容にかんがみて、それが債務者において当然に把握すべき事由であってかつ、譲受人にとっては容易に知ることができないものであったにもかかわらず、債権譲渡の際に債務者がこれを留保せずに承諾した場合、抗弁事由の不存在が推認され、疑念を抱くべき特段の事情がない限り、譲受人は債務者に対する照会以上に特別な調査確認をしていなくても無過失と評価されよう。譲受債権の原因関係とは別個の取引に基づいて債務者が取得した反対債権による相殺、あるいは弁済による免責などがこれに該当しよう。

　反対に、譲受債権の性質、抗弁事由の内容および債務者と譲受人の地位に照らして、譲受人の予見および一定程度の調査確認を期待してよい場合であってかつ、債務者において予め明確に認識することが容易とはいえない事由であるにもかかわらず、譲受人が取引上通常行うべき調査確認を怠っていたとすれば、過失ありと認定されよう。事例 Part. 4 については、①譲受債権は貸金業者が事業として行った取引上の債権であり、譲受人も譲渡人と同種の事業者であること、②抗弁事由が法律判断を要するものであり、消費者である債務者にとって予め把握することが困難なものであること、③譲受人としては事業者として予見すべき抗弁事由であり、取引記録を確認する等によってその存否を容易に知り得たと認定できれば、Cに過失ありと評価すべきことになろう。

[3] 2017年改正における債権譲受人の取引安全

　このように、2017年改正前においては、誤って異議を留めずに承諾をしてしまった債務者と抗弁事由を知らずに債権を譲り受けた譲受人との利益調整は、譲受人の善意無過失要件の解釈・運用を通して行われていたが、2017年改正においては、債権譲渡を承諾したという事実のみによって債務者が被る不利益の過大性が疑問視され、このような譲受人保護規定は削除されることとなった。それでは、改正後において譲受人の取引安全はどのようにして図られることになるであろうか。

　第一に、債権譲渡に対する承諾の有無は債務者による抗弁の対抗可能性に影響しないため（468条1項）、譲受人の不利益は、債権を譲り受けるに際して調査確認を尽くすことによって防止するかまたは、譲渡人に対する責任追及によって手当てすべきことになる。

第二に、2017年改正は、債務者の側が抗弁放棄の意思表示をすることを禁じる趣旨ではないと解される。これが認められる場合は抗弁が消滅するが、「抗弁を放棄する」とはどのような意思表示を指すのか。それは債務者の単独行為なのか、それとも債務者と譲受人間の合意なのか。その効果として実体上どのような権利関係が導かれるのか（新たな債務負担を含むのか。譲受人との間で相対的効力が生じるにとどまるのか、それを意思の効果として導くことが可能なのか等々）。検討課題が多いように思われる。

　いずれにしても、債務者が抗弁事由の有無に関する誤信に基づいて放棄の意思表示をした場合、錯誤取消しの主張が認められれば譲受人は保護されない。

　第三に、譲受人の信頼保護という観点から考えるとどうか。昭和49年判決が示したように、債権譲渡においては、譲受人となる者が予め債務者に対して譲受債権の存否・帰属を確かめ、これに対する債務者の表示を信頼して債権を譲り受けるのが通常とされている。そして、対抗要件が債務者への認識付与を基礎とする構造において成り立っているのは、債権を譲り受けようとする者の事前の問い合わせに対する債務者の回答（※対抗要件としての承諾とは異なる）が公示手段として機能することを前提としている[15]。そうすると、抗弁事由の存否に関する債務者の表示に対する信頼保護を問う余地が生じる。しかしながら、譲受人からの照会に対して債務者が当然に適切な回答義務を負うとはいえず、公示方法としては不十分であるため、その信頼に対して強い効力を付与するには適さないといえよう。

　そうすると、債務者の不実表示に対するサンクションとして抗弁主張を制限するという方向性が次に考えられるが、2017年改正の趣旨にかんがみれば、譲受人の問い合わせに対する回答が誤っていたという事実のみをもって、債務者に抗弁喪失という不利益を蒙るに値する非難が認められるとはいえないであろう。したがって、故意または重過失により虚偽の回答（抗弁事由の秘匿・不告知）を行った債務者の抗弁主張が権利濫用または信義則違反にあたるに評価しうる限りにおいて、譲受人が保護されるにとどまることとなろうか。

　たとえば、既弁済の事実あるいは相殺を予定している反対債権の存在について債務者が秘匿した場合などがこれに該当しようが、事例 Part. 4 におけ

15）柴田保幸「判解」最判解民事篇昭和49年度97頁。

る抗弁事由については譲受人において調査確認すべきであり、不知のリスクについては譲渡人との間で分担を図るべきことになろう。

4　おわりに

　債権譲渡における取引安全の特色をまとめると、次のようになろう。第一に、対抗問題においては、譲受人相互間の優劣はもっぱら対抗要件具備の先後によって決せられ、背信的悪意者排除論のような価値判断は、譲受人間の責任追及において事後的に図られるべきである。このような構成は、債権譲渡に関与していない債務者の地位の安定化を根拠とするものである。

　第二に、債務者に対する関係における譲受人保護は抗弁対抗の可否を通して問題となるが、債権譲渡に固有の譲受人保護規定は2017年改正により削除され、占有に公信力が認められる動産取引に比して静的安全すなわち債務者保護が重視されている。不動産取引と比較してみても、債権の存在または抗弁事由不存在の外観に対する債務者の帰責事由を要件とする譲受人保護のための一般法理は確立されておらず、94条2項や96条3項など、抗弁事由の性質に応じて個別の第三者保護規定が適用されるにすぎない。債権譲渡取引のこのような特色は、①債権譲渡においては、抗弁事由の付着を含めてその性質・内容を保ったまま債権が移転するのが原則であり、譲受人もこれを前提とすべきこと、②債権は信頼の対象としての権利の表象を伴わず、流通保護の要請が高くないこと、③債権を譲り受けるに際して譲受人は、抗弁事由の存否につき調査確認を尽くすべきこと、④抗弁事由の存否に関する債務者の表示が誤っていたという事実のみでは、債務者に抗弁喪失という重大な不利益を負わせることを正当化できないことにより、基礎づけられよう。そのため、譲受人の保護は、債権譲渡の際における債務者の抗弁放棄あるいは、その他の態様（上記④における以上の非難可能性）を根拠とする権利濫用または信義則違反に基づく抗弁主張の制限によって図られるにとどまることとなろう。

[第24章]

契約目的の意義と機能

> **本章のテーマ**
>
> 　最後に取り上げるテーマは「契約目的」である。この概念はさまざまな局面において重要な役割を果たしているが、それが具体的に何を指しており、どのように機能しているのかとあらたまって問われると、正確な解答に窮するのではないか。たとえば、公序良俗違反における「法律行為の目的」とは、麻薬の売買や殺人の請負のような契約内容（履行の対象となる給付内容）を指し、隣接する問題として動機の不法が問われている。これに対して、債務不履行あるいは担保責任（契約不適合）に基づく解除の要件に関わる「契約目的」は、上記の契約内容とは別の意味を有するようであるが、必ずしも買主の動機とイコールではない。動機概念との関連でいえば、動機（法律行為の基礎事情）の錯誤が要素の錯誤（重要な錯誤）を構成するための要件として、法律行為の内容化が説かれてきたが、そこにいう内容化の意味も、本来の意味における契約内容と同一ではないようである。さらに、債務不履行責任における賠償すべき損害の範囲につき、契約目的ないし契約利益にしたがってこれを確定すべき旨が提唱されているが、どういう意味なのか？　その他にも、「契約目的に照らして決すべし」とされている問題は少なくない。
>
> 　このように、契約目的は、「単なる動機にとどまらないが、本来の意味における契約内容に限定されるものでもない」諸要素を包括し、多様な規範的意味を有する大変便利な概念であるが、使い勝手の良さに何となく任せていると、恣意的で不安定な運用を招く危険を孕んでいるように思われ

る。そこで最後に、この基本問題の解明にチャレンジしてみたい[1]。なお、このテーマについては、動機の評価という観点から第8章および第9章において取り上げたが、ここではその補足も兼ねて展開しよう。また、本章では、主要な問題類型ごとに語られている「契約目的」の意味について、テーマ横断的かつ多角的に分析したため、全体のまとめは省略した。

1 契約の解消と契約目的

[1] 錯誤と契約目的

> **事例で考えよう Part. 1**
>
> 美術品の販売を業とするAは、Bに対して甲絵画を売却し（以下、「本件売買契約」という）、Bは代金100万円を支払って甲の引渡しを受けたが、間もなくして甲は贋作である旨が判明した。Bは本件売買契約を解消してAに対して代金の返還を求めたいと考えているが、どのような場合であれば認められるか。

事例 Part. 1 においてBが主張すべき法的根拠は複数考えられるが、ここでは錯誤取消し（95条）に絞って検討する。なお、この問題についてはすでに取り上げているため（第8章参照）、ここでは、契約目的概念の意味に関連する点について整理するにとどめる。

表意者の意思決定の基礎とされた事情が契約に取り込まれておらず、一方的な期待にとどまる場合、そのような動機の錯誤は重要な錯誤になり得ない。そうした事情によって契約の効力をくつがえすことは相手方の取引安全を害する上、一方当事者の誤解または誤表のリスクは原則としてその表意者が負うべきだからである。錯誤取消しはかかるリスクを相手方に転嫁することを意味するため、これを正当化するための要件が動機（法律行為の基礎事情）の表示＋錯誤の重要性である。判例・学説は、動機の一方的告知または相手

---

[1] 契約目的の意義と機能について総合的に分析・解説する文献として、森田修「『契約目的』概念と解除の要件論――債権法改正作業の文脈化のために」小林一俊＝岡孝＝高須順一編著『債権法の近未来像――下森定先生傘寿記念論文集』（酒井書店、2010年）231頁以下、北居功「契約目的論」北居・民法74頁以下。

方の認識可能性だけでなく、法律行為の内容化を求める（第8章参照）。もっとも、それが履行すべき給付内容として約定されたこと（本来の意味における契約内容）に限定されるとすれば、それが事実と異なる場合、錯誤を理由とする表意者保護は債務不履行・契約違反の問題に吸収され、独自の意義を失いかねない。

当事者が給付を約したことを根拠としてその履行または履行利益の賠償を積極的に求めることと、契約の拘束力からの解放を認めることとは異なるため、前者の意味における契約内容と、契約の前提として取り込まれた当事者双方の共通理解とに区別されてよいであろう。**事例 Part. 1** において、甲につき真筆である旨をAが保証するかまたは、それを条件として合意されるまでに至らなくても、真筆であることが契約の存続にとって必要不可欠である旨に関するAB双方の共通理解が契約の前提として取り込まれていれば、錯誤取消しが認められよう。この事例では、甲が贋作であった場合はBにおいて購入する意味がなくなるだけでなく、Aが事業者であってかつ、真筆の範囲内と評価し得る対価が設定されたことを考慮すれば、AB双方において契約の効力が失われてもやむを得ない旨の共通理解が存すると解すべきであろう。

要するに、錯誤取消しのためには契約目的に照らして重要と認められる錯誤があることが求められるが、そこにいう契約目的とは、動機（法律行為の基礎事情）の錯誤においては、表意者の主観的な期待にとどまらず、契約の前提すなわち、契約の有効な存続にとって必要不可欠である旨が当事者双方の共通理解とされた事項を指すと解される。ちなみに、通常人ないしは取引上の社会通念を基準とする重要性は、表意者だけでなく当該契約において重要な前提とされた旨を認定するための客観的な判断基準として位置づけられよう。

[2] 解除と契約目的

> **事例で考えよう Part. 2**
> （1） Aは、自己所有の乙土地（公簿面積100㎡）を1㎡あたりの単価50万円として代金5000万円としてBに売却する旨の本件売買契約が締結されたが、引渡し後間もなくして、乙地の面積は実際には90㎡であること

が判明したため、Bは予定していた建物の建設ができなくなった。

(2) Cは自宅で宴会を催すために、特別純米酒1升をDから購入する旨の本件売買契約を締結し、配達の日時を指定していたが、Dの仕入れが遅れたために配達が後れてしまい、宴会に間に合わなかった。

(3) Eは、ゴルフ場を経営するFとの間で丙ゴルフクラブに入会する旨の本件入会契約を締結した。Fが作成した紹介パンフレットには、丙にはゴルフ場とクラブハウスの他に、付帯施設として高級リゾートホテル、プール、アスレチックジムなどが建設される旨が記載されていたが、ゴルフ場とクラブハウスは完成したものの、付帯施設建設の目処が立たない状況となるに至った。

(4) Gは、Hからリゾートマンション丁の区分所有権を購入する旨の本件売買契約を締結した。Hが作成した紹介パンフレットには、丁にはスポーツ施設が付設される予定であり、丁は戊スポーツクラブ会員権付きとして販売され、区分所有者は会員としてスポーツ施設を利用できることなどが記載されていた。そこで、GはHとの間であわせて本件スポーツクラブ会員契約を締結したが、予定されていたスポーツ施設の着工が大幅に遅れて完成の目処が立たない状況となった。

(i) 問題の前提

解除の要件は契約目的達成の可否に結びつけられている。2017年改正前の定期行為の履行遅滞（542条1項4号）および担保責任（旧563条2項・566条1項）〈2017年改正における債務不履行解除（542条1項3・4・5号）〉についてはその旨が明文化されており、債務不履行解除一般につき判例は、契約目的の達成に必要または重大な影響を与える債務か否かという基準にしたがって「要素たる債務」と「付随的債務」とに分けた上で、前者の不履行を解除の要件と解する立場に立つ[2]。近時の学説は、不履行の対象となった債務の分類よりも契約目的達成の可否を重視する傾向にある[3]。

そこで、契約目的をいかにして判断するかが問われる。錯誤においては表意者がそのリスクを負担すべしというのが原則であることから、その例外と

2）最判昭和36・11・21民集15巻10号2507頁、最判昭和43・2・23民集22巻2号281頁、など。

して相手方にかかるリスクを転嫁するための要件として法律行為の内容化が説かれるのに対して、法定解除の場合は、すでに契約内容化された債務につき不履行に陥った債務者（相手方）が責任を負うべき旨が出発点となる。そうだとすれば、ここにいう契約目的は債権者側の動機で足りるとみてよいか？ とはいうものの、解除まで認めるには、不履行が債権者にとってのみならず当事者双方にとって重大であると評価し得るものでなければならないのではないか？　そうすると、ここにいう契約目的とは、履行によって実現されるべき重要な利益として、両当事者において共通理解に達している要素を指すといえようか。**事例 Part. 2** を通して検討しよう。

(ⅱ)　数量不足と契約目的

　(1)では、数量指示売買における数量不足を理由とする解除の可否（564条→542条1項3号〈旧565条→旧563条2項〉）が問われるが、この問題についてもすでに取り上げたため（第8章参照）、要点のみを確認する。契約目的達成の可否につき判例・通説は、買主の動機で足りるとしつつも、通常人を基準として瑕疵の程度・契約の性質に応じた客観的判断を要すると解しているが[4]、当該契約にとって重大な瑕疵であるか否かについて一般的・客観的に評価することを眼目としている。もっとも、宅地売買における10％程度の面積不足が契約目的の達成を妨げるかについては、通常人基準からは一律に画定できず、個別具体的に判断すべきであろう。その際には、買主側の購入目的にとどまらず、その実現が契約上保護されるべき利益として取り込まれたこと（契約目的化）を要するといえよう[5]。ここでは、Bの購入目的（敷地面積として100㎡有することを必須とする建物の建設）をAが了知しつつ、その達成に必要な数量が確保されている旨が契約上示されたことを要しよう。

3）北川善太郎『民法概要Ⅲ　債権総論〔第3版〕』（有斐閣、2004年）185頁、内田Ⅱ 105頁以下、潮見Ⅰ 373頁、377頁、近江Ｖ 81頁、山本・契約178頁以下、平野・契約181頁、平井宜雄『債権各論Ⅰ　上』（弘文堂、2008年）228頁、鎌田薫ほか編著『民事法Ⅲ〔第2版〕』（日本評論社、2010年）76頁以下〔曽野裕夫〕、など。

4）柚木馨＝高木多喜男編『新版注釈民法(14)』（有斐閣、1993年）212頁〔高橋眞〕、山本・契約303頁、など。

5）曽野・前掲注3）83頁。

(iii) 定期行為と契約目的

　(2)につき、本件売買契約が、特定の日時または期間内に履行されなければ契約目的を達成することができない定期行為にあたるとして、無催告解除することが認められるか。ウェディングドレスやバースデーケーキの発注のような典型例については、目的物の性質に照らして定期行為であることが通常認められるため、それ以上に買主の購入目的を個別に顧慮する必要はないであろうが、本件売買契約については、履行期の指定が特別な意味を有するものである旨が当事者双方の共通理解として契約に取り込まれていたか（契約目的化）否かにつき、個別具体的な検討が必要であろう。そうすると、Cの購入目的（日時が確定している宴会用であること）をDが了知した上で、所定の期日までの配達を請け負ったことが求められよう。

(iv) 付随的債務と契約目的

　1個の契約において複数の債務が生じている場合、そのうちの一部の債務の不履行を理由とする解除が認められるか。(3)においては、Fは本件入会契約に基づき、ゴルフ場施設に加えて付帯施設の利用提供という複数の義務を負っていたところ、後者の債務の不履行のみを理由とする解除の可否が問われている。判例・学説によれば、それは当該不履行によって本件入会契約の契約目的が達成できなくなったと評し得るか否かによって決せられる。もし本件入会契約の主要な目的がゴルフプレーを行うことにあったとすれば、ゴルフ場施設が完備されている場合において解除まではできないであろう。判例には、付帯施設の利用提供が本件入会契約上の債務の重要部分を構成するか否かという判断基準を示したものがある[6]。本件入会契約においては、付帯施設の利用をEが一方的に期待していたというだけでなく、付帯施設の利用提供が本件入会契約の維持のために必要不可欠である旨が合意されたこと、すなわち、①ゴルフプレーだけでなく滞在型リゾート生活・快適なレジャーの享受を目的としていること、②その目的達成のために付帯施設の利用提供が義務づけられ、それが本件入会契約を特徴づけるとともに対価に反映されていること、といった事情が認められれば解除が肯定されよう[7]。

6）最判平成11・11・30判時1701号69頁、同種の事案につき最判平成11・11・30金判1088号32頁。

(v) 複数契約と契約目的

　それでは、同一当事者間において複数の契約が締結されたが、一方の契約が履行されない場合、当該契約とあわせて他方の契約をも解除することができるか。(4)では、本件スポーツクラブ会員契約上の債務不履行を理由として、Gが同契約とともに本件売買契約を解除できるかが問題となる。

　第一に、GH間の契約を1個の「スポーツクラブ会員権付きマンション売買契約」と構成すれば、問題点は(3)と同一になる。これに対して、マンション区分所有権とスポーツクラブ会員権は別個の財産権であり、契約内容を異にする点を重視すれば2個の契約と構成することになろう。

　第二に、そうであるとしても、解除の可否を契約目的達成の有無に結びつける考え方を推し進めれば、複数の契約が同一または不可分の目的の実現に向けて締結された場合において、一方の契約の不履行によって他方の契約についても契約目的が達成できなくなったときは、解除が肯定されてよいといえる。判例は、①契約目的が相互に密接に関連づけられていること、②一方の履行だけでは全体として契約目的が達成されないことを理由として解除を認める[8]。ここにいう契約目的化とは、一方の履行が他方の契約を維持するために必要不可欠である旨の当事者双方の共通理解が、契約の前提として取り込まれていたことを意味しよう。

　(4)においては、ⅰ．丁マンションはスポーツ施設を含むリゾートマンションであり、その区分所有権が戊スポーツクラブ会員権と一体として販売されていたこと、ⅱ．スポーツ施設とあわせた使用収益が丁マンション売買契約を特徴づけていたことに照らせば、解除が認められてよいであろう。実質的な考慮要素は(3)と共通する。

　上記の理論構成は、異別当事者間における複数契約にも妥当するであろうか？　債務者を異にする複数契約の場合は他人の債務不履行を理由とする解除の可否が問われるため、少なくとも債権者側の購入動機のみを考慮するわけにはいかないであろうが、解除を債務不履行のサンクションと捉えず、帰責事由不要とする近時の傾向に照らせば肯定する余地はあろう。自己が負っ

---

7) 東京高判平成9・12・24金判1054号23頁（前掲・平成11年判決〔注6〕の後者〕の原審判決）。
8) 最判平成8・11・12民集50巻10号2673頁。

ていない他人の債務に関する不履行のリスクを引き受けることの妥当性が問題となるも、損害賠償責任と異なり、解除については、一方の契約のみを別個独立に維持することが予定されておらず、一方の契約が実現されない場合は他方の契約も効力を失うこととなってもやむなしとする旨の当事者双方の共通理解が認められるときは、正当化されるのではないか。

このようにみていくと、効果面における共通性から、解除において顧慮される契約目的の意味は、錯誤取消しにおいて求められる法律行為の内容化すなわち契約の前提に通底するものと解されよう。

2 損害賠償と契約目的

> **事例で考えよう Part. 3**
> (1) 事例 Part. 1 において、本件売買契約締結後にBが甲をCに対して 150 万円で転売したが、甲が贋作である事実が判明したことから、BC間の契約は合意解除され、BはCに違約金として 20 万円を支払った。
> (2) Dは、自己が経営する自動車部品メーカーの乙工場において使用している製作機械丙の修理をEに発注した（以下、「本件請負契約」という）。丙は乙の操業活動において主要な役割を果たすものであるため、Dは製作を一旦停止して本件請負契約を締結していたが、Eの修理が期日より2週間遅れたために、得意先に対する製品の納入が間に合わないなどの営業上の損失がDに生じた。

[1] 問題の所在

債務不履行に基づく損害賠償の範囲については、416 条の解釈をめぐり、伝統的な相当因果関係説に対して保護範囲説が通説化するに至っているが、ここではその詳細には立ち入らず[9]、保護範囲説および同説を契機として展開されている契約利益説[10]に着目する。この考え方は、契約上保護されるべき利益としてどのような合意がされたかという契約解釈の観点から、賠償す

---

9) 詳細については、奥田昌道編『新版注釈民法(10)Ⅱ』（有斐閣、2011 年）256 頁以下〔北川善太郎＝潮見佳男〕を参照されたい。

べき損害の範囲の確定を導く見解であり、契約目的の探究を重視する点に特色がある。なお、契約解釈といっても、履行すべき債務内容の確定とは次元を異にしており、それがすでに確定していることを前提として、さらにその不履行による損害の分担について契約目的にしたがって判断する作業を指す点に注意を要する。したがって、損害担保約束あるいは賠償額の予定（420条）など、損害賠償に関する特約の認定のみが対象となるわけではない。それでは、どのように判断すべきであろうか？ 416条における「予見」の意味・対象・主体・時期につき、契約目的を手がかりとしていかにして明らかにすべきかが問題となる。

[2] 民法416条における「予見」

416条は、賠償すべき損害の範囲につき「予見可能性」を基準する旨を定める。通常損害は取引上の社会通念に基づく一般的・定型的な予見、そして特別損害は個々の契約における具体的な予見にしたがって確定される。**事例Part. 3を素材として考えてみよう。**

(1)においては、甲が真筆である旨が本件売買契約上の債務内容となっていることが必要であるから、Aによる真筆保証が認められる場合が相当しよう。その上で、転売利益と違約金が賠償すべき損害に含まれるか否かについては、保証の趣旨にしたがって判断すべきこととなり、AがBの転売目的を了知した上で真筆保証をしたのであれば特別損害に含めてよいであろうが、Bも美術品の販売業者であった場合は、このような事業者に対する保証は、特段の留保がない限り贋作の場合における営業上の損失塡補を意味するものと推認され、通常損害にあたるというべきであろう。

AがBの転売目的を本件売買契約締結後に知るに至った場合はどうか。予見時期については不履行時説と締結時説とが対立しており、相手方が被る損害を認識しながら敢えて不履行に及ぶ態様を非難すべきか、契約上予定されていなかった利益を事後に知ったというだけで責任を拡大するのは酷であるというべきか、評価が分かれるところである。もっとも、前者の見解は履行

---

10) 平井・総論94頁、好美清光「判批」民法百選Ⅱ〔第3版〕18頁、奥田・総論174頁、180頁、潮見Ⅰ349頁以下、北居・民法78頁、河上正二「債権法講義〔総則〕−15」法セ702号（2013年）69頁、など。

遅滞や債務者の責に帰すべき後発的不能を想定しており、(1)のように当初から甲を真筆として給付することが期待できないケースには妥当しないが、締結後にAがBの転売目的を了知した上であらためて甲が真筆である旨を確約したような場合、履行過程において取り込まれた契約利益として評価する余地もあろう。

(2)では、Dの地位および目的物の性質に照らせば、丙の修理の遅滞がDの事業に何らかの障害をもたらし得ることまでは通常予見すべきであろうが、さらに履行期日までの修理完了がDにとって具体的にいかなる意味を有するかについて、Eが了知した上で遅滞なき完成を請け負った場合（締結後に期日の遵守を確約した場合を含む）、営業利益が特別損害として認められようか。

このように考えると、賠償すべき損害として契約利益あるいは契約目的に含まれるということは、契約によって当事者が獲得しようと欲している利益を相手方が具体的に了知した上で、その実現のために必要な給付（実現それ自体ではない）を約した場合を指すといえようか。

3　性質決定と契約目的

> **事例で考えよう Part. 4**
>
> 　Aは自己所有の甲建物をBに賃貸し（以下、「本件賃貸借」という）、BはAに敷金500万円（以下、「本件敷金」という）を預託して引渡しを受けたが、その後Aは甲をCに売却して所有権移転登記が経由された。その際にAC間において、本件賃貸借における賃貸人の地位をAに留保しつつ、AはBから収受した賃料の50％を毎月Cに支払う旨の合意（以下、「本件合意」という）が行われた。本件賃貸借が期間満了により終了した場合、Bは明渡し時において誰に対して本件敷金の返還を求めることができるか。

契約の締結にあたり、一定の目的を実現するためにある契約形式が選択されると、特段の合意がない限り、選択された契約類型について規律する法規範にしたがって権利義務が発生する。ところが、手段として選択された契約形式と実質的な目的が合致していないと評価されるとき、かかる目的に応じて権利義務が修正される場合がある。たとえば、判例は、買戻特約付売買契

約の形式が採られていた場合であっても、それが担保目的において締結されたときは、売買ではなく譲渡担保契約と解すべき旨を説く[11]。その結果、清算金支払に関する権利義務をはじめとする譲渡担保法理が適用されることになる。

　事例 Part. 4 は、第 19 章における**事例 Part. 5** とほぼ同様であるため、詳細はそちらに譲るが、今回のテーマに即して補足しよう。賃貸人の地位の留保を肯定しつつ、Ｃ所有の甲につきＡが一定の対価を支払って収益するという形式を重視すれば、本件合意は賃貸借、そして本件賃貸借は転貸借として性質決定されよう。そうすると、Ｃに敷金返還義務はない。これに対して、本件合意の実質的な目的は、Ｃが所有者として甲を提供し、Ａが賃貸人としての一切の事務処理を負担することを通して、得られた収益をＡＣ間で分配すること（共同事業＋収益分配）に求められると解せば、組合契約に関する法規範（674条・675条）が類推適用され、敷金返還義務を組合債務とした上で、Ｃも損益分配の割合にしたがってこれを負担するという構成が可能となる[12]。ここにいう契約目的とは、契約の性質決定のための合意内容それ自体の解釈を指す。

　このように、ある契約形式を手段に用いて当事者が実現しようと欲している実質的な目的の探究は、その目的に適合的な契約に関する法規範の適用を導き、当事者間にどのような権利義務を認めるべきかを決定づける機能を有する。

---

11) 最判平成18・2・7民集60巻2号480頁。
12) 北居・民法99頁。

◆事項索引

あ

悪意者排除……………………………………051

い

異議を留めない承諾……………………………257
意思外形対応型…………………………………005
意思外形与因型…………………………………006

か

外形自己作出型…………………………………005
確認規定説………………………………………138
価値権説…………………………………………114
環境瑕疵…………………………………………171

き

帰責事由…………………………………………001
基本権的賃料債権………………………………223

け

契約責任説………………………………………163
契約の前提……………………………086, 265
契約の相対効……………………………………188
契約目的…………………………………………088
契約利益…………………………………………272
契約連鎖…………………………………………197
現況確認…………………………………………049
権利行使期間……………………………………172

こ

合意解除…………………………………………206
更新拒絶…………………………………………219
公信力……………………………………………062
公信力説…………………………………………027
抗弁放棄…………………………………………261

さ

債権者平等の原則………………………………244
債権侵害…………………………………………106
債務者・所有者異別型…………………………237
債務者・所有者同一型…………………………237
差押えと相殺……………………………………126

し

敷金充当…………………………………………133
支分権的賃料債権………………………………223
集合動産譲渡担保………………………………073
修補請求権………………………………………175
修補に代わる損害賠償…………………………175
所有権留保………………………………………077
信頼関係破壊の法理……………………………205

す

数量指示売買……………………………………088

せ

性状錯誤…………………………………………082
制度間競合………………………………………103
責任制限条項……………………………………188

そ

相続と登記………………………………………030
即時取得…………………………………………060

た

代金減額請求権…………………………………166
対抗力……………………………………………062
第三債務者保護説………………………………117
代理人の権限濫用………………………………093
立退料の提供……………………………………220

ち

調査確認義務……………………………………013
直接請求権………………………………………243
賃貸人の地位の移転……………………………208
賃貸人の地位の留保……………………………212

つ

追完請求権………………………………………166
通常損耗…………………………………………224
通常の営業の範囲内……………………………074

て

- 定期建物賃貸借……………………217
- 抵当権時効…………………………136
- 抵当権の効力の及ぶ範囲…………058
- 転得者………………………………035

と

- 動機の不法…………………………098
- 動機表示……………………………084
- 動産売買先取特権…………………120
- 動産保存の先取特権………………245
- 当事者双方の共通理解……………268
- 特定性維持説………………………114
- 特別規定説…………………………138
- 取消しと登記………………………023

は

- 背信的悪意者排除…………………023

ふ

- 付加一体物…………………………060
- 付随的債務…………………………268
- 物上代位と相殺……………………129
- 不動産譲渡担保……………………069
- ブルドーザー事件判決……………240

ほ

- 報酬減額請求権……………………178
- 法定責任説…………………………160
- 法律行為の基礎事情………………081
- 法律行為の内容化…………………084
- 保護義務……………………………194

み

- 未登記権利者………………………045

む

- 無過失要件…………………………011

ゆ

- 優先権保全説………………………115

り

- 履行代行者…………………………183
- 履行補助者…………………………182

◆判例索引

大審院判例

大連判明41・12・15民録14-1276 ………………023
大連判明41・12・15民録14-1301 ………………023
大判大3・7・9刑録20-1475 ……………………036
大判大3・11・20民録20-963 ……………………256
大判大4・3・6民録21-363 ……………………116
大判大4・6・30民録21-1157 …………………116
大判大4・12・11民録21-2058 …………………223
大判大7・3・2民録24-423 ……………………152
大判大7・9・25民録24-1811 …………………257
大連判大8・3・15民録25-473 …………………058
大判大9・7・16民録26-1108 …………………140
大判大9・9・25民録26-1389 …………………069
大判大9・10・16民録26-1530 …………………232
大判大10・5・17民録27-929 …………………077
大判大10・5・30民録27-1013 …………………209
大連判大12・4・7民集2-209 …………………117
大連判大12・7・7民集2-448 …………………062
大連判大14・7・8民集4-412 ……049, 149, 152
大連判大15・10・13民集5-785 …………………104
大判昭4・3・30民集8-363 ……………………183
大判昭4・6・19民集8-675 ……………………183
大判昭5・12・18民集9-1147 …………………059
大判昭6・10・31新聞3339-10 …………………089
大判昭9・3・7民集13-278 ……………………207
大判昭9・11・6民集13-1516 …………………258
大判昭10・11・18民集14-1845 …………………206
大判昭12・8・10新聞4181-9 …………………012
大判昭13・3・30民集17-578 …………………099
大判昭14・11・6民集18-1224 …………………099
大判昭15・11・26民集19-2100 …………………137
大判昭17・9・30民集21-911 ……………………024
大判昭18・5・17民集22-3-373 …………………211
大連判昭19・12・22民集23-626 ……………………003

最高裁判所判例

最判昭28・1・30民集7-1-99 …………………220
最判昭28・9・25民集7-9-979 …………………205
最判昭29・11・26民集8-11-2087 ………………084
最判昭30・5・31民集9-6-774 …………………106
最判昭30・9・22民集9-10-1294 ………………205
最判昭31・5・8民集10-5-475 …………………205
最判昭32・6・7民集11-6-999 …………………024
最判昭32・7・19民集11-7-1297 ………………127
最判昭32・12・3民集11-13-2018 ………………222
最判昭33・1・23民集12-1-96 …………………220
最判昭34・1・8民集13-1-1 ……………………014
最判昭34・5・14民集13-5-584 …………………084
最判昭34・7・24民集13-8-1196 …………………063
最判昭34・9・3民集13-11-1357 ………………235
最判昭35・2・11民集14-2-168 …………………077
最判昭35・2・19民集14-2-250 …………………017
最判昭35・7・27民集14-10-1871 ………………149
最判昭35・10・18民集14-12-2764 ………………018
最判昭36・1・24民集15-1-35 …………………196
最判昭36・6・16民集15-6-1592 ………………062
最判昭36・7・20民集15-7-1903 ……049, 150
最判昭36・7・21民集15-7-1952 ………………223
最判昭36・11・21民集15-10-2507 ………………266
最判昭36・12・15民集15-11-2852 ………………165
最判昭36・12・21民集15-12-3243 ………………222
最判昭37・3・29民集16-3-662 …………………208
最判昭38・2・19集民64-473 ……………………233
最判昭38・2・21民集17-1-219 …………………207
最判昭38・2・22民集17-1-235 …………………030
最判昭38・9・5民集17-8-909 …………………094
最判昭38・10・15民集17-9-1202 ………………205
最判昭39・1・16民集18-1-11 …………………205
最判昭39・3・6民集18-3-437 …………………032
最判昭39・6・30民集18-5-991 …………………206
最判昭39・7・10民集18-6-1110 …………………062
最判昭39・7・28民集18-6-1220 …………………221
最判昭39・8・28民集18-7-1354 ……209, 211
最判昭39・11・19民集18-9-1900 ………………205
最大判昭39・12・23民集18-10-2217 …………127
最判昭40・9・21民集19-6-1550 ………………205
最判昭41・1・27民集20-1-136 …………………205
最大判昭41・4・27民集20-4-870 ………………209
最判昭41・12・22民集20-10-2168 ………………016
最判昭42・1・17民集21-1-1 ……………………206
最判昭42・1・20民集21-1-16 …………………032
最判昭42・4・20民集21-3-697 …………………094
最判昭42・7・21民集21-6-1643 ……140, 151
最判昭42・10・27民集21-8-2161 ………………256
最判昭42・11・2民集21-9-2278 ………………104
最判昭43・2・23民集22-2-281 …………………266
最判昭43・8・2民集22-8-1571
 …………………………………………023, 026, 047
最判昭43・8・20民集22-8-1692 ………………088
最判昭43・10・8民集22-10-2145 ………………155
最判昭43・10・17民集22-10-2188 ……003, 012
最判昭43・11・15民集22-12-2614 ………………196

最判昭43・11・21民集22-12-2765……023, 231	最判平4・10・20民集46-7-1129……173
最大判昭43・12・4民集22-13-2855……062	最判平5・3・30民集47-4-3334……254
最判昭43・12・24民集22-13-3366……141	最判平5・7・19判時1525-61……032
最判昭44・3・28民集23-3-699……058, 059	最判平5・10・19民集47-8-5061……242
最判昭44・4・24民集23-4-855……205	最判平6・2・22民集48-2-414……070
最判昭44・4・25民集23-4-904……023	最判平6・7・18判時1540-38……208
最判昭44・5・27民集23-6-998……027	最判平7・7・7金法1436-31……096
最判昭44・7・17民集23-8-1610……211	最判平7・9・19民集49-8-2805……240
最判昭44・10・17判時575-71……190	最判平8・10・29民集50-9-2506……042
最判昭45・2・26民集24-2-109……105	最判平8・11・12民集50-10-2673……269
最判昭45・3・26民集24-3-151……085	最判平8・11・22民集50-10-2702……236
最大判昭45・6・24民集24-6-587……127	最判平9・2・14民集51-2-337……176
最判昭45・7・16民集24-7-909……240	最判平9・2・25民集51-2-398……206
最判昭45・7・24民集24-7-1116……035	最判平9・4・11集民183-241……071, 235
最判昭45・7・28民集24-7-1203……003	最判平9・7・15民集51-6-2581……178
最判昭45・9・22民集24-10-1424……005	最判平10・1・30民集52-1-1……113, 117, 131
最判昭45・11・19民集24-12-1916……003	最判平10・2・13民集52-1-65……048
最判昭45・12・11民集24-12-2015……206	最判平10・3・26民集52-2-483……120
最判昭46・1・26民集25-1-90……030	最判平10・4・30判時1646-162……189
最判昭46・6・22判時636-47……205	最判平10・9・3民集52-6-1467……225
最判昭46・11・5民集25-8-1087……140, 152	最判平11・2・26判時1671-67……071, 235
最判昭47・4・25判時669-60……099	最判平11・3・25判時1674-61……213
最判昭47・11・16民集26-9-1619……230, 233	最判平11・11・30判時1701-69……268
最判昭48・2・2民集27-1-80……133, 211	最判平11・11・30判時1088-32……268
最判昭48・12・14民集27-11-1586……137	最決平12・4・7民集54-4-1355……121
最判昭49・3・7民集28-2-174……253	最判平13・3・13民集55-2-363……131
最判昭50・4・25判時781-67……035	最判平13・10・25民集55-6-975……117
最判昭50・12・23判時805-61……063	最判平13・11・27民集55-6-1311……173, 197
最判昭51・6・17民集30-6-616……232	最判平14・3・12民集56-3-555……121
最判昭51・6・25民集30-6-665……018	最判平14・3・28民集56-3-662……214
最判昭52・9・29集民121-301……155	最判平14・3・28民集56-3-689……133
最判昭53・12・22民集32-9-1768……211	最判平14・6・10家月55-1-77……032
最判昭54・2・15民集33-1-51……074	最判平15・10・31判時1846-7……149
最判昭55・1・11民集34-1-42……254	最判平17・2・22民集59-2-314……123
最判昭57・1・21民集36-1-71……089	最判平17・12・16判タ1200-127……224
最判昭57・3・12民集36-3-349……061	最判平18・1・17民集60-1-27……152
最判昭58・3・18判時1095-104……077	最判平18・2・23民集60-2-546……006, 012
最判昭58・3・31民集37-2-152……235	最判平18・2・7民集60-2-480……273
最判昭58・5・27民集37-4-477……185	最判平18・7・20民集60-6-2499……075
最判昭59・2・2民集38-3-431……117	最判平19・7・6民集61-5-1769……198
最判昭59・12・13民集38-12-1411……221	最判平21・7・3民集63-6-1047……132
最判昭60・7・19民集39-5-1326……117	最判平22・6・1民集64-4-953……171
最判昭62・2・12民集41-1-67……070	最判平23・1・21判時2105-9……155
最判昭62・4・2判時1248-61……120	最判平23・7・21判時2129-36……201
最判昭62・7・10金法1180-36……233	最判平24・3・16民集66-5-2321……151
最判昭62・11・10民集41-8-1559……074, 077	最判平24・9・13民集66-9-3263……218
最判昭62・11・12判時1261-71……069	最判平27・6・1集民69-4-672……258
最判平2・4・19判時1354-80……058	最判平28・1・12民集70-1-1……086
最判平3・3・22民集45-3-293……220	最判平30・12・7金法2105-6……079

高等裁判所裁判例

東京高判昭 36・12・20 判時 295-28……………175
東京高判昭 46・ 7・29 下民集 22-7・8-825
　……………………………………………………069
福岡高判昭 47・ 6・15 判時 692-52……………246
東京高判昭 57・ 8・31 判時 1055-47……………043
大阪高判昭 63・11・29 判タ 695-219……………242
東京高判平 9・12・24 金判 1054-23……………269
東京高判平 10・ 9・28 判タ 1024-234……………085
福岡高判平 16・12・16 判タ 1180-209……………200
福岡高判平 21・ 2・ 6 判時 2051-74……………201

地方裁判所裁判例

東京地判昭 30・10・18 下民集 6-10-2194……243
東京地判昭 33・ 6・30 判時 161-22……………242
東京地判昭 41・ 1・21 下民集 17-1・2-7……190
札幌地判昭 44・12・26 判タ 242-139……………196
東京地判昭 45・ 6・15 判時 610-62……………242
岐阜地判昭 48・12・27 判時 725-19……………195
神戸地判昭 53・ 8・30 判時 917-103……………195
東京地判昭 58・ 7・25 判タ 517-207……………196
大阪地判昭 61・ 4・22 判タ 629-156……………242
大阪地判昭 61・12・12 判タ 668-178……………170
横浜地判平元・ 9・ 7 判時 1352-126……………170
大阪地判平 2・ 7・ 2 判時 1411-96……………210
横浜地判平 3・ 3・26 判時 1390-121……………195
東京地判平 5・ 9・16 判タ 845-251……………077
東京地判平 7・ 5・31 判時 1556-107……………170
東京地判平 7・ 8・29 判時 1560-107
　…………………………………………………110, 170
東京地判平 9・ 7・ 7 判時 1605-71……110, 170
神戸地判平 9・ 9・ 8 判時 1652-114……………200
大阪地判平 12・ 9・27 判タ 1053-138……………200
東京地判平 14・ 3・ 8 判時 1800-64……………085

《著者紹介》

武川 幸嗣（むかわ こうじ）

●──略歴
1966 年　東京都生まれ
1989 年　慶應義塾大学法学部卒業
1994 年　慶應義塾大学大学院法学研究科後期博士課程単位取得退学
　　　　　横浜市立大学商学部助教授、青山学院大学法学部助教授を経て、
2003 年　慶應義塾大学法学部助教授
2006 年　同教授・現在に至る

●──主要著書
『担保物権法〔第3版〕』（森泉章と共著、日本評論社、2005 年）
『物権法〔第3版〕』（森泉章と共著、日本評論社、2006 年）
『マルシェ民法総則〔第2版〕』（宮本健蔵ほかと共著、嵯峨野書院、2006 年）
『コンビネーションで考える民法』（北居功ほかと共著、商事法務、2008 年）
『民法Ⅱ 物権〔第2版〕』（石田剛ほかと共著、有斐閣、2017 年）
『新訂 民法』（円谷峻と共著、放送大学教育振興会、2017 年）
『新ハイブリッド民法 債権各論』（滝沢昌彦ほかと共著、法律文化社、2018 年）

プラスアルファ基本民法（ぷらすあるふぁきほんみんぽう）
2019 年 3 月 30 日　第 1 版第 1 刷発行

著　者────武川幸嗣
発行所────株式会社 日本評論社
　　　　　　〒170-8474 東京都豊島区南大塚 3-12-4
　　　　　　電話 03-3987-8621（販売：FAX－8590）
　　　　　　　　 03-3987-8592（編集）
　　　　　　https://www.nippyo.co.jp/　振替 00100-3-16
印刷所────株式会社平文社
製本所────井上製本所
装　丁────図工ファイブ

JCOPY〈(社)出版者著作権管理機構 委託出版物〉
本書の無断複写は著作権法上での例外を除き禁じられています。複写される場合は、そのつど事前に、(社)出版者著作権管理機構（電話 03-5244-5088、FAX03-5244-5089、e-mail: info@jcopy.or.jp）の許諾を得てください。また、本書を代行業者等の第三者に依頼してスキャニング等の行為によりデジタル化することは、個人の家庭内の利用であっても、一切認められておりません。

検印省略　©2019　Kouji Mukawa
ISBN978-4-535-52293-0　　　　　　　　　　　　　　　　　　Printed in Japan

日本評論社の法律学習基本図書

※表示価格は本体価格です。別途消費税がかかります

日評ベーシック・シリーズ (NBS Nippyo Basic Series)

憲法I 総論・統治　**憲法II** 人権
新井 誠・曽我部真裕・佐々木くみ・横大道 聡[著]　●各1,900円

行政法
下山憲治・友岡史仁・筑紫圭一[著]　●1,800円

民法総則[補訂版]
原田昌和・寺川 永・吉永一行[著]　●1,800円

物権法[第2版]　●1,700円
秋山靖浩・伊藤栄寿・大場浩之・水津太郎[著]

担保物権法
田髙寛貴・白石 大・鳥山泰志[著]　●1,700円

債権総論
石田 剛・荻野奈緒・齋藤由起[著]　●1,900円

家族法[第2版]　●1,800円
本山 敦・青竹美佳・羽生香織・水野貴浩[著]

民事訴訟法
渡部美由紀・鶴田 滋・岡庭幹司[著]　●1,900円

労働法[第2版]　●1,900円
和田 肇・相澤美智子・緒方桂子・山川和義[著]

日本の法　●1,800円
緒方桂子・豊島明子・長谷河亜希子[編]

比較法学入門
貝瀬幸雄[著]　●2,200円

基本憲法I 基本的人権
木下智史・伊藤 建[著]　●3,000円

基本行政法[第3版]
中原茂樹[著]　●3,400円

基本刑法I 総論 [第3版]　●3,800円
基本刑法II 各論 [第2版]　●3,900円
大塚裕史・十河太朗・塩谷 毅・豊田兼彦[著]

憲法I ―― 基本権　●3,200円
渡辺康行・宍戸常寿・松本和彦・工藤達朗[著]

民法学入門[第2版]増補版
河上正二[著]　●3,000円

スタートライン民法総論[第3版]
池田真朗[著]　●2,200円

スタートライン債権法[第6版]
池田真朗[著]　●2,400円

■法セミ LAW CLASS シリーズ

基本事例で考える民法演習
基本事例で考える民法演習2
池田清治[著]　●各1,900円

ケーススタディ刑法[第4版]
井田 良・丸山雅夫[著]　●3,100円

リーガル・リサーチ[第5版]
指宿 信・齊藤正彰[監修]　●1,800円
いしかわまりこ・藤井康子・村井のり子[著]

新法令用語の常識
吉田利宏[著]　●1,200円

〈新・判例ハンドブック〉　●物権法：1,300円
　　　　　　　　　　　　●ほか：各1,400円
憲法[第2版] 髙橋和之[編]

債権法I・II　●I：1,400円
　　　　　　　　●II：1,500円
潮見佳男・山野目章夫・山本敬三・窪田充見[編著]

民法総則 河上正二・中舎寛樹[編著]

物権法 松岡久和・山野目章夫[編著]

親族・相続 二宮周平・潮見佳男[編著]

刑法総論／各論　●総論1,600円
　　　　　　　　　●各論1,500円
髙橋則夫・十河太朗[編]

商法総則・商行為法・手形法
鳥山恭一・高田晴仁[編著]

会社法 鳥山恭一・高田晴仁[編著]

日本評論社
https://www.nippyo.co.jp/